世界開発と南北問題

20世紀世界経済の課題と発展途上地域

萬谷 迪

八朔社

はしがき

　今日，激変しつつある世界政治経済の全体にわたって見通しのきかない不安定な状態がさまざまに問題とされてはいるのであるが，目前の現象的な論評以上に十分に納得的な議論がなされているようには見えないのである。これらの問題を根底から作り出すにいたった，社会的な諸要因の歴史的な展開を十分に踏まえた議論が必要とされているものであろう。

　さて20世紀の世界経済を総体として理論的，歴史的に捉えようとするときには，どうしても一方での始まりは，19世紀後半からしだいに険悪になっていって20世紀前半に爆発した二つの世界大戦をめぐる諸側面が問題とされる以外にないし，また他方では，21世紀に近づくにつれて，現実の生活面，実践面での実感から，世界的なモノ，ヒト，カネ，それにサービスのすさまじい世界的な動きや，「環境問題」「人口問題」や世界各地での「民族紛争問題」，そして今日では何となく感覚的に「テロ」などと言われている諸問題など，誰が見ても地球的規模での諸問題が続発してきている事態の客観的基盤は何かを取り上げざるをえないであろう。この20世紀のはじめと終わりとの間の，このとてつもなく隔たっているように見える両局面のあいだを複雑に変転をとげつつ貫流してくるいくつかの主流をなす変動要因を探り当てていくことが大切なものであろう。しかしこの両者の間にはあまりにも多くの関連が錯綜しあって展開されてきているし，それぞれに多くの特殊な問題がありすぎるので，これまではどうしてもそれぞれ部分的に検討されたことの継ぎ合わせで終わってきているように思われる。

　ここでとりあげる南北関係の問題はこのような複雑な世界的問題の重要な基礎的部分の一つをなしているものといえるであろう。たしかに広く一般に「南北問題」としてイメージされているものは，さまざまな時代にわたって，いろんな次元で見られるさまざまな格差問題なのであろうから，さまざまな

側面をもつものであろう。したがってまず，南北問題とはどのような次元での問題なのであり，どのような特質をもった問題なのであるのかをはっきりさせることから始めなくてはなるまい。ここでは，そのために必要な若干のコメントをしておくことにしたい。

　まず当然のことではあるが，いかなる問題もそれが提起された歴史的時点から切り離して理解されてはならないことである。North-South Problem なる問題提起が世界に登場したのは，第2次大戦後独立した旧植民地従属諸国の経済開発計画が当初順調に進行しているように見えた時期からしだいに暗雲がかかりはじめてきた1950年代後半であった。当時は「東西問題」が大きな世界問題であったし，これら発展途上諸国（以後，「途上国」と略称する）も独立直後の意気盛んな頃であって，この途上国開発問題を巡ってはいろんな意見や理論が出されていたのである。しかしこの North-South Problem という問題提起のしかたは，たしかに先進国の立場から出されたものではあったが，きわめてあいまいな今日的表現であって，この問題のどのような側面からの捉えかたであってもこの表現に含みうることからであろうか，世間で一般的に用いられるようになってきたものであろう。したがって，この呼び方は包括的である反面，かなり漠然とした表現なのであることから，この言葉が使われる所によって，政治，経済，社会，文化などさまざまに，しかも相互に論点移動させつつ自由に論じられることが可能となったものであろう。

　このように「North-South Problem」という問題の取り上げ方がきわめて広い範囲を含むものであることから，また当然にもこの捉え方には，当面する問題を取り巻く現代世界特有のさまざまな「環境」やイデオロギー的特徴や色合いをもつことは避けられなかったのである。この背景としては，20世紀，とりわけ第2次大戦後には，19世紀的世界とは異なり，さまざまな要因が簡単に概念規定ができないほどにあらゆる社会現象が相互に複雑に関連しあって発展してきていることである。そのうえ，とりわけ第2次大戦後の世界では，マスコミやマスメディアの発達によって，問題が発生した途端に，

東西問題とか南北問題，環境問題などという言葉に典型的にみられるように，広範な当時代の大衆的感覚にとってきわめて受け入れやすい言葉が巧みに産み出され，そのまま政治上の問題として一般的社会性を獲得してしまうようになってきているのである。しかしこのようにかなり漠然とした感覚的表現ではあっても，それが世界政治の場で問題とされるまでになった客観的根底には何があるのか，とりわけそのような背景にある様々な歴史的，社会経済的構造はいかなるものかとなると，そう簡単にはいかないようにおもわれる。

　次に注意すべきことは，今日南北問題を「解決」するとよく言われていることの意味についてである。North-South Problem なる名称で問題提起がなされてきた時に，とくにそれが世界政治上に登場した主な舞台が，1960年代を中心として，主に國際連合という表舞台であまりにも華々しく展開された南北交渉と呼ぶべき形態においてであったこともあって，ここに提起された North-South Problem の「解決」ないし「前進」にあたって，この政治的交渉の結果に対する期待があまりにも大きかったことからか，その後1970年代の OPEC の隆盛と「南南問題」の発生，1980-90年代における東アジアの急速な工業化などを背景としてこの交渉が行き詰まってしまってからは，この南北間の政治的交渉に引きつけて大まかに理解されてきた南北問題そのものがなくなったとする見解から，問題そのものはさらに深化してきているとする理解にいたるまでが多様に現われて，問題自体の性格が著しく拡散されて不透明なものになってしまってきたものであった。

　およそ今日の政治，政策上の諸「問題」が取り上げられる際に共通して必要な留意点なのであるが，そもそも，農業問題，中小企業問題，国際通貨問題，麻薬問題など，およそ　社会的に「問題」として歴史的に提起されてきているものは，それがどのように複雑な基盤から生じたものであろうともすべて，一定の歴史的時期に，社会的規模で人間意識に何らかの解決をすべき「問題」として捉えられたものを指すものであろう。しかも今日のように主に近代的国家権力の下ではじめて具体的に総括される以外にない歴史的社会にあっては，このように社会的に意識されるまでになった問題というのは，

この国家権力によるなんらかの政策的対応を迫ってきているものであるということが出来るであろう。つまり「社会問題」が提起されている次元は，政治，政策的次元のことであり，したがってまたそれが問題となった歴史的，社会的諸利害とそれに対応して各種階層による多様な主張，イデオロギーなどで覆われているという次元のことといえるものであろう。

　しかしこのように社会問題は国家によって解決されるものであるということが一般化して常識化され，社会慣習化されてくると，こんどは，どんな社会問題でもただちに政治の責任とみなされるばかりか，こんどはそれが政治の場で取り上げられ一定の解決策が打ち出され，そのことによって一定の改善への変化がみられることによって，その政治の場には登場しなくなると，それで済んでしまったものとみなされる傾向がうまれるようになる。つまりある政策によって社会経済的に予想される効果と客観的に進展する現実の変化とを取り違えてしまっていて，そのことによって，全体として客観的にはどのような問題の展開を来したのかについても，その政策枠のなかで観念的に固定して考える傾向が強まっていく，つまり複雑で多様な社会経済問題の解決をすべて政治，政策に押し付けて「理解」してきていたところがあったように思われるのである。こうしてその具体的問題が現実に展開してきている，政治，社会，経済の全般にわたる複雑でダイナミックな実態に即して問題の関連のあり方を深めることにはかなり鈍感にさせられてきているように思われる。

　しかもその際，本来ならば実践的に当面している問題をめぐる全面的関連を客観的に思考すべきはずの人間の意識には，実践的に当面する側面だけにとりわけ集中する特有の限界があって，この全体的関連を外部から客観的に見てみると，多くのかなり粗雑な部分偏重や食い違い，さらには当初思ってもいなかった新たな諸問題を発生させてくる可能性などをはじめからもっているものであろう。というよりも，人間の問題意識の方は多様な構造をもつ客観的問題に対して，当面する実践的意図に必要とされる側面から理解できる限りでのみ問題を取り上げざるをえなくなっているだけのことであろう。

したがってまた，実践的に当面している問題の根底にあって，ここに現象した側面の動きを大きく規定している客観的構造の多様で複雑な歴史的運動，変化によっては，別の社会的問題の新たな発生として意識され，古い問題は消滅，ないし衰退したものとして人間に意識されることにもなるものであろう。したがって一定の時点で立ち止まり振り返って，これらのイデオロギー的，政治的過程の意味を，より根底からの客観的歴史的過程の中に位置付けて考え直してみることを繰り返していくことが必要となるものであろう。本書ではこのような観点から，20世紀初頭における「植民地問題」からはじまり，今日の「グローバリゼーション」へと展開してくる世界史的関係のなかに，20世紀中葉からの南北関係問題の展開を位置付けて捉えようとしたものである。

なお，本書における分析視角のうち，以下の2点についてはあらかじめここで明示しておくことにしたい。

まず本書の標題を『世界開発と南北問題』とした点に関してである。第2次大戦後，「発展途上国開発」が世界政治上に意図的な「政策」として提起されてきたのは，先進国の側からなのである。戦後世界体制を構築するに際して，当時まだ「植民地体制」下にあった途上諸国経済を「再建世界市場」の中にいかに位置付けるかは重要な問題の1つであったからである。しかもこのような「開発」の起源は多分，30年代，TVAなどの地域開発を展開したニューディール政策からなのであって，アメリカはそれを戦後，先進地域，途上地域を問わず，国家的な世界政策として全面的に展開せんとしたものであろう。しかしその一面である途上国開発政策という点では，さらに遡って，すでに19世紀末から大英帝国による「植民地開発政策」が展開されてきていたのであった。こうしたことからみて，20世紀世界経済問題に直面していかざるをえない独占資本の死活的な利害を背景として，国家的に推進されてくるものとして「世界開発」政策としたのである。

しかしそうなると次の問題は，この内外にわたって拡大していく市場が真に近代的市場としての内実をもったものとして発展するためには，当該地域

の人間社会の主体的な営為，努力なしには成立しえないという側面の問題が生じてくるのである。西欧の近代社会はそれを近代的市民の自由を基盤とした「国民的統合」の追求によってはじめて獲得できたものであろう。それに対して，この近代西欧によって植民地的従属下におかれた世界的な途上地域では，従来の社会生活を徹底的に破壊されて，これに対する反帝闘争を通じてはじめて，この「国民的統合」を入手しうる可能性に立ち向かうことができてきているのである。したがってこの南の主体的必要の側面を「南北問題」として，北からの政策とは区別しなければならないものとしたのである。

　もう一点，予め明示しておいたほうが良いと思われる本書の視角は，東西問題との関係についてである。そもそも「南北問題」という言い方は「東西問題」と対比された表現であって，その密接な関連にあるものと一般に理解されてきていたものであろう。しかし今日，東西問題は「解体」したのに，というよりもそれを契機に南北問題ははるかに厳しい局面を迎えていることから判るように，「東西問題」ははじめからそのいわば外的な「国際環境」とでもいう関係にあったものといわねばならないことである。またさらに戦後途上国開発問題も，それが提起された当初から，社会主義的開発か，それとも資本主義的開発かという競合しあった，いわば「選択」の問題として意識されてきていた問題なのであった。社会主義的開発の問題がいかなる世界史的意義をもつものであるのかという一般的意義自体については，1917年から74年間にわたるソヴィエト社会主義体制を20世紀世界経済の中にどう位置付けるのかという，大きくて重い問題に関わっているものであって，とうてい今の私に解決できるものではないものである。しかし当時の現実の政策展開からみて，それは途上国の国家的開発政策が世界史的現実に対応せんとした一変種とみうるものであり，それらは全体としてブルジョア的開発が途上地域にまで拡大していく歴史的な一環を構成したものであるということができよう。むしろ，途上国開発イデオロギーに対する計画経済的影響のほうが大きいものであろう。そのうえに，社会主義の影響は単なるイデオロギー的関係を超えて，インドや中国などをはじめとした，今日の途上諸国の現実を

大きく規定してきているものであるが，この点を客観的にどう捉えることができるかについては，後で見ることにしたい。

目　次

はしがき

序　章　世界的社会問題としての「南北関係問題」……………1
　　1　"North-South Problem"と「南北問題」との性格　1
　　2　植民地体制と発展途上国体制　11
　　3　理論上の「本源的蓄積過程」論の歴史的拡張適用　15
　　4　問題の歴史的限定　23

第1編　植民地問題の登場と分化

第1章　帝国主義と植民地問題の変遷——北南：南北問題の胎動 ………35
　Ⅰ　資本主義の形成，発展と植民地体制 ……………………………35
　　1　前提としての世界市場と旧植民地体制　36
　　2　結果としての世界市場と自由貿易帝国主義　37
　　3　「帝国主義時代」と植民地問題　38
　　4　20世紀初頭「植民地問題」の性格　39

　Ⅱ　主要な発展途上地域における植民地問題の歴史的展開——その地域差 ………44
　　1　東アジア——中国　44
　　2　征服植民地インド　48
　　3　アメリカ大陸　52
　　4　アフリカ——サハラ以南　56
　　5　「中東」アラブ　59

第2章　第1次世界大戦と戦間期植民地問題の二分化 ……………70
　　1　第1次世界大戦における問題の急展開　70
　　2　戦間期植民地問題の二分化　73

第2編　再編帝国主義と「南北問題」

第3章　20世紀中葉における政治的再編——世界開発の枠と主体の登場 …………85
1　第2次大戦における帝国主義列強の政治的統合への再編成　85
2　植民地体制の崩壊　91

第4章　世界経済開発と「南北問題」の生成展開 ……………………99
1　先進国統合枠下の高度成長　99
2　発展途上国の経済開発計画　103
3　社会主義の援助——南北関係問題の政治的促進因　108
4　先進国の開発援助　110
5　独立と現代的従属——「新植民地主義」の意義　118

第5章　世界政治における南北交渉——北南：南北問題の政治 …………134
1　南北交渉の経過　134
2　南北交渉の意義　138
3　世界開発と南北問題——高度成長と経済開発計画との歴史的意義　151

第3編　世界開発体制の南北問題への「覆い被さり」

第6章　世界開発体制の全面的展開——新帝国主義の世界体制 …………163
1　構造的不況への転回と地域的分極化　163
2　国際的国家規制の再編強化——累積債務問題と構造調整　172
3　国際独占体の世界的蓄積様式　179

第7章　世界開発体制対南北問題 ……………………………186
Ⅰ　アジアの開発と工業化 ……………………………186
1　輸出主導工業化から地域統合へ——東アジア　187
2　中国における社会主義的「原蓄」過程　198
3　インド——計画経済から自由化へ　204

4　中東アラブ世界　208

　Ⅱ　環境＋人口問題——サハラ以南アフリカ生存維持経済の崩壊 ……………211

終　章　グローバリゼーションと南北問題 ……………………………………224
　Ⅰ　世界統合と地域統合：グローバリゼーション ………………………224
　Ⅱ　南北問題とグローバリゼーション ……………………………………228
　Ⅲ　南北関係問題の位置——植民地問題からグローバリゼーションへ …………232

参考文献

あとがき

序　章　世界的社会問題としての「南北関係問題」

　最初に南北関係問題に関してこれまでに議論されてきた諸論調を私の視角から整理することを通じて，この問題を取り上げるために必要な若干の基礎的な概念を予備的に考察しておくことにしたい。

1　"North-South Problem" と「南北問題」との性格

　そもそも North-South Problem と呼ばれてきたものはどのようにして登場したのか，それはどのような歴史的存在であって，今日の世界経済のなかでどのような意味を持っているものなのかをまず問題としよう。

　一般に North-South Problem として論じられていることのなかには，一方では南の立場からの問題（つまり直訳して「南北問題」）を論じている場合と，他方では，北の立場からの問題（愚直に訳して「北南問題」）を論じている場合とがあり，しかもその上に何となくその相互の関係もが論じられてもいたり，それらの全体を漠然と「南北問題」と呼んでいるように見うけられるのである。そのどちらに力点があるのかは，論者の論点によっていろいろなニュアンスの差が生じてきているように見えるのである。

　たとえばこれまで日本での一般的な捉え方からすると，「南北問題」とは，南の発展途上諸国は独立したにもかかわらず北とのひどい格差があること自体の問題であり，さらにはこのひどい格差下の貧困にあえぐ南をどうして経済的に自立させるかの問題であるとする。そしてこの南における貧困への文字どおりの援助，救済という慈善的政策を中心とした捉え方が伝統的になってきている。そこでさまざまに論じられている時の大まかな判断基準は一般に，明示的であれ暗示的であれ，北が経験してきた歴史とその結果として達

成されたいわば近代社会の状態と水準とを前提としていて，そこにいたるまでに必要なことは何かを問題としているようにみられることである。そしてそれとは逆に，そのための「援助」が「北」の利益であるとすることには，とりわけ日本では，不正・不純なものとして反発されることが多いのである。しかし North-South Problem が20世紀後半の世界政治経済の大問題として登場した割には，その後ほんの十数年で先進地域の高度成長が終焉した後には，世界経済自体がグローバルな激動の様相を急拡大してきたこともあって，その焦点がはっきりしなくなってきたばかりか，この問題自体がマイナー化してきて，いまやグローバリゼーションの時代であるとする見解も現われてくるようにもなってきているのである。

ところで，North-South Problem は言うまでもなく，世界の先進地域である「北」と，その他の「南」，いわゆる「発展途上地域」との相互関係における「問題」なのであるから，当然のこととして，第1に，そのそれぞれの立場と主張との歴史的な客観的，総体的な相互関係の問題として捉えることが必要である。問題はその相互関係のあり方にあるのであって，その関係の成立がそもそも歴史的な植民地―本国関係を中心としたものの展開として生じたものである以上は，はじめからただ形式的に対等な相互の対応しあった関係というものではありえないのであって，実は，対抗と包摂とが歴史的に絡み合った複雑な関係という以外にないものなのである。

そもそも North-South Problem ということば自体は，1959年に，The Committee for Economic Development が，"Maximum Challenge. Is the Economy of the Western World Splitting Apart?" という中心課題——当時の変化しつつある米，西欧関係に関する——をめぐる検討会を行なった際に，そこでの主要な4報告（Messrs. van Zeeland, Iveroth, Hoffman, and Franks）の一つとして，元英国駐米大使であり当時ロイド銀行会長を務めていたサー・オリバー・フランクスが述べた，次のような問題提起にはじまったものである。

序章　世界的社会問題としての「南北関係問題」　3

　「今，重要であることは，大西洋の両サイドでの経済政策の共通目標はなにかである。今日それは二つあると思うが，それらはわが西欧世界の広い政治，戦略的姿勢での変化に関係しているのである。以前には，東西間の緊張という問題が支配的であったが，しかし今日では，われわれは，それと同じように重要な『North-South Problem（以後，「北南問題」と訳す）』に直面している。この問題は『東西問題』に関連してはいるが，それ自身独立した，同等の重要性をもつ問題である。——12年前には，世界のバランスは西ヨーロッパの復興へと向けられたが，今やそれは，工業的「北」と発展途上の「南」とのあいだの適切な関係 right relationship に向けられている。(1)」

　この発言は，当時の現実に対応した最適の方策であるものとして世論に大きく受け入れられていったのである。ここにはこの問題が提起されてくる当時の事情が簡潔かつ適切に表現されているのであるが，この提案は大きな反響を呼び起こし，それを受けた形で，以後この表現が世界的に用いられ，また「北」の対応が具体化していくようになったのである。
　ここで何よりも第1に注目すべきことは，この問題提起が1950年代末の世界情勢，とりわけ大西洋をはさんだ欧米先進国の相互関係のありかたの問題を検討し直す必要に迫られたことに関する諸発言の一つとして，フランクスが「北南問題」こそが，米欧共通の政策であると問題提起をしたことである。つまりそこでは「南」と「北」との「適切な」関係を米欧共通の政策として追求する必要こそが，初めから「東西問題」とは「独立した」問題であると認識されているのである。
　この「北南問題」が世界政治に提起された1950年代末には，他方では，独立した旧植民地諸国の立場から，当時の世界経済における自らのありかたを巡って，「新植民地主義」論，「非資本主義的発展の道」論などの諸主張が出されてきていたのであった。(2)それらは，政治的独立を達成してきている発展途上国がその後どのように発展せんとするのかを探るという立場から，一方

では，独立した諸国の政治家の間から先進国の不当な対応・干渉を，批判というよりも非難・排除することを目指すものとして，また他方では，社会主義体制が優勢である当時の国際環境のもとで，先進資本主義諸国に依存しないで独自の自立的な国民経済的発展の可能性を探ろうとする，いわば体制移行論としての政策論の必要を理論的に打ち出そうとした捉え方であった。しかしそれらは「南」の立場からのものといっても，その表現から判るように，主に当時の国際情勢のなかで先進国による帝国主義的支配，干渉に対する排除，ないし不信感をもって対応するという，いわば対外的な国際政策の方向での問題の立て方に強くストレスを置いたものであった。しかしこの国際関係の側面からの問題を，独立した「南」における経済建設全体の歴史的現実の必要を基礎とした，いわば内在的な問題との関連においてどのようなものとして位置付けるべきかを理論的に展開できるような問題提起とはなっていなかったという弱点を持ったものであった。したがってまた当然のことながら，この南がその国内的基盤から出てくる国際的な反発や要求に対して，「北」がこれをどう受け止めるのかというような問題に対応することができるような，したがってまた，現実の資本主義世界経済全体の当面する問題との具体的な関連においてこれを受け止めることも出来るような広さと客観性とを持つものとは言えなかった。もともと今日の発展途上国をめぐる問題のいわば総体的把握は，20世紀の歴史的進行に伴って展開する多様な世界経済的関連の総体のなかに位置付けることが必要なものであろうが，このような関連のなかで検討することができるためには，この捉え方はやはり一面的という以外になかったのである。その意味での総体を包摂できる捉え方が必要とされていたのである。

　それに対して，上述のフランクスの発言にもどってみると，ここで何よりも第1に注目すべきことは，1950年代後半の当時，米，西欧関係自体が一つの転換点に差し掛かっているという認識の下で行なわれた検討の一環であったということである。従来「北南問題」は，「東西問題」との政治的関連において成立してきたことに重点を置いて説明されてきていることが多いので

あるが，しかしそれは基本的には資本主義体制自体の内在的問題として捉えるべきものである。一方では，西欧の戦後復興はその植民地の存続を前提としていたにもかかわらず，40年代後半のうちに東アジアの主な植民地的支配領域から撤退させられたばかりか，エジプトを中心とした中東地域の「アラブナショナリズム」の急進化への対応を巡って，最終的に56年の「スエズ危機」で西欧（英仏）がその中東権益からの撤退にまでも直面するにいたったことと，それに取って代わろうとするアメリカとの間で拡大していく矛盾と妥協（つまり相互協力のための条件の詰め合わせ）がある。他方では，欧州復興と統合化の進展，そのうえで急進してゆく高度成長を基盤として，その再編された西欧が周辺諸国を新たに引き付け包摂せんとする趨向がある。こういった戦後欧米を中心とした列強間相互の，いわば「北北関係」の新展開を一方の基盤として，それとの関係において「北南問題」が歴史的に登場してくることを捉えなければならないことを意味しているものであろう。[3]

「北南問題」という用語は，たしかに戦後「東西問題」と何らかの関連を意識して打ち出されたものではあるし，したがって途上国を「資本主義体制内に引き止める」というような，いわば政治的，戦略的対応の必要ということとの関連で説明されてきていることが多い。しかしこの「北南問題」の登場にたいする社会主義体制からの政策的関与という「東西問題」からのインパクトが現実に持った意味は，当時必然的に展開せざるをえなかった列強の側からの新たな対途上国政策の再編成を，「東西問題」という「国際環境」との関連において西側が意図的に「統合」して展開させることの必要を強調するために，「北南問題」というスローガンを押し出すという，イデオロギー的役割を果たしたものというべきであろう。またその結果として，そこに展開されてくる政策の内容や時期などについて，例えば社会主義からの援助の性格が開発援助におけるソフトローンの条件を変化せざるをえなくさせたというように，一定の変容をもたらしたものとして理解することが妥当であろう。

さてこのように最初の問題提起自体が，当時の西欧とアメリカという，変

化しつつある列強相互関係の問題を前向きに克服ないしは調整していくことができる「共通の課題」として政策提起されてきたことからも分かるように，その内実は本来的に"North"(「北」)の立場からの問題提起(=「北南問題」)なのである。もちろん南の必要とその要求自体はたしかに北がこのような問題提起をするにいたるための重要な歴史的前提をなすものであり，この北からの対応のありかたを規定する基盤となるものなのであるから，この点は決して軽視ないし無視すべきことがあってはならないものではある。したがってまたこの北からの問題提起のなかにも南からの要求内容が勘案されて論じられてくるものであろう。しかしそれは「North-South Problem」ではなく，正確にはその前提としての「South-North Problem」(「南からの対北問題」)と表現しなければならないのである。——日本では，はじめは単に翻訳上，南北を相互に対等に表現するという側面をもつ日本の慣習的用語法によって，「南北問題」と訳されたのであろう。しかし内容上においても，後に森田桐郎氏が『南北問題』のなかで，それまで世界政治経済における「たんなる客体」であった植民地から独立して今や「自立的主体」に転化した「南」の生産力発展の要求をみたしうる国際的条件の要求であると明言したことに代表されているように，本来，「北」からの問題提起である「North-South Problem」を「南」を主体とした逆のものとして，というよりも，そもそもの「南からの」問題提起に読み替えて理解したうえで，多様な検討がなされてきたのである。[4] もっとも，このような逆転した理解をする必要は，現実の国際的条件の組み合わせが南の発展を可能とさせ，そのことによって世界経済を変革しうる可能性があるとした認識から生じてきたものであって，この南の発展の必然をはじめから南自体の内的な展開として捉えていたものとは言えなかったものではある。

　North-South Problem という捉え方は，たしかにこの問題が当時の西欧先進国の立場，つまり「北」から提起されてきたという経緯からして，「南」にとっては「帝国主義」的に支配せんとする立場からの把握であるものとして反発して捉えられたものであろう。しかしここで留意すべきことは，フラ

ンクスによる North-South Problem という問題提起自体は，何よりも欧米といった先進国の相互関係からする問題提起から始まったということである。このことは，もともと先進国側の「帝国主義的意図である」などとして，南の立場からするだけの一方的，政策的に矮小化した拒否反応をするだけで理解すべきものではないことを意味するのである。この問題提起が「北」＝欧米の諸事情とその必要から出されてきたものではあるが，しかしここで言われている「北－南」のあいだの「適切な関係 right relationship」とは，北が南の発展の必要を受け止めたうえで，それがどのような内容の相互関係であるものなのかという点については，ここにはまったく規定されていないのである。そしてまたここで問題とされた現実の北－南関係の「不適切な」関係とは，いかなる立場からのいかなる事態であるのかの内容についての拘束も一切ないのである。したがってそれは如何なるものであるとして認識し，また如何にしてそれを是正していけるのかということには，北の立場からのものであると言う以外には，あらかじめ何らかの制限もない，どのような立場からのどのような接近方法でも可能な捉え方となっているものであろう。

　こうしてまたこの双方を前提として，この南と北との双方それぞれの必要と要求との体系同志が対応しあってくる総体的関係を問題とする捉え方，つまり「南北関係問題」と表現すべき捉え方をも必要となるものであろう。もともとこの南と北との問題の内実は，歴史的に展開してくる資本主義世界政治経済体制の多様な側面からなる相互的な諸関係の中で，当初はプリミティブな「植民地問題」という形をとった問題として歴史的に発展してきたものを受け継いだものである。それがこの歴史的時点での「南」の発展の必要という問題提起からはじまったばかりか，このことを前提とし受け止めた形での「北」からの問題提起をも含めて，この世界的な相互関係が遂に世界政治経済上の社会問題として政治的に提起されるにいたったものであるとして，より広く総体的に理解しなければならないものなのである。ここでは，このように世界問題として広く捉えるに際して注意すべきいくつかの側面を指摘しておきたい。

第1に，もちろん「North-South Problem」の世界史への登場は，第2次大戦後急進した「植民地体制の崩壊」により新興の独立諸国が生じたことを受けたものであって，それはそれら独立国の世界経済のなかでの位置如何という世界史上初めて生じた新しい問題なのであった。そして当時は，独立したばかりの「南」の国家的な経済建設のありかたが最重要問題となっていたのは当然であったし，その後の南北交渉も国家間の問題として展開されてきたのであった。したがって南北問題が世界史に登場した以上のような経緯からして，南北の国家間の問題，したがってまた（それぞれの国内問題に触れることをタブーとしたまま），相互間の国際経済関係の側面だけに限られる問題なのであると思われてきたのも自然な成り行きとして理解できるのである。けだしそれは，北南問題が世界政治上に登場したばかりのときの政治的配慮など，歴史的に限定された最初の政治交渉形態のもっていた性格によるものだからである。しかしこの問題はもともと，このような歴史的，ないし政治的制限をもっているものではなく，南と北との総体の社会経済的な相互関連が対象とされるべきものなのである。この点で，とりわけ区別が必要なことは，それぞれの国家（群）の内部における諸階級の階級的立場によって対南，ないし対北政策が異なってくることである。しかも南と北のそれぞれの支配階級については，歴史的には，第2インター時代における「労働者階級の植民政策」の提起などがあったことからも分かるように，今後の支配階級の変遷までをもその視野に含めねばならない捉え方であることを強調しておきたい。それは，多分，世界的な南北格差が解消されない限りは未来に向かってかなり長期にわたって展開していかざるをえない政治問題となっていくものだろうからである。しかしここで取り上げる全体としての20世紀の歴史的展開からみて，既に近代的階級関係が確立し，独占資本主義体制が支配的なものへと発展してきている「北」では，おおよそ「金融資本」（通称「独占資本」）が北の支配的な経済主体であると押さえておき，独占資本主義的蓄積様式が必要とする世界政策である国家的な World Development（世界開発）の南への展開を北による North-South Problem の中心的要求[5]

に据えておくのは歴史的に妥当なことであろう。またそれに対応して，南から「南北問題」を推進している主体は，かなり大雑把にではあるが近代的階級編成が未確立であるということで，経済的自立を求める「新興独立国家」，ないし「新興資本家階級」としておくこともおおよそ歴史的に妥当なことであろう。もちろんこれらの政策は両地域それぞれの発展に伴う地域，国家の内部における階級関係の変遷につれて歴史的に変化していくものであることを前提としているものである。

しかもさらにここで第2に注目すべきことは，「南」とか「北」とか言われているものの範囲は，とりわけそれぞれの「国」ないし「国家群」の間の社会経済的関係に関することだけに限定されているものではないということである。つまり North-South Problem として提起されてくる問題の範囲自体が地球上の人類全体を包含している以上は，はるかに総体的な諸問題における南北格差，つまり現代特有の地域格差問題の総体までをも包摂しなければならないものとなっていることである。それは世界を両分するような規模での南北両地域の関連の問題，つまり「工業的北の地域」全体と「発展途上の南地域」全体とが区別された上で，その関連の問題を指しているものなのである（このように地球規模での問題をも包摂できるような問題提起をすることが出来たのは，特定の視角からとはいえ，世界の政治経済の全体制を問題とせざるをえない立場に立たされてこざるをえなかった西欧地域社会の位置を反映したものであろう）。さらに第3にとりわけ注意すべきことは，このような南北関係「問題」の性格は，初めから，20世紀世界経済全体の歴史的編成に関わる問題なのであるが，それは，例えば「北」の成長や繁栄を「与件」的に前提としてしまった上で，「南」だけを慈善的に引き上げるなどという一方的なことで「解決」ができるような，のんびりしたものではないということである。今日南北の関係をさまざまに論じられ問題とされる場合に，先進国体制についてはおおよそ与件化ないし不問に付したままで，発展途上諸国のひどい格差をどう是正できるのかを「南北問題」として論じているものが少なからず見受けられるのである。しかし改めて言うまでもないこ

とであるとは思うが，この南対北の問題とは，「南」だけの問題なのではなく，「南北の相互関係」の問題なのである。したがってこの問題で検討されるべき全範囲は，「北」が提起してくる問題の本質をも慎重に検討する必要があるばかりか，例えば先進諸国で近年深刻化している移民，難民問題一つを見ただけでも分かるように，「北」自体の深刻な変革を必然とするような，いわば「はねかえり」の関係をも当然に包含しているものなのである。もうこれ以上外部世界に問題を展開させる余地がなくなったところから始まった20世紀の世界経済は，その進行につれてしだいに一方では，世界的な規模での多様に関連しあってきている社会経済関係をより密接なものへと展開させる以外になくなってきていたのに対して，他方では，この「世界的な社会化」の全範囲にわたって，まさに世界的な規模での巨大な不均等，格差，対立を拡大させてきているのである。その相互関係はしだいに，何らかの新たな全面的な編成変えを必然化させる以外にない問題の登場へと接近してきつつあるように見えることである。このように南北が対極的に矛盾しあった関連を深めつつ相互に規制しあっていかざるをえない関係の問題がしだいに世界経済全体の基盤の大きな部分を占めてきているように思われるのである。

　しかしこのように世界的規模での広範な問題と関わっていることから，その反面として注意されるべきことは，あまりにも一般的に捉えすぎてしまって，地球的規模での貧富の格差一般を「南北問題」と表現されているのをしばしば見受けることがあるが，この表現は，「工業的北」と「発展途上の南」という，全地球的規模での「地域的な格差」が問題化されるにいたったことに限定することが必要であろう。もともとこの世界経済上の南北関係問題は，19世紀末からの世界経済における「植民地問題」が歴史的に展開し，再編されたものなのであるが，「植民地」，外部的な「領土」「領域」支配という特殊な国家形態が基本的には消滅したという歴史的な展開を受けたものであることから，何らかの「国家領土的」規定とは別の表現が必要とされていたものであろう。歴史的に資本主義体制を確立発展させてきていた地域がほぼ北半球の温帯地方にあり，その世界的な拡大により従属的に包摂されていった

地域が主に，その「南」の熱帯地方を中心とした地域であったことから，「南北」というこの問題の表現の仕方は社会常識的にも自然なものでもあろう。しかしここでは一方での地理的，他方での領土的限定をこえてもっと広く，先進的工業地域とそれに規定されつつ変化していくその他の諸地域との相互関係という，本来の社会的性格の問題として捉えるべきであろう。「北」地域とその他の「南」地域との双方が相互に規定しあいつつ展開する歴史的関係の総体を，つまり，今日地球的規模にまで拡大されるにいたった南北の「地域的」格差問題の総体までをも包摂されたものとして理解すべきことなのである。

　さてここまでの議論をふまえて，以後の展開においては，これまで「南北問題」と言う表現によってそこに含まれる多様な側面をそれぞれにイメージして議論されてきたことの内容を，以下のように区別された概念として整理して用いることにしたい。そもそもの「南」の立場からの主体的必要とそれに基づいた対北要求の問題提起を「南北問題」と呼ぶことにする。これに対して北がもともと自らの必要によって南に要求する問題提起を"North-South Problem（北南問題）"と呼んで区別することにする。そしてこの双方からの問題提起をも含めて，それらのそもそもの生成・発展と，相互に規定しあわざるをえない客観的，主体的諸関係の広範な総体については，"Problem of South-North Relations（南北関係問題）"と称することにする。この区別の仕方は，決して特異な思考によるものではなく，これまでやられてきた諸議論の多様に錯綜した内容を明確に整理できるものとして有効であると思うのである。

2　植民地体制と発展途上国体制

　さて南北関係の問題を取り上げるにあたって，つぎに問題とする必要があるのは，今日の世界経済において「発展途上国」と称される諸国，地域の諸問題に取り組む際に，これら諸国のほとんどが，ほぼ20世紀中葉における

「植民地体制の崩壊」以前には，世界経済において「植民地的従属諸国」と呼ばれてきていたこととの関連をどう捉えるかについてである。

今日の資本主義世界体制は，一般的に，北の「先進国（developed countries）」と南の「発展途上国（developing countries）」とに大きく分類されるのが常である。しかし20世期前半から中葉までは，それらは，おおよそ「帝国主義国」と「植民地・従属諸国」ないし「植民地体制」と呼ばれていたのであった。したがって，「植民地諸国が独立して発展途上国になった」というふうに表現されてきているのが普通になっている。もちろん，一般にどう呼ばれようと，所詮呼び名が中身を規定するものではないので，それは自由なのであるし，また，たしかにこのような用語の変化は，20世紀中葉のほんの十数年の間に，帝国主義的植民地制度がほとんど崩壊してしまったことを反映したものであるから，そのこと自体は当然と言ってよいのである。

しかし，帝国主義―植民地という表現は，言うまでもなく，両者の国際関係のあり方を基準としたものであるのに対して，先進国―発展途上国という表現は，それぞれの国自体の内的発展度を基準としたものである。つまり，この用語の変化は，その国の国際関係の特質から内的発展度へと，その基準がまったく別個のものに変えられている点に注意する必要がある。このような表現基準の変化は，多分，それぞれの時期における実践上・政策上の中心的課題の変化を反映したものであろう。つまり，植民地的従属からの脱却という実践上の必要から，経済開発を推進するという実践上の必要への変化である。しかし，そのように歴史の表面に登場して政治化している側面との関係で，その裏面つまり，植民地時代の内的発展度と発展途上国の国際関係の性格とは，それぞれどう取り扱われてきているのかと問題を立てると，それはかなり不分明であるか，またはその主要な側面とは無関係にさまざまに言われているように思われるのである。つまり，このような用語の変化は，実は当面する実践上の必要に引きつけられすぎている理論的把握における一面性，ないし歪みを何らかの仕方で反映しているように思われるのである。

さて，このような当面する実践上の必要から行なわれている，国際的地位

から国内的発展への理論上の論点移動は，このような実践的必要の転換をつくりだした植民地制度の崩壊＝政治的独立自体に対する評価の仕方から発しているものなのである。植民地制度の崩壊がほぼ終局にさしかかった1950年代末に，新興独立諸国の発展方向をめぐって，現地民族解放運動の実践家の立場から「新植民地主義論」が，また社会主義国の理論家の見地から「非資本主義的発展の道論」が，そして先進国ブルジョアジーの立場から「南北問題論」が提起されてきたのであった。それぞれの問題点は後でみる事にするが，しかし奇妙なことに，それらの階級的立場の違いにも拘らず，これらいずれの説も，この新興独立諸国の経済体制は，植民地時代の経済が，帝国主義的収奪によってその展開が逼塞されたものとはまったく異質のものであって，新たに提起された「国民経済の形成」，その発展ということだけが本来的課題なのであるということを，明示的にであれ，暗示的にであれ，それぞれの主張の前提における共通認識としてもったものであって，その上で，この課題を実践するにあたって，それぞれに評価の違いを示していただけなのである。そこでは，政治上の独立を境として，経済体制の理論的把握の断絶をつくり出しているのであって，私は一応これを「断絶説」としておくことにしたい。

これに対しては，その対極に「継続説」が生じてくるのは当然であった。A・G・フランクやS・アミンなどの従属学派がそれで，資本主義は世界史に登場して以来一貫して，「中枢(metropolis)」の「発展(development)」は「周辺(periphery)」の「低開発(underdevelopment)」を発展させるという世界的に関連した構造をもっているものであって，その両面は不可分の対極性をなすものである，という一種の世界資本主義論を主張しているのであるが，この立場からすれば，周辺部の政治的独立などはこの基本的構造を変えるものではないとして，無視ないし過少評価されることになるのである。ここでの問題視角からみたこの継続説の特徴は，世界的規模での開発―低開発という，国際関係面からの規定性を基本的なものとしている継続の強調なのであり，しかも中枢に対して従属していること一般が基本的問題なのであっ

て，社会経済的諸条件の違いによるその従属の質的違いやその違いを根底から規定する「周辺」部の内在的発展度などは，重要視されないか二次的な要因でしかない。しかしこの学説の主眼はむしろ，「後進地域は先進地域の後を追って発展するものである」というかなり単線的でポジティブな理論的認識だけを基準としてきていた従来の通説なるものを批判することにあったのである。しかしこのような「中枢」の発展がその「周辺」部における「発展」をきわめて複雑，困難なものにしてきているという重要な問題提起をしたものとしては，正当に評価されねばならないものであろう。

ただし注意すべきことは，以上にみたように内的発展と対外的関係とはそれ自体としては原則的には別個のことであることを明確にしたうえでのことではあるが，もちろん現実において具体的に関連しあってくる次元における問題としては，これらの両説がもっている単純な二区分で済ませうるものではない。例えば何らかの国際的な従属が，一方ではその国の何らかの内的発展をいつでも逼塞させるものばかりではなく，逆に内的発展のいくつかの側面を著しく促進するばかりか，思いもかけなかったような重要な，ないしは多様な諸傾向を促進するものでもあるという側面をも持っていることなど，具体的次元では多様に関連しあってきているものなのである。[7]

しかしまずここで指摘しておきたいことは，「断絶説」「縦続説」ともに，それぞれまったく対極的理解であるにも拘わらず，共通にみられることは，一方では独立によってなぜ断絶しているのかについて，他方では独立してもなぜ継続しているのかについて，それぞれに相反する側面からではあるが，その内在的根拠がはっきりされていないことである。そしてそのどちらにおいても，政治的独立の前から後へと一貫したその地域の内在的な政治経済発展については，まったく考えられていないか，軽視しているということである。中枢部からの支配のみを強調する継続説も，実践的課題に応じて論点移動する断絶説も，ともに複雑に展開する現実の重要な側面をそれぞれ指摘していながら，いずれも外在的把握の印象を免れないのは，一方では，この一貫した内在的発展を，たとえはじめはいかに現象的には小さくても客観的に

序章　世界的社会問題としての「南北関係問題」

登場してき，現実の根底からの変化をその深部から規定していき，さまざまな歪みを持ちつつもついには現実を質的に転換させるにいたる，この内在的な基本的要因を分析の根底に据えていないからなのである。発展途上国の内在的経済発展の特徴が政治的独立をはさんでいかなる変化をとげるのかを一方での分析の基底におくとともに，その上で，他方でそれに対応する国際関係上の位置とのダイナミックな相互規定的関連が問題とされることが必要なのではないであろうか。

　さて，以上のことを念頭におきつつ，植民地制度の歴史的崩壊を間に挟んだ，それ以前の「植民地的従属」下の経済体制と，それ以後の「発展途上」国の経済体制との相違と関連を見てみると，まず，何よりも単純に理解しうることは，両体制ともにその国内的経済発展の客観的水準からみると，低開発国 (underdeveloped countries)，後進国 (backward countries)，発展途上国 (developing countries) なのであって，独立後だけが発展途上なのではないことである。

3　理論上の「本源的蓄積過程」論の歴史的拡張適用

　さて政治的独立の前後ともに共通の「低開発」「後進」ないし「発展途上」である社会経済の内在的な状態というのは，実は「開発」「先進」「発展」などを基準として，それらが未達成であるという状態であることを意味しているだけのことである。もともとこのような視角での捉え方では，同一の発展過程における初期と完成との関係をあらわしているに過ぎないのであって，時間的に並存しあっている「開発」地域と「低開発」地域との間のいわば対外的な相互間の関係概念ではないのである[(8)]。

　資本主義的世界市場の歴史的な対外的拡大過程の進行は，その対象となるこれらの周辺的な非資本主義的領域を「外部から」従属的に規制し，資本主義的市場関係のなかに包摂していくという体外的関係を展開していくものである。こうして外部から従属させられていく諸地域の内在的な発展過程としてみると，そこではたしかにこの市場的包摂によって何らかの重大な変形を

被るものではあるが，その過程は，本質的に，それ以前の社会内部からの内在的発展の上に展開されていくものであろう。さて一般的にみて，このような過程全体，つまり地域によって多様な転変を経てきた古い諸社会を分解し，全体として資本主義社会へ包摂されるにいたる歴史的転換過程は，暴力的，破壊的な特質を支配的な性格としているものである。このように，旧社会の解体と資本主義の形成との双方にまたがるような幅の広い転換の捉え方ができるものは，本源的蓄積論以外にはないのである。[9] それは他の古い諸社会との歴史的接点を問題として取り上げているのであるから，これを拠り所として検討する事を通じて，われわれの現実的課題に接近してみることにしたい。

マルクス『資本論』第1巻における「いわゆる本源的蓄積論」においては，もともと理論上の一定の限定のもとに取り上げられているものなのであるから，この本源的蓄積論をよりどころとして今日の発展途上国問題に接近せんとするときには，いくつかの留意点が必要なのである。

第1に，マルクス『資本論』第1巻第7編第24章「いわゆる本源的蓄積」は，「直接的生産過程の単なる契機として」分析された「資本蓄積」の本質が資本制生産様式の結果として展開される「資本，賃労働関係の拡大再生産」であることを解明したことを受けて，その始源を問題としたものであることである。つまりひとたび成立すれば「自動的に」自己拡大していくものとみなしうる，いわば出来あがった資本蓄積の論理を前提として，どうしてもこのような枠組みの理論的把握では捉えられず，その前提とする以外にないところの「出発点たる蓄積」，つまりこの資本蓄積の基本構造のそもそもの始源，社会的規模での基本的諸要因がどのように形成されたのかを取り上げたものである。[10]

このように，いわば抽象的，理論的に限定され抽出して取り上げられているこの「本源的蓄積」論の諸規定を，資本主義全体の世界史に適用せんとするのには，「直接的生産過程の単なる契機」という，その理論上の抽象的位置からくる制限を外して世界史的現実的なものへ，少なくとも社会的な規模のものへと拡張，拡大する必要があろう。[11]

序章　世界的社会問題としての「南北関係問題」　17

　その際，第2に注意するべきことは，「資本関係を創造する過程は，労働者と彼の労働実現条件との分離の歴史的過程以外のものではない」が，その歴史的過程は，なによりもまず，「明らかに，先行せる歴史的発展の成果であり，いくたの経済的変革の――社会的生産の全一連の古い諸構造の滅亡の――産物である」としているのであって，はじめから封建社会の経済構造の解体に特定されてはいないことである。(12)

　しかもさらに，ヨーロッパ，とりわけイギリスにおいて封建制度の終着点として個人的，私的所有が14世紀末から15世紀に成立したことからその分析を始めるという重要な限定がなされているのである。(13) しかし旧社会体制の崩壊過程という点を世界的に拡大せんとするときには，このような「独立自営農民」が成立しうるのかこそが大問題なのであって，この特殊ヨーロッパに特徴的な現象をも相対化して，もっと広く世界的な規模で歴史的に進行する「旧社会の崩壊過程」の歴史的，地域的特質を捉えることが必要であろう。(14)

　歴史的に展開していった現実をみると，全世界にわたる地域的歴史的な差異を基礎として，世界市場が不均等に拡大，それも主に権力を中心として外部領域に拡大されていくなかでは，それぞれの地域ごとにではあるが，大きく社会問題化されてきたものは，一方では，19世紀後発資本主義国（ドイツ，ロシア，日本）でも漸次的に変化していく半封建制（半農奴制）の資本蓄積に対する制限的性格への対応問題であり，他方，植民地的に従属されていった地域でも，ほぼ20世紀にクローズアップされてくる社会運動のなかでも，「土地改革」つまり自作農（個人的私的所有）を作り出す方向へと変革せんとする問題が中心となってきているようにみえるのである（それは，むしろ旧支配者たる地主を弱化させることが必要なことによるものか）。

　それに対して，そこに成立した自作農（個人的私的所有）が次に土地から分離されること（『資本論』の本源的蓄積論では第1の主な対象となっているもの）については，とりわけ大きな社会問題となってきているようには見えないのである。自作農は，小経営が安定的に存立することを可能としてきた社会的（共同体的）諸条件から切り離されたものである以上，そのままで

は生成とともに自然発生的に両極分解する傾向を本来的に持っているものであるが，世界市場の重圧下で貧困化された自作農は，地主のもとでの多様な形の小作化や農業労働者と区別しにくいものとなっていて，そのままでもとりあえず賃労働の給源（しかも極度の低賃金で）となってきていることによるものであろうか。もちろんこのような農民層分解の不十分さは，社会的規模での資本関係の発展に対して大きな制約（とくに初等教育と産業的中間層による技術的，経営的水準の低位性など）となっているものではある。

実はこの『資本論』第1巻第24章における本源的蓄積の最初の部分は，もともと「資本制的生産に先行する諸形態（資本関係の形成すなわち本源的蓄積に先行する過程について）」において，先行する多様な生産様式との不可分な関連において検討されていた抽象的な本源的蓄積論のなかから，『資本論』の論理展開に必要な限りで取り上げたものなのである。その「先行する諸形態」においてはすべて，共同体的生産様式との内在的な関連のもとにあるものとして問題とされているのであって，自由な個人的所有（小経営）のもっている位置も，その先行する諸形態からの移行においては，この共同体的所有（生産関係）との関連において，ひとつの重要な論点とされているものなのであろう。しかし，他のところでは，「西ヨーロッパでは，共同体的所有の死滅と，資本主義的生産の発生とは，（数世紀をもってかぞえられる）長期の，継起的におこった一連の経済的革命と発展を含む中間期によって，相互にへだてられている。[15]」としてこの長期的移行として取り上げた問題の展開のなかには，小経営（個人所有）は取り上げられていないのである。

こうして我々のここでの問題は，多様な旧体制を支配的なものとしてきているヨーロッパ以外の諸地域が世界市場に巻き込まれていくことによっていかなる変化が起こっていくのか，その理論的性格はなにかという問題なのであるから，第1に共同体的生産様式を不可避的な基盤としている具体的な封建的（一般的には「旧」）搾取体制の解体からの問題一般に拡大して捉えることが必要となるのである。しかも，第2に注意すべき問題点の一つとしては，生産過程に対する旧体制的諸制限の排除と，小経営の発展度に注目すべ

序章　世界的社会問題としての「南北関係問題」　19

きであろう（＝土地改革）。そこでの問題は，小土地（生産手段）所有の側面よりも，「社会的な生産，および労働者自身の自由な個性のための一必要条件である」「小経営」的生産様式の発展が，共同体的生産様式とその上部構造からどれだけ自由となっているのか，両極分解できるように「発展」しているのか，などであろう。[16]

　共同体と小経営との問題に続いて第3に，この小経営を基礎としていかなる地域社会が形成できるのかが問題なのではないか——まず，一定の地域社会内での（農工を中心とした）市場関係がどの程度まで自生できてきているかが次に問題であろう（いわゆる「地域的市場圏」の問題）。資本主義本来の生産様式は，農業から分離された加工業においてもっとも典型的に発展してきているものであるが，しかし一般的に，ある特定の地域に資本主義体制が近代国家形態をもって成立するための経済的基盤は，その地域内での農業（つまり土地＝自然から直接生産物を取得する過程）の発展が基礎となって地域「内部市場」がどの程度まで展開しえているかにかかっているものであろう。その際この内部市場形成過程が，歴史的，地域的に何らかの「歪み」をもたざるをえなくなっていることの持つ意味を，検討することが必要であろう。

　第4に，資本の生産過程に必要とされる社会的な規模での労働力の陶冶であるが，とりわけ，この問題は，当面する諸時代の諸国民における生産力水準に対応できるような労働者層の陶冶，訓練，さらに科学技術的能力と経営的能力，経験をもった一定の社会的中産層が地域的に集積されてきていることが必要である。これらの人間の「近代的」諸力能は，市場経済が一般化していく際には，いわば自然発生的に叢生してくるものではあろうが，それが社会的な規模で形成されるためには，やはり主体的，意図的な育成が必要であり，それぞれの歴史的時代における資本蓄積様式が必要とする歴史的な技術的，社会的水準からの必要と，いわゆる「国民教育」に代表されてきているところの社会的規模での人間教育のあり方との関連しあった問題をも含むものなのである（以上のことは，独立した「近代国家」が「国民的統合」を

目指して政策的に努力していく中心問題の一つとなるものであろう）。

　第5に，以上の基礎的諸条件の歴史的，地域的な成熟の一定の発展度を基礎とし，その変異度との対応関係において，一方では地域内の土着生活（衣食住中心）を基礎とした国民的資本の叢生が，他方では世界的な支配的資本の歴史的な蓄積様式からの展開が問題となるものであろう（たとえば，プランテーション，合弁，子会社など）。

　第6に，『資本論』の「本源的蓄積論」は，確立した資本関係を前提としたうえで，その基本的要素の歴史的な成立だけを問題としたものであるから，そこでの論理は，労働者と労働実現条件とが商品として市場を介した「結合」によりはじめて歴史的に生ずる資本関係の成立のためには，その前提としてこれら生産要素の歴史的な「分離」過程が前提であるという視角からみたものである。したがってここでの「分離」の分析は，その「結合」のために必要な前提であるとするだけのことで取り上げられているのである[17]。

　しかし，巨視的に「分離」＝「結合」とされてしまう長期的過程でも，具体的な歴史的過程としてみれば，同一なものとはとうてい言えないことなのである。それどころか私的資本の排他的利害に主導される市場経済それ自体としては，あらゆる既存社会に対して破壊的に作用することを本質としているものであって，その破壊に続いて，次に一社会を形成できるためには，多様で複雑な諸条件の社会的創出を必要とするものである。したがってこの転化の長い歴史的過程のあれこれの局面でさまざまに「分離」された労働者と労働実現諸条件とは，この過渡期における一定の方向への強力な推進力が不明確であるばあいには，それぞれの具体的局面や地域によって，さまざまな「過渡的」諸形態における多様で暫定的な何らかの「結合」形態をとる以外にないものであって，主にそれが置かれた世界史的に支配的な産業の歴史的な変遷との位置関係によって，生存のしかたや経営形態をあれこれと変化させて「行きつ戻りつ」しつつ，それぞれに何らかの役割を担わざるをえなかったものであろうからである。しかもこのような過程のなかにあっては，本来的な商品経済関係が社会的に成立するのに必要なそもそもの内的要因の欠

如や，社会的な諸制度や外的な歴史的諸条件の不十分さによって，そこまでに至らずに市場経済と国家権力とが本来的に持っている圧倒的な破壊力によって，一方的に壊滅ないし衰退させられて「低開発」の状態が運命的なものとまでみなされていき，なかには地上から消滅させられていく地域社会もありうるものであろう。

　第7に，以上のような「本源的蓄積」過程と密接な関連の下に，これと相並んで進行してくる資本の本来的蓄積の展開とそれに対応して派生的資本が資本蓄積に果たす特殊な役割の諸問題を取り上げねばならないであろう。『資本論』でのこの過程の理論は，協業，マニュファクチュアとして「相対的剰余価値の生産」で取り上げられているし，当時の支配的蓄積様式の各部分は，第3巻の商業資本，利子うみ資本，地代に関する歴史的な各章で取り上げられている。その後の資本主義的世界体制の歴史的な進行のなかでの「後進地域」「発展途上地域」における資本関係成立の歴史的特質を探ることは，これらの歴史的諸規定と当面する世界経済との関連，そのなかでもとりわけそれぞれの時代における世界的に支配的な蓄積様式の歴史的な必要との関連のなかで，新たに展開させることが必要になるものであろう。

　第8に，本源的蓄積の基本的特質が「牧歌的」なものではなく，「暴力」（征服，圧制，強盗殺人など）が大きな役割を演ずるものであることから，国家的暴力の役割こそがこの過程における主導的で本質的なこととして取り上げられるのである。それはこの過程を強力に推進するだけの社会内的力能が不足している（無い？　とは言えぬまでも「借地農業者」の場合のように，「多くの世紀にまたがる緩慢な過程」でしかない）ことに対応しているものである。したがってまた『資本論』では，ブルジョア化の推進のために「目的乖離」的に暴力を振るったいわゆる「絶対王政」であるのか，議会による「法律」によって意図的な権力として力を振った「初期ブルジョア国家」であるのかというような，歴史的な国家権力の特殊な階級的性格などの区別についてはとりわけ問題とすることなく，どちらも国家的，暴力的に推進するものとして一括して取り上げられているのである。この点今日の発展途上国

の分析にあたっては，植民地か，独立国かを巡って大きな争点があるなど，この国家権力の階級的性格を問題として取り上げねばならないものであろうが，この点については，資本主義体制に対応した「近代国家」を構成するいくつかの特徴的な基本点を規準としてそれぞれの国家的特殊性を見ていく必要があろう[19]。

しかもその際，これまでは一般に無視ないし否定されることが多かった植民地支配下における市場経済化が，その社会をどのようにブルジョア的なものへと変容させていくのか，それがどのような問題を孕んでいるものかを取り上げる必要があろう。この問題に対応するいわゆる「ブルジョア革命」については，今日の途上国における資本蓄積の特殊性についてと同じく，もっと歴史的に具体化された次元での特徴を問題とすることが必要であろう。過渡期における国家権力の社会階級的性格は本来的に矛盾しているものなのであろうが，とりわけ今日のこの国家権力の階級的性格という点については，世界的政治経済体制の側からの歴史的な展開と途上国側での「国民的統合」の推進，および「国民的生産力」の形成との関係という重要な論点を，植民地時代と独立後との両面に亘って展開する必要がある[20]。なお以上に見てきたいくつかの基本的要因がどのような範囲で，どのような順序でどれだけはっきりと確認できるものかは明示できないのであるが，しかし，最後のこの国家権力問題だけは，どこにおいても必須のことであろう。けだし本源的蓄積過程の本質的部分に関わっていることだからである。

第9に，現代の「本源的蓄積」過程がそもそも持っている発展過程の地域的な不均等性と国家的開発とについてである。

自然と社会との歴史的な結合関係は世界的な規模での多様な地域的な差異を作り出してきているものなのであるが，市場関係を基盤とする資本主義体制はそもそもの生成過程から，世界的な規模でのこれらの多様な質的な地域的な差異を，その根拠はあいまいなままに現実的な諸般の事情，ないし権力的，暴力的な力関係などのもとで，ともかくも市場における同一質上にある量的な格差に還元して受け止めたうえで，これを歴史的な前提としているも

のであるから，この地域的な不均等発展がもたらす諸問題こそがこの本源的蓄積過程の本質的部分に関係することなのである。

　資本主義の確立後は，それが確立された中心地域での資本主義の内在的法則に規定されて進行する市場関係の不断の外部的拡大は，いわば「自然発生的に」対象地域の旧体制の質的差異に応じた自由貿易帝国主義によって不均等に展開していったものであった。

　そのうえで「領土的分割の完了」から始まる20世紀においては，世界全体にこれまでとは異なった特質と新たな規模をもって，周辺部解体と吸収とにおける不均等な発展と異常なほどの「格差」を作り出してくるものも，それに対する政策的対応もすべて，国家的「開発（Development）」の名のもとに展開されてくることになったのであって，現代の本源的蓄積過程の進行を基盤とする南北関係問題もこの国家的「開発」を中心として展開されてくることになるものである。

4　問題の歴史的限定

　さて，一般に「南北関係問題」は，既に見たように，これを「社会問題」として社会科学的に捉えるためには，それが社会的規模で人間の意識に「問題」として捉えられ，政治上の問題として登場した歴史的時点に即して，つまり歴史的社会問題として捉えられなければならない。したがって「南北関係問題」は，「南」と「北」との間の「適切な関係」を追求すべきことが世界政治上の課題として1950年代後半から登場したものとして，歴史的な世界的「社会問題」として，具体的に限定して始めることが必要である。

（1）　Franks, O., The New International Balance: Challenge to the Western World, *Saturday Review*, January 16, 1960, pp. 20-21.
（2）　岡倉古志郎『新植民地主義』岩波書店，1964年。
（3）　宮崎犀一氏は，1957年の Anglo-American contract の改定，更新の時点をもって，「帝国主義の新しい範疇，『植民地独立後の帝国主義』が確立した」ものと評価されている（宮崎犀一「植民地独立後の帝国主義」『商学

論纂』(中央大学)第37巻3・4号，1996年，24ページ)。ここで特に注目すべきことは，一方で，イギリスとアメリカという支配的な帝国主義列強相互間の関係，いわば「北北」関係における新たな，いわば質的な展開が，他方での南北関係における新たな質的な展開との不可分な歴史的関連にあるものとして捉えられていることであって，この両面にわたる新たな編成替えによって『植民地独立後の帝国主義』という「帝国主義の新しい範疇」がこの時点で確立したものと規定されていることである。

(4) 森田桐郎『南北問題』日本評論社，1967年，8ページ参照。現代世界経済において南が経済的に自立しうる現実的可能性の問題が現代史の重要な論点の一つであるという問題提起を最初になされたのは尾崎彦朔氏をはじめとした大阪市大グループと木下悦二氏の功績である。ここでの視角からの問題提起は，1960-70年代，社会主義体制が「現代世界経済」において重要な意義を持っていた国際的環境のもとで特徴的な世界史的発展の可能性を探る問題として提起されたものであった。ただしそこで主張された問題意識の重点は，そもそもの，「植民地時代」にはその発展が「不可能」であったのに対して，独立した「南」の主体的「開発」がその「有利な国際環境」との関係で，経済的自立を「可能」とさせるものであることを強調するところにあったのである(尾崎彦朔編『低開発国政治経済論』ミネルヴァ書房，1968年，木下悦二『現代世界経済論』新評論，1978年，第2章参照)。

(5) "Developmennt"は，本来，何らかの内在的諸要因が拡大していくこと一般を意味しているもので，この本来的語義では「発展」と訳されるべきものであろう。しかし「開発」となると，それに何らかの人為的な力が加わることを意味するものであろうから，この本来の「発展」は一定の変形を伴ったものとして展開することになろう。20世紀の世界経済における支配的資本としての「独占資本」的蓄積が「発展」することの必要が，巨大化していく国家の多様な「開発」政策を先進国たると途上国たるとを問わず全世界にわたって歴史的に展開させてきたものであろう。このような展開がそもそものこれらの関係の基盤である人間社会の「発展」をいかなる方向と程度に歪曲させてきて，それに伴う新たな矛盾を生みだしてきたのかが，そこでの根本問題であろう。

(6) たしかに資本主義世界経済の発展を歴史現実的に主導してきているのは言うまでもなく能動的「北」である。しかしこの「北」を主導する独占的蓄積にとって，全世界的規模での実体をもった現実の「世界開発」を20世紀後半の世界経済全体に出現させることができたのは，「南北問題」の登場によったものである。(従ってこの「北南問題」には，途上国自立化の必要を an sich として，先進国援助，支配を für sich とする逆の論理＝「南北

問題」がその前提としてあり、それとの闘争関係にあることに注意する必要がある。)

　しかし「南」と「北」との相互関係の問題を本質的に、従って最終的に規定できるものは、「南」である(この関係の本質は、もっとも抽象的には、都市と農村との関係における論理と同一のものであろう)。「南」は、人類史全体の基盤である、自然(地球の表層における「空気」と「土地」、その間を循環する「水」、それらの全体を基盤とする「緑」がその中心をなすものであろうが、ここではそれら全体を広大な「大地」で代表しておく)と人間社会とが直接に密着した関係を本来の広範な基盤とするものである。従って、「北」は、自己と同じく私的所有に枠付けされて局部的に肥大化された欲望と効率とが主導する、狭い局限された空間に密集して人間的には不自然、不健全ではあるが極めて「高度な」社会へと「南」を引き上げるという暗愚で破滅的方向をめざすのではなく、その方向性を転換して、「北」において高度に達成された人間的、技術的能力を、いまや破綻の淵に立たされている「南」の人間生存の根源的な必要に対して、主体的、能動的に適応していって、この広大な南の大地に適合した適切な人間社会の回復とそれとの適切な関係 right relations を目指すことによってしかこの問題の最終的な、本来の解決へと至ることはありえないものなのである。したがってまた、「南」と「北」との全体的相互関係においては、最終的規定性をもつ South を主体とする相互関係であることを表示するために「南北関係問題」とする。このように「南」を主体とした総体的な捉え方とその実践によってはじめて、「北」(具体的には西欧)の対外的拡大から開始されてきた世界経済上の「植民地問題」が、歴史的にその相互関係を変化させつつ発展させてきている巨大な世界的「格差」構造問題全体を解決する方向へと接近できるものといえるであろう。つまりこの全体的関連の捉え方にあっては、植民地問題からこの地域的矛盾の最終的解決にいたるまでをも展望する論理展開を内包しているものであろう。

(7)　さらに重要なことは、より長期にわたる外部的圧力の継続が「日常化」されてくることによっては、内部的な社会関係自体の深刻な変化を引き起こして、いわば内在化する関係をも生ずるものなのである。しかしその場合の問題化される次元は、資本とか国家とかが当面する利害や階級関係といったいわば短期的な次元のものではなく、その社会生活自体のきわめて深刻な変革、したがって通常においては、長期にわたる生産関係の変化とか民族の混血とかいった次元のものであって、その場合はこの変化されたもの自体を新たな内在的な関係として捉えねばならない。例えば、かつてのスペイン人がアメリカ大陸原住民の民族性を徹底的に略奪、抹殺したことと、今日かつての原住民の生活様式と混交されたものになっているのが

人口の圧倒的部分を占めていることとの関係などをみればわかるように，すべての社会は移住，混血の一定期間の経過によっては，別個の社会となっていくものである。

（8）　世界資本主義の発展を，中心部における「開発」の進行が周辺部における「低開発」の進行を同時に展開していくものであることをその基本的特質であると捉えるいわゆる「世界システム論」は，資本主義世界市場に特徴的な，対極的に背離する世界的な格差構造の形成，発展という重要な問題を鋭く摘出している点は十分に評価されねばならないであろう。たしかにこの資本主義世界システムの基本的傾向の一つがその対極的な背離傾向を展開してきていることはきわめて重要な本質的問題ではあうが，しかし他方で資本主義的世界市場の歴史的発展には，とりわけ市場経済の内在的発展が先進地域のみならず全世界的にも拡大してきているというやはり本質的な傾向の問題をももっているのである。このように相矛盾しあったようにみえる諸発展傾向を歴史的に展開してきている現実において，なぜ，いかにして一方の分極化傾向だけが基本的なものであると主張しうるのか，資本主義の内在的な法則との関連において展開されなければならないのではなかろうか。

（9）　これまでの植民地問題や南北問題の多くは，基本的に「国際関係」の問題として取り上げられてきていたこともあって，従来，先進国に従属してきたこれら途上諸国の内在的な発展については悲観的論調が多かったのである。しかし今や，かつての同じ「植民地体制」のなかから，急速に発展している地域と，依然として「低開発」状態を悪化させている地域が生じてきている以上，これらの両面をダイナミックな同一の論理で捉えることが必要である。このような広範な問題を展開できるためには，本源的蓄積過程として広く把える必要があろう。

（10）　マルクス『資本論』第1巻第7編第24章。いうまでもなく資本関係成立の根底をなすものは，「二重の意味での自由な労働者」層が社会的に成立することの必要なのであるが，この二重の自由とは一方では，「奴隷や農奴などのように直接に生産手段に属する」ことからの解放，つまり「農奴制や産業的身分制からの生産者の解放」されることであり，他方ではそれに引き続いて，「これらの被解放者が，自分のあらゆる生産手段，および，旧制度が提供するあらゆる生存保証を奪われ」ることである。それは，当初「貨幣の資本への転化」（第4章3節）においては，貨幣所有者が『労働力を市場に見出す』という歴史的「事実」のみを前提として理論化しただけなのに対して，ここでは，『貨幣，生産手段，生活手段の所有者』と「二重のいみでの自由な労働者」とが市場で相対応することが必要である「資本関係の創造」には，本来それ以前に先行する諸社会の基盤である「労働者

序章　世界的社会問題としての「南北関係問題」　27

と労働実現条件」との何らかの結合関係が「分離」することこそが，その歴史的な前提として必要であることを真正面から取り上げたものである。
(11)　マルクス『資本論』第1巻第7編第24章では，主に大航海時代以来のヨーロッパ，とりわけイギリスを例に取っている。それは，（本源的蓄積の）全過程でとりわけ画期的な変革である「人間大衆からその伝統的な生産手段と生存手段を奪い取ることによって，彼らをいきなり労働市場に投げ出す変革」全体の基礎である「耕作民の収奪」が，イギリスにおいてもっとも「根底的になしとげられ」「古典的形態」をとったからである。このヨーロッパ，とりわけイギリスという地域（国家）を例にとり，「形成途上にある資本家階級の前進にとって役立つ変革」の画期的なものについて，その地域内的側面と世界的側面とに亘って問題としているものであろう。

　これに対してその後の世界市場での本源的蓄積過程の追加的展開については，いうまでもなくローザ・ルクセンブルグの「資本蓄積論」第3編がある。ローザは，『資本論』2巻3編のいわゆる「再生産表式」においては，資本主義的領域内での蓄積のみでは剰余価値「実現」は困難であるという理論上の問題として，非資本主義的領域の必要性を論証しようと四苦八苦しているのではあるが，しかしその再生産論からのアプローチと並べて，それとは別個に，資本蓄積の歴史的な具体的諸条件として対外的な非資本主義的諸領域の存在とその分解の必然を論じているのである。そこでの「例証」? として，19世紀末に至るまでの本源的蓄積過程の世界的な展開の諸問題が中心に分析されている。つまり，インドとアルジェリアのケースで「自然経済の崩壊から商品経済へ」（第27章），さらに中国の場合を挙げて「商品経済の導入」を（第28章），アメリカと南アフリカの場合を挙げて「農民経済（農工不可分の単純商品経済）の分解」を（第28章），さらに「対外借款，鉄道敷設，革命，戦争」による「資本の従来の背後諸国──の工業化および資本制的解放」へ（第30章），という順序で展開しているのである。そこでは当然のことではあるが，ヨーロッパにおける「本源的蓄積」を資本関係の成立という理論的規定に必要なかぎりで，しかも個人的私的所有（ヨーマン）からの展開だけに限って取り上げているマルクス『資本論』の場合よりも，世界的にはるかに広範な範囲にわたって拡大していく問題が分析されているのである。しかしローザの資本主義認識が本来的に「世界性」の側面から捉えられていることによるものであろうか，西欧からはじまって世界的に展開していった本源的蓄積過程の世界史的展開についても，各地における具体例は，本源的蓄積過程が進行する諸段階の特徴を，大きく商品経済化の諸段階の深化のなかで明らかにしていくことの例証として挙げられているだけのものとなっているようにおもわれる。そこでは，一方で，この問題の歴史的な拡大過程における「世界」からの規定性，つ

まりそれぞれの時期に支配的な蓄積様式とそれに対応する帝国主義に規定されてくる側面と，他方で，この「世界」との関連によって「変形」されてくる，そもそもの地域的特殊性（国民性）の側面との区別と関連については十分に配慮した展開とはなっていないように思われるのである。（この点については，「従属学派」，「世界システム論」をはじめとした，従来の「世界資本主義論者」に共通しているものなのではないか？）。

　もっとも，西欧諸国の場合はたしかにはじめから「国民」性を強烈に押し出して相互に分割闘争を展開しつつ生成してきたものであったものであろうが，その他の諸地域へと拡大していった原蓄の展開過程では，多分日本の場合を除いて，「国民的」というよりも，「はじめから」「地域的」とでも言うべき漠然とした広範な範囲にわたって問題が進行してきている面が強いものとなっているので，このような自然経済から商品経済へそして原蓄へと展開するような捉え方も事態適応的な側面をもっているものかもしれないので，十分に検討する必要があろう。

(12)　『資本論』1巻24章1節の後半においてはじめて，「資本主義社会の経済的構造は封建社会の経済構造から出発した。」として，この「全一連の古い諸構造の滅亡」のうち，ほぼ西欧近世史からの例証に特定しているのであるが，これは資本制的蓄積の歴史的端緒がこの西欧において始まったのであり，したがってここにおいてしかその基本的要素を典型的に摘出することができないからなのであったと言うことができる。

(13)　「マルクス－ザスーリチへの手紙1881年3月8日」『マルクス＝エンゲルス資本論書簡（2）』大月書店，1971年，353ページ。

(14)　この資本の本源的蓄積の考察と不可分のものとして問題を拡大して検討している「資本制的生産に先行する諸形態」では，先行する諸形態はすべて，共同体的生産様式との内在的な関連において考察されているが，先行する諸形態の移行においては，この共同体的所有（生産関係）との関連において自由な個人的所有（小経営）のもっている位置の問題がひとつの重要な論点とされているものといえるであろう。

　しかしマルクスは，ザスーリチへの手紙草稿で，「西ヨーロッパでは，共同体的所有の死滅と，資本主義的生産の発生とは，（数世紀をもってかぞえられる）長期の，継起的におこった一連の経済的革命と発展を含む中間期によって，相互にへだてられている」（「ヴェラ・ザスーリチへの手紙」草稿。マルクス『資本主義的生産に先行する諸形態』大月文庫，115ページ）と述べていて，この長期的移行として取り上げた問題の展開のなかには，その移行を媒介するであろう小経営（個人所有）は取り上げられていない。

　それに対して，『資本論』1巻24章第1節「本源的蓄積の秘密」では，

「賃金労働者の発生と資本家の発生とを同時に包括する発展全体は，労働者の隷属を出発点としている。——その歩みを理解してもらうためには，さほど昔にさかのぼる必要はない。——資本主義時代が始まるのは，ようやく16世紀からのことである。この時代が開花するところではどこでも，農奴制の廃止がずっと以前から既成事実になっており，かの中世の栄光である自治都市制度もすでに全く凋落している。」と述べていて，第1に，資本関係の社会的成立の歴史的端緒となったヨーロッパ地域の歴史的問題に限定をし，また第2に，農奴制を中心とした封建的搾取体制の解体過程は「既成事実」として前提されたうえで，それが基本的に解体して成立した個人的私的所有からの展開の問題に限定しているのである。つまり具体的には，15，16世紀からのイギリスでのヨーマンリー（個人的私的所有）から資本制的私的所有への変革（つまり私的所有内部での展開）の過程だけを問題として取り上げている。

ここでこの古典的に発展した「小経営」を取り上げた基本的理由は，「直接的生産過程の単なる契機と」いう限定された視角からすると，あらゆる社会に共通する労働過程論を根底にしたという次元だけで，本来的に社会的生産である資本制的生産様式の基本形態が「協業」であることとの関連で，先資本制社会全体を通じて「社会的生産および労働者自身の自由な個性の発展の一必要条件で」ある小経営的生産様式の古典的形態との間の質的段階的な格差を問題とするためのものであると思われる。もちろんこれは，「資本主義的蓄積の歴史的傾向」における「否定の否定」の前提である「第1の否定」の問題なのである。

しかしもちろん，小経営的生産様式がもっとも古典的な形態をとる個人的私的所有であったとしても，もともとそれ自体としては一社会を構成しうるものではないものである。また事実，「本源的蓄積」論の最初にでてくる「農村民からの土地収奪」では，この「小経営」が古典的な発展の水準にあるとされた独立小農民を強力に分解させていく諸要因の中には，この農民存在に不可欠なものとしての放牧や燃料採集地などなど，共同体的諸関係などの収奪が出てきているのである。このことは，「直接的生産過程の単なる契機と」いう限定を外した，もともとの歴史的，社会的な本源的蓄積過程論は，上記のように広く，先資本制社会全体の基盤である共同体的生産様式とその上に成り立つ旧社会体制からの転化として捉えなおすべきことを意味するものであろう。

個人的私的所有という概念においては，もともと社会的関係からまったく自由に切り離され，観念的に抽出された「個人」ではないのである。なんらかの社会的関連なしの個人は存在しえないというだけでなく，この小経営の古典的な発展形態たる個人的私的所有に基づく小経営というのも，

基本的には家族経営なのであって，家族，氏族，部族などという多様な諸形態も，すべて広く「共同体」なのである。しかもこの共同体的関係は，もともと古い社会に限られるものではなく，自然を基盤とした社会的関係のあり方として，人間が安定的に生活する必要からいわば自然発生的に生ずる性格のもので，例えば今日の途上国の大都市周辺部に広範に広がっているスラム街の形成過程などを見るとこのことが良く分かる。それに対して，「個人の自由」をその本来的なイデオロギーとするブルジョア社会が，「近代国家」形態ではじめて具体的に総括される際に，この自然発生的共同体の代わりに，いかなる社会的な安定を人間「個人」に与えることが出来るのかが大問題なのである。

(15) 「ヴェラ・ザスーリッチへの手紙」草稿（マルクス『資本主義的生産に先行する諸形態』大月文庫，115ページ）。

(16) 実はこのように「本源的蓄積」を，資本主義が確立され，本来的蓄積が社会的に支配的になったあとの現実に適用することには，このような資本関係以外の諸階級からのいわば「外部的収奪」という特徴を強く持つこの蓄積方式が，現実の「国家において具体的に総括されている資本主義社会」において，資本賃労働関係以外の諸階級からの「蓄積」方式としてその重要な部面を積極的に担っているということに連なっていくものではないのかという重要な問題点があることを付記しておく。

(17) 「資本関係は，労働者と労働実現条件の所有との分離を前提とする。資本制生産が一度自己の足で立てば，それは，右の分離を維持するばかりでなく，ますます増大する規模でそれを再生産する。だから，資本関係を創造する過程は，労働者をかれの労働条件の所有から分離する過程——以外の何物でもありえない。だから，いわゆる本源的蓄積は，生産者と生産手段との歴史的分離過程以外のものではない。」

(18) 西欧においてさえ，そこでの「共同体的所有の死滅と，資本主義的生産の発生とは，（数世紀をもってかぞえられる）長期の，継起的におこった一連の経済的革命と発展を含む中間期によって，相互にへだてられている。」（「ヴェラ・ザスーリッチへの手紙」草稿。マルクス『資本主義的生産に先行する諸形態』大月文庫，115ページ）。

(19) 資本が人間社会を制握する機構は，「近代国家」である。それは，どの階級社会にも共通する抽象的な「階級国家」一般次元のものではなく，近代社会に固有のものである。

「近代国家」は，なによりも西欧において歴史的に確立されてきたものであるから，その場合の典型で押さえておくと，第1に，もともと（地方的に分断されている封建国家よりは）広大な一定の地域（自然とそこでの社会の「人口」の全体）を権力的に「国境」により囲い込んだだけの「領域

国家」である。このことに対応して，第2に，近代国家の国家機構の中心は，この広大な領域と人口とを管理運用できる官僚制と常備軍（警察，軍隊）による中央集権的な行政機構である。（この機構自身の形成と特徴は地域的，歴史的に相違していて，西欧のばあいには既に絶対王政において形成されたものであるが，中国では数千年来の歴史をもつ。）その上で第3に，この近代国家は，この外在的，権力的に囲い込んだだけの領域内部の雑多な旧諸社会を破壊したうえに，新たに市場関係に基づく均質な「市民社会」制度のもとに統合化せんとする極めて困難な課題を目指して，そこでの人口を構成する人間個々人を，すべて自由，平等な近代的市民であるものとみなして，すべて「国民」と規定する。第4に，従来は君主に属していた主権（意志決定と裁判）は，「法」による支配（法治主義）へと転換させる。（その意思決定（立法）は「国民議会」に移されて「国民主権」を確立し，裁判は「法」によってのみ規制される「裁判所」をつくる。）この「近代法」は，国家機構自体を規制する「公法」と「市民社会」を規制する「私法」とに二大別されて，「法治主義」を確立する。こうしてこの法治主義を現実社会に展開するのは官僚制である（このいわゆる「三権分立」によるいわゆる「民主主義」制度なるものが，「市民社会」の伝統が歴史的に形成されてきた西欧社会以外の諸社会に対してどれだけの普遍性を持ち得るのかに多くの問題が残されているものであろう）。

(20)　ここには少なくとも2つの問題がある。1つは，いかに暴力や国家が大きな役割をもっていたとしても，その崩壊していく旧社会内部に新しい「芽」がなければ新しい社会は生成してこないし，その芽の特質がつぎの社会の個性を決めていくものであろう。もう1つは，しぶとくその成長を主張してきたこの新しい要因は，国家的暴力や強力な規制によるこの社会の個性に適合した多様な諸制度，諸機構の構築などにより，社会的な規模の制度として慣習化させ，定着させていくことを可能とさせうるものであろう。

第1編　植民地問題の登場と分化

第1章　帝国主義と植民地問題の変遷
——北南：南北問題の胎動——

　南北関係の問題が世界政治上に登場するにいたったのは，20世紀中葉における植民地体制の崩壊を契機としたものであるから，その歴史的前提となるのは2つの世界大戦をめぐって世界政治経済上での大問題となってきていた「植民地問題」であるのは言うまでもない。

　しかしもともと資本主義にとっての植民地問題がどのような歴史的特質をもち，どのように変遷してきて南北関係問題へと展開されてきたのであるのかということについては，あまり問題とされてきていなかったようにおもわれるのである。南北関係の問題は，それが世界政治上に登場して以後，歴史的にその問題のありかたが大きく展開してきているのであるが，このような南北関係問題の展開自体にとっても植民地問題以来の歴史的展開との関連のなかではじめて大きくその流れを捉えることができるものであるといえよう。ここでは，南北関係問題へと展開していくことに関係する限りで，第2次大戦にいたるまでの「植民地問題」がどのような歴史的な性格をもち，またどのような広がりをもってきていたものであったのかということについて見ることにしたい。

I　資本主義の形成，発展と植民地体制

　資本主義の生成過程から20世紀初頭にいたるまでの「植民地問題」の生成，発展の過程を，まず最初に資本主義の必要の側面から捉えていくことにしたい。

1　前提としての世界市場と旧植民地体制

　数十万年前にアフリカで発生したとみられる人類はその後の長い歴史を通じてしだいに他地域へと拡散移住していったのであって，各地に高度な諸文明を築いた諸地域をはじめとして，世界中のすべての大陸にわたって多様な人間社会生活が歴史的に発展してきていたのである。15，16世紀に資本主義がヨーロッパ地域から世界史に登場したときには，はじめからこの世界的な諸大陸における多様な諸生産様式の存在を歴史的な前提とし，それらとの新たな関係に入っていくのである。

　そもそも資本主義的生産様式が社会的に成立する前提は，資本制生産に先行する諸社会の解体により分離された労働力と労働実現諸条件とを市場経済を基盤として再結合させること，つまり「本源的蓄積」の過程が必要であり，この歴史的転化過程の特徴は，社会の集中的，組織的な暴力たる国家権力が強力な歴史的推進力として作用することである。

　その際，資本主義体制がこれまでの諸社会体制とまったく違っている点は，はじめから一貫して，世界性と国民性との両側面を不可分のものとしてもっていることである。一方では，資本は本来的に市場を基盤としてはじめて存立しうるのであるが，その市場経済自体は本来的にボーダーレス，つまり最も単純に無制限と言う意味での世界性を持つものであるが，他方で資本主義社会の形成は，一定範囲の自然（領土，領域）と人間社会（＝人口）を国家権力によって制握することによってはじめて可能となるものだからである。

　こうして資本主義が形成されていく初期には，まだマニュファクチュアの形態を主としていた産業資本の内在的蓄積は弱体であって，外部的蓄積を強力に展開していく商業資本的諸活動に主導される以外に無く，したがってまたこの本来的マニュファクチュア時代の世界市場においても，商業的覇権の獲得こそが産業的覇権をもたらすものであった。この商人資本による収奪的蓄積が国家権力と結びついて主張，展開する重商主義は，対内的には，保護関税や小生産者，地主への課税を通じて旧社会諸階級の収奪を，対外的には，国外の財宝，富の分割支配をめぐる商業戦争や貿易独占などにより国民的覇

権の優越を戦いとろうとする初期帝国主義なのである。このような本源的蓄積のさまざまな諸契機は，おおよそスペイン，ポルトガル，オランダ，フランス，イギリスという時間的序列をもって展開され，17世紀末イギリスの「植民制度，国債制度，近代的租税制度，保護制度において体系的に総括された」ものであった。

そのなかでも，とりわけ暴力的性格を強く持った一種の強制貿易制度である「(旧)植民制度こそが主要な役割を演じた」ものである(1)。それは，「商業と航海を温室的に育成し」，「独占商会」による販売市場の独占と強奪した財宝の還流を通じて，西欧で成長するマニュファクチュアにたいして，蓄積の強化を人為的に保証した。こうしてこの分割闘争と収奪の対象とされた諸地域の植民地化は，資本主義の前提としての世界市場の形成における他方での世界的な基盤をなすものであった。こうして16世紀以来，西欧人による重商主義的な旧植民地制度の展開は，アジア，アメリカでの多様な生産様式に対して，初めは主に各地沿海部での貿易居留地の一方的確保から始まってしだいに内陸部に侵略の手を広げていった。

2 結果としての世界市場と自由貿易帝国主義

18世紀後半から19世紀初頭における産業革命によって確立された資本主義的生産様式は，それに対応した資本主義本来のイデオロギー，政策体系であるレッセ・フェール(「自由放任主義」)を主張，展開していく。それはすべての政策体系と同じように新しい主体である資本が必要とする社会的諸条件，諸制度を作り上げるために，一方では古い体系を壊し，他方では新しい規制を作りだそうとするものであった。歴史的に19世紀初頭に支配的なものとなったこのイデオロギーもたしかに一方では，重商主義的保護規制に対しては公然たる反対者として立ち現われたのであるが，しかし急速に拡大していく機械制大工業の技術，生産力水準に対抗しうるものはなかったものであったろうから，他方での新しい規制の側面では，工場法などをはじめとしたいくつかの基本的規制を展開しながらも，一般的思想傾向としては，安んじて資

本の自由に委ねようとする傾向をもっていたのであった。

資本主義本来の蓄積様式の必要は，その前提であった世界市場を，農工の国際分業を中心としたものに再編成していくとともに，その世界市場の拡大を自由貿易によって展開していったのである。具体的には，1776年における北米イギリス植民地帝国の崩壊とフランス革命の影響によって進行した19世紀初頭の中南米スペイン，ポルトガル両帝国植民地の崩壊とともに，重商主義的な政治的従属は緩和され，新たに自由貿易が支配すべき時代に植民地支配は不必要だとするイデオロギーが一般化していったのである。このイデオロギーは，資本が必要とする世界市場については資本自体の経済内的力能によって強力に拡大していけるという一面を誇張するものであった。しかし他方での新しい規制の必要というイギリスの支配する世界市場の現実においては，民間の植民会社を先導とし，圧倒的な海軍力を背景とした国家権力がこれを加勢するかたちをとった勢力範囲の拡大と植民地領土獲得の過程とが不断に進行していったのであった。当初からそれは「可能ならば非公式な管理で貿易せよ。しかし必要とあらば支配で貿易せよ」という Informal と Formal との二形態をもって展開される「自由貿易帝国主義」(2) として推進されていったのである。こうしてイギリスの世界市場（事実上の）独占と植民地独占とが形成されていったのである。このパックスブリタニカのもとで，ほとんどの途上地域の経済は，覇権帝国主義イギリスの工業発展の必要に規定される従属的農業地域へと変換させられていく圧力のもとにおかれて，公式，非公式に「自由貿易」を強制されていくのである。

3 「帝国主義時代」と植民地問題

1870年代以降，経済過程での競争激化が集中を強め，独占体の形成へと向かっていくことを根底として，アメリカ，ドイツをはじめとした後発工業諸国の世界市場への進出によってイギリスの「世界市場独占」が崩れていく。とりわけ80年代から，列強未占有であった対外的領域の植民地化が急拡大し強行されていき，帝国主義的分割支配を相争って展開していったのである。

この時期からの帝国主義拡大の最大の推進力は，不況をはじめとした先進諸国内経済での諸困難の登場，社会主義勢力の進出など，一般大衆の社会的地位を向上させる必要と新中間層の登場，それに海外市場での経済的可能性の追求などなど，明らかに国内の社会経済の変動に伴う社会的緊張と衝突がこれまでになく大きくなってきたことの結果として生じてきたものであった。すでに確立され発展していく諸近代国家の内部から新たな規模で展開されてきたこれらの社会内矛盾に直面して，これらをその国家内に「統合」する必要は，どの先進国にも共通のものとなってきていたのであって，それらは全社会的な排外主義的なナショナリズムを生み出す方向に作用していったのであった。これらの国内的諸要因を不断の経済成長によって権力的支配構造のなかに組み込む必要がその対外進出を主導していくものであった[3]。つまりしだいに社会的諸矛盾の激化に直面してくる先進国の国内体制をいぜんとして「国民国家」としての「統合」の枠内に維持せんとする不断の努力，つまり国民国家統合の困難を克服せんとする努力が必要とされていくのである。それは国内的には不断の経済発展を加速していくことの必要を増大させるとともに，外部との比較，区別による国民的優位を誇張するなどの対応を必要とするばかりか，その対外的拡張＝「帝国主義」への傾向を作りだす基本的な内的（＝「国民的」）圧力となっていくのである。こうして推進される帝国主義的拡大，闘争の一環として，諸列強は，競争相手国に先取りされないために相争って領土獲得に乗り出していったのであり，こうして「アフリカとポリネシアとの分割」を最後として世紀転換期には，資本主義列強による世界の「領土的分割は完了」[4]してしまったのである。そしてほぼこの時期を転機として拡大しはじめた国際的な諸戦争，南ア戦争，米西戦争，日露戦争，二度にわたるバルカン戦争などにおいては，列強間での「領土の再分割闘争」の側面が次第に強化されてくるのであった。

4　20世紀初頭「植民地問題」の性格

19-20世紀の転換期を転機として，資本主義体制は，自由競走から独占的

支配の体制へと転化し，世界経済は，「領土的分割が完了」したことを歴史的前提として，独占資本主義列強が「世界を分割」する帝国主義体制が支配するものとなる。(5)

さて20世紀初頭，第1次大戦直前における植民地問題のもっている雰囲気をもっともよく表現していると思われるのに，フランスの歴史家，ドリオーによって1907年に出版された『19世紀における政治的および社会的諸問題』のなかの「列強と世界分割」という章があるが，レーニンは，「帝国主義論」第4，5，6章で，独占資本主義の世界体制を「世界分割」として分析把握したことを終わるに当って，第6章末尾で「特に注意すべきこととして」この部分の引用をしている。その一部を引用しよう。「最近の数年間に，中国をのぞく世界のすべての自由な土地は，ヨーロッパと北アメリカの諸強国によって占領された。このことを土台として，すでにいくつかの衝突や勢力の移動が行なわれたが，これらは近い将来におけるはるかにおそろしい爆発の前兆である。なぜなら，いまや悠々とかまえてはいられないからだ。すなわち，従来何ものをもえていない国民は，今後けっして自分の分けまえをもらえず，またつぎの世紀（すなわち20世紀）のもっとも本質的な事実の一つであるべき，地球のおどろくべき開発にも参加させてもらえない危険があるからである。最近，全ヨーロッパとアメリカが植民地拡張熱に，すなわち19世紀末のもっとも注目すべき特徴である『帝国主義』熱に，とらわれてしまった理由は，まさにここにある」。またこれに付け加えて，──「この世界分割において，地上の宝庫と大市場の獲得のためのこの気ちがいじみた追及において，この19世紀に建設された諸帝国の相対的勢力は，それらの帝国を建設した諸国民がヨーロッパでしめている地位とまったく釣り合わなくなっている。ヨーロッパで優位をしめている列強，すなわちヨーロッパの運命の決定者が，全世界でも，同様に優位をしめているわけではない。そして，植民地の威力，未知の富を獲得しようという希望は，あきらかにヨーロッパの列強の相対的勢力に反作用をおよぼすであろうから，このことによって，すでにヨーロッパ自体の政治的諸条件を変化させた植民地問題──あるいは

お望みとあれば，『帝国主義』は，さらにこの政治的諸条件をますます変化させるであろう。」

ここには，一方では，「領土的分割の完了」により激化していく列強間での分割，再分割闘争と，そこで形成されてゆく勢力関係を基礎として展開されるであろうところの来るべき「世界の開発」という，その後の20世紀世界経済の進行を規定していく重要な諸問題が「植民地問題」＝帝国主義として捉えられてはいるものの，他方では列強支配下の従属諸国については，列強による支配と将来の開発との単なる対象領域とみなされていることがよく表現されているものである。

このような列強間の問題を中心としていた当時のこのような植民地帝国主義の展開のイデオロギー的特徴は，近代西欧文明に対する圧倒的な優越意識のもとに，他の「未開」で「野蛮」な地域を「文明化」せんとする使命感をもって相対するものであった。この優れた帝国主義によって従属させられてきていた「周辺」地域は全体として，主に単なる支配，分割の対象，よくても「保護」の対象である，というふうに認識されていたのであって，たとえば世界的な諸国家間の関係においても，植民地インドはイギリス帝国の一部分であると見ることなどが当然視されていたのであった。また客観的にも，現実に展開されてきている従属諸「民族」の反抗などは，むしろ列強がその支配を強化し，かれらの闘争を展開するための契機やその手段とされていくことが多かったのである。

しかし今日の時点から振り返ってみると，当時このような諸地域に対して一方的な強圧と偏見で植民地化を押し切っていったのにはそれなりの客観的な理由があろう。一方では，当時，これら地域社会の多くの部分において，西欧文明の基準からしてはまったく理解することさえ困難なようなかなりの「低開発」状態の文明地域が多かったものであったろうから，かかる状態の「変革」には，その一方的な偏見のイデオロギーも含めて，かなりの強力な暴力的過程が必要であったであろうことである。また他方では，例えばインドや中国のようにかなり高度に発達した文明社会の場合にあっても，西欧的

市場秩序の急速な進展にとって障碍となるような異質の社会基盤が強固にあるばあいにも，理不尽としか言えないような暴力的な力能が展開されることが客観的に必要とされたものであろう。つまり大きく見て，植民地化されていった対象地域の側での「低開発」という客観的，主体的な諸条件が大きな障害となっていたことである。それは大きく見て，いわゆる本源的蓄積の初期的状態に対応するような，かなりの偏見や詐欺をともなった暴力こそが，西欧的な市場秩序の外的な展開のためには必要なものであったということが，その客観的基盤にあるのではないかということである。しかしどちらにあっても，暴力的破壊ないし権力的に掌握する傾向が展開されていったのである。

　さてここで今日の時点から振り返ってみて，20世紀初頭に「植民地問題」として取り上げられてきていた問題の全体の歴史的特徴をみることにしたい。「植民地問題」というのは，植民地をめぐる帝国主義的支配体系全体に関する諸問題という位の大まかな捉え方であろうから，このなかには多様な諸要因，諸側面が含まれているものであり，またその諸要因，諸側面の相互関連も歴史的展開につれて複雑に転変してきたものであろう。しかしその総体を構成している基本的軸のありかたをおおよそ形式的に２つに分けてみることができよう。一方では資本主義的に自立しあった諸列強が相互間でその支配領域をめぐって闘争や同盟を展開する，いわばヨコの相互関係である。他方ではこれら相互に競争しあっている支配諸国とこれら諸列強に支配されている従属諸国との間の，いわばタテの相互関係である。もちろん「植民地問題」のこの二側面は，もともと厳密には，特定の国家関係の性格が「対等」な関係か，「支配従属」の関係かという，そのどちらかに明確に区別できるというようなものではないものであるばかりか，歴史的にもこの両側面がしだいに複雑に交錯しあってきているのが現代世界の大きな特徴の一つとなってきているのである。しかし少なくともその社会経済的基盤の歴史的発展度を基準としてこの国際化した社会問題をみると，この性格の異なる両側面に分けることができるものであろう。この帝国主義と植民地的支配関係とに関しては，これまでさまざまに検討がなされてきた歴史があるのだが，ここで

は，単なる国際関係としてではなく，それらに関わっている国内問題との関連をも含めて，これまでに取り上げられてきた問題や取り上げられるべき問題について大きく分類してみると，以下のようになるであろう。

(1) （西欧）帝国主義国内からの要因：
 ①国外市場の必要性を基盤としている要因。
 ②資本輸出の必要性を基盤としているもの。
 ③国内の階級的，社会的問題の「国民的統合」への努力がその対外的「解決」を必要とする問題にかんするもの（移民を含めて）。
(2) 先進国相互間の関係：
 ①自由貿易政策，保護貿易政策
 ②分割。再分割。戦争。連合。統合。融合。連盟。
(3) 従属されていく諸地域社会内での要因：
 ①前資本主義的な，（旧）体制の質とその堅固さ，その解体度。
 ②宗教や社会慣習などの地域的特性をも含めて，「近代化」（＝市場化，とりわけ西欧的市場基盤との適合性）の進展度。また反旧体制闘争の展開度など，つまり大きく見て「本源的蓄積」の展開度。
 ③地域内における資本制生産の初期的形態の発展度
(4) 上の二地域が相互に影響しあっていく相互関連（「植民地主義」「植民地」「東方問題」「国家的従属の過渡形態」「新植民地主義」，移民，寄生性，など）。

しかしこのような帝国主義と植民地体制をめぐる諸問題全体のなかで，19世紀末から20世紀初頭にかけて世界政治上に「植民地問題」が提起されてきた当初において，問題とされ論じられていたことは，主に列強の側から，とりわけ帝国主義が展開されるにいたった動機は何かが中心的問題なのであった。したがって，主に(1)と(2)の帝国主義国側の国内問題や国際関係の側面からの諸問題が中心となっていたようである。そして，(3)や(4)の帝国主義国によって従属されている植民地，従属諸地域が資本主義体制に巻き込まれてどのような社会的変化に直面してきているのかといった側面の諸問題，例えば

そこでの先進国や旧支配体制による収奪が齎す社会的な激変，それに抗していく民主主義的運動や民族的な反抗，独立などや，そこでの特質を齎している民族的諸社会自体の特質やそこでの社会経済的発展が世界史的にもつ意義などという側面については，世界史的には新たな問題が生成してきているものとして注目はされてきてはいたものの，激烈な闘争を繰り広げているヨーロッパ諸国における「合衆国」問題と同じく，それが世界政治上の問題としてはまだ遠い将来のことと見なされていた。それらは現実問題としては支配する国の国内問題とみなされていたのであって，世界政治上の現実問題としては未だ微弱なものであって，無視ないし軽視されることが多かったのである。「植民地問題」のなかに支配国と従属国とのタテの関係が現実の世界政治上に無視しえないような大問題として登場してくるのには第1次大戦まで待たなければならなかったのである。

II 主要な発展途上地域における植民地問題の歴史的展開
―― その地域差 ――

　ここでは，「植民地問題」において，以上に見た先進諸国側からの規定をうけて，それに従属されていく諸地域で歴史的に進行した問題を取り上げてみよう。その際，資本主義ヨーロッパからの帝国主義的展開によって包摂されてくるようになった「発展途上」の主な地域について，一方での植民地化，国家的従属化の歴史的な進行過程の側面と，他方ではそれら各地域内部での本源的蓄積の進行過程との側面とが，相互に多様に関連しあいつつ展開してきた地域別の特徴について概括してみることにしたい。(ただし問題の性質上，20世紀初頭までに限らず，20世紀中葉における「植民地体制の崩壊」にいたるまでをも含めることにする)。

1　東アジア ―― 中国

　15, 16世紀,「大航海時代」からの東アジアについてみると，多様な地域

的対抗が諸国家間の闘争を展開しつつ諸国民国家が形成されていった西欧とは異なり，広大な版図に広がるアジア東部地域での膨大な人口を有する古くからのいわゆる中華文化圏全域が，ほぼ17世紀以降，その藩部や属国をも含めた清の中華帝国体制によって包括支配されていたものであって，その広大な地域的範囲にわたった旧体制からの展開が今日の東アジア地域諸国全体の発展問題の歴史的基盤をなしているものである。

小農経営の発展と商品経済，遊民化

　清帝国の膨大な人口の9割は農民であり，それもその収穫の5割前後を地主に納める「佃戸」と土地税を国家に納める自小作農民であった。これらの「小農経営」は，数畝から20-30畝の狭小な耕地をそれぞれの家族労働によって集約的に耕していて，ゆるく結合された数10戸の自然村落を形成してきていた。この小農経営の発展を基礎とした商品経済は，すでに16, 17世紀に長江下流域から発展してきていたが，18世紀には中国全土に広がった。この間における潅漑面積の拡大や多様な肥料の利用，サツマイモ，ジャガイモ，トウモロコシなどの多収穫作物，サトウキビ，綿花，茶，桑などの商品作物の普及などによる農業生産力の上昇によって，地域的な格差を伴いつつも小農の小商品生産が拡大してきたのである。またこれを背景として18世紀以降人口が爆発的に増大し始めてきた。このような社会変化を背景として，地主，佃戸間の身分的隷属関係が次第にゆるんできて，「抗租」運動が頻発してきた。またこれらの小農民，手工業者を寄生的に収奪する商人，高利貸しが発達し，その足場としての地方的な中小の都市（鎮，市，圩など）も発展してきたのである。この生産力の発展と反乱の多発とを基礎として清朝の腐敗，弱体化が進行したのである。

　この過程は，同時に18世紀後半から激増していく人口を背景とした人口移動の増加をもたらした。とりわけ18世紀後半以降になると，これら商人地主，官僚，郷紳への土地集中により，貧窮農民の多くは耕地から遊離されて，不安定な雑業につくか，遊民化する傾向が目立ってきた。こうした各地における不安定な遊民層を基盤として，弱化していく従来の帝国的地方支配構造の

外部に，反官的で自立的な相互扶助による民間秘密結社が数多くつくりだされてきて，従来の地域的移動規制などとは無関係に広く運搬人，人夫，坑夫など多様な雑業に従事しつつ，遠隔地にまでも移動を展開していったのである。この自立的，相互扶助的な組織の存在はその構成員の存続とともに，その不断の勤勉，努力に依存しているものであって，しだいに彼らが展開されていった諸地域での空白領域に浸透していったが，とりわけ対外的連絡を必要とする流通過程での役割を拡大していき，しだいに広い範囲でも重要な商業的地位を占めるまでになっていったのである。したがってまたこのような展開過程は，解体の進行していく中華帝国内だけにとどまるものではなく，対外的にも無制限的な展開をしていったのである。こうしてすでに16世紀以来中国の南方沿海部からはじまってきていた海外移民は，18世紀にはより広く中国各地域からも流出するにいたったのである。

　こうして東アジア，とりわけ中国の東部沿海部の広範な地域を中心として旧帝国体制の弱体化，小農を中心とした生産力の発展と階層分解，過剰人口の流動化，農村家内工業を背景とした各種マニュファクチュアの生成を基盤とした地域的市場圏と対外的貿易の発展などなど，本源的蓄積過程のいわば「純経済的」要因については，同時代の西欧における本源的蓄積の進行とほぼ同時に展開したものということができるものであろう。しかしこの変革過程におけるもうひとつの重要な規定である国家的諸要因の側面においては，西欧においては国民的な諸国家が富の国民的な収奪のための分割闘争を展開していたのとは対照的に，広大な旧帝国体制の解体過程が同時に，西欧列強による権力的な従属化，植民地化，それに対する抵抗運動の進行という特殊な展開形態と経路を通じてその近代化が開始されたのである。

　アヘン戦争と近代化　18世紀末以来の西欧列強，とりわけイギリスのアジア進出を転機として，清朝の崩壊過程全体は大きく加速されてきたのであった。アヘン戦争は中国社会近代史の起点とされるとともに，東アジア地域全体における近代の開始をつげたものとなったのである。18世紀後半の西欧では，中国茶への需要増大した反面，中国市場へ売り込むものがなかったこ

とを背景として，イギリス東インド会社によるベンガル製アヘン密輸の激増，多年にわたって入超を続けてきた銀が出超へと逆転，そのことを転機とした1840年からのアヘン戦争と1842年南京条約，これを契機として進行していった列強による半植民地的従属の進行とそれへの抵抗運動……これらの過程全体がすでに爛熟していた清朝社会内部の崩壊過程をさらに大きく促進していったのである。

　一方では，清朝内の官僚機構を中心に近代化への改革の動きが急速に進行されていくのである。他方ではこの過程によって国内のいたるところで「過剰人口」が発生し，流民化現象が拡大していき，それを基盤とした社会的な反乱の多発による権力の弱体化が展開されていくのである。しかしここではその領域規模の広大さから，これらを旧体制内部で国家的に規制しえずに自然発生的に外部に流出していくことになった。1833年イギリスに始まる西欧列強の奴隷貿易廃止を受けてすでに海外に流出していた中国人の生産的労働能力が注目され，広東，福建両省を中心とする沿岸地方から東南アジアを中心に，北米などへの移民労働力しだいに増えていたのであるが，アヘン戦争を契機にさらに大きく増大していき，1847-74年の27年間に約50万人が流出したという。これらの中国人労働者（華工）は「苦力（クーリー）」または「猪仔（イーズー）」などと呼ばれて売られていったのであるが，こうしたなかで，かれら無産者＝労働者は「白手起家」といって裸一貫から財を成す，つまり生活のすべてが財をなすことに集中していった。こうして経済的に恵まれない農民，商人，労働者階級層の出身である 華僑は，例外なく各種肉体労働者から身を起こし，だんだんと社会的地位を上昇させていく。多くの華僑は，小額の資本，有利確実な商売として，主に飲食物の行商人から独立を開始してくる。余裕が生まれると雑貨類の販売をはじめ他の商品をも手懸けていく。このような華僑の動きによって，各地原住民の生活が多少なりとも貨幣経済の方向へ導かれ，同時に彼らも資本の端緒的な形成と増殖の活動を始めるようになる。しだいに蓄財が進むと，各種商品の取扱業者，競売人，金融業などへも手を伸ばしていって，欧米の貿易商と原住民の間に立ち，商

品の集荷配給網を握るようになっていくものが多かったのである。こうして次第に事業の網の目を広げて，居住国，居住地域の経済に根を張っていったのである。こうして国家的規制から「自由な」諸階層が国内，国外にわたって広範に形成されていった歴史的過程こそが，20世紀後半，アジア NIEs からはじまり，東アジアの中心部，中国大陸部工業化へと拡大していった東アジアの地域的工業化新展開の基盤となっていくのである。

　こうして一方で経済的には，抗州を中心とした長江下流域の広範な農村市場など沿海部諸地域を背景とした地域諸市場経済の発展を背景として，とりわけ19世紀後半以降は，インド，日本の紡績業と関連しあい，競争しあいつつ発展していく近代的紡績工業をはじめとした工業化の進行を中心として資本主義的諸関係が大きく発展していくのである。

　しかし他方で政治過程としては，1911年の辛亥革命による清朝の崩壊はたしかにこの広大な帝国領域において近代国家の政治的形態枠は形成されたものの，地方的な諸軍閥との闘争と妥協との「内乱」を展開することになって，支配領域全体に対する統一的な近代国家の統一支配体制の実態を形成できないまま，他方ではそれにつけこんだ諸列強による分割支配の進行によって，租界や各種の従属的諸条件の強制など典型的な「半植民地」状態が進行していったのであった。この内乱と侵略との複合した広範な政治過程は，この過程に対する中国共産党の参入とその最終的な勝利によって1949年にこの「内乱」が決着するまで，日本の侵略と第2次大戦という世界史の大転換をベースとして，実に数十年間にわたって展開していくことになったのである。[6]

2　征服植民地インド

共同体と土地私有化　　南アジア（インド亜大陸がその中心）においては，16世紀以来この広大なインド亜大陸を支配してきたムガール帝国は，イギリス東インド会社が1765年，ベンガルの地租徴収権を取得して以来，しだいに内陸部の広大な領域を侵食されていって，19世紀にはイギリスによる典型的な「征服植民地」たるインド帝国となるにいたったのである。

古来のインド社会においては，歴史的なカースト制度と結合され伝統的な基盤をなしてきた村落共同体内は，農工の直接的結合を中心として多様に分化された計画的，固定的分業を中軸とする小宇宙をなしていた。そのうえに，アジアモンスーン地帯特有の大規模な灌漑用土木工事の必要を物的基礎として，それを担当する専制君主が，（地租徴収人を介して）この村落共同体の全剰余生産物を「地租」として直接収取していた。このような共同体的所有と国家的所有の不可分な規制関係のもとでは，共同体内での個人的所有観念はきわめて乏しいものとなっていたのである。

　1790年代から1820年代にかけて，東インド会社はこのインド農村に対して，地租徴収を目的にその納入者を確定するための土地私有制を作り出していったのである。地租納入の責任をもっているらしき者を「土地所有者」と決めていった結果，ザミンダーリ制，リヨトワリ制，マハルワリ制など，地域によって多様に異なった複雑な土地私有制が一方でつくられていったが，他方では，この土地の私有化によって，農村民の共同体的必要条件は無視され破壊されていったばかりか，地租収取の前提であった灌漑水利の責任も破棄されたのであった。こうして農村民生活の共同体的な基礎条件の破壊と農地の私有化とによって社会生活の根底に市場経済化が進行し農民は窮乏化させられていった。こうして牢固とした固定的分業を誇ってきた農村に市場経済が強制的に導入された結果，農民は零落させられていき，地租徴収権の売買などを通じて重層化された複雑な地主，小作関係を主としたものへと変化していって，農村民は地主，高利貸しによる，まさに前期的収奪に晒されていくことになったのである。

　インド経済のモノカルチュア化　その上に1920-30年代からのイギリス機械製品の乱入により，一方では，王侯貴族や海外へ精巧な織物を供給する都市の紡織工はまたたくまに没落したのである。しかし，他方で，村落共同体内での強固な農工の家内的結合も徐々に分解しはじめていき，19世紀末までには手紡が衰滅し手織も賃仕事化されたことによって，大きく解体されていったのである。また他方では19世紀後半に急進展していく小麦，米，原綿，

ジュート，油種子，獣皮，茶，など，モノカルチュア生産の拡大過程は農業の商品経済化と作物の地域的特化を急進させていった。もちろんこのような農業生産の商業化過程は，たしかに植民地権力とイギリス商人によって強制的に進行される西欧諸地域との農工の国際分業の進行を起点としている以上は，地域的に特化させられたモノカルチュア特有の従属的生産構造が進行するのは不可避のものであった。そしてこのモノカルチュア経済の深化は，農村民の没落と土地の細分化を進行させていき，1860年代以降からは累積債務による土地没収，集中が激成してきて新たな規模で商人，高利貸的地主層が形成されていったのである。

国内市場と工業の発展　しかし固定的な自給体制を解体されてモノカルチュア生産という「市場経済」が侵入した以上は，貧窮化された農村内での生活が粗末な衣食の売買に依存する以外にないのであって，この貧困化した社会の底辺においてもそれなりの歪曲された地場の市場が不均等に形成されていくことは不可避のことである。そのうえで，この両面に規定されて，モノカルチュア化され地域的に特化されていく特殊な農産物の生産地帯にあっても，そこでの農業生産のかなりの部分は，なによりもまず広大な国内諸領域と近隣諸地域との貧窮化した他地域市場に向かっていくものとなってくるのである。とくに米，小麦など食料生産の地域的特化の過程は，ジョワルやバジラなどの土着穀物とともに，国内食料市場の拡大向けがしだいに中心を占めていくのである。もちろんこの国内市場といっても，輸出港への交通に比し，国内交通，流通手段の貧困がおおきな障害をなしていて，大規模に頻発してくる地方的な飢饉の原因の一つとして緊急時における食料輸送手段の不足がいつも問題となっていくのではある。また他方においては，特に農村内での手紡の没落は，イギリスの高度な機械では供給不能な粗野な太糸を，とりわけ19世紀後半以来，この国内市場と周辺地域，とりわけ中国の手織り職へと供給する紡績業の生成を促し，これを始めとした工業化が進行していくことを不可避のものとしたのであった。[7]

こうしてこの19世紀における権力的なモノカルチュア的農業国化の過程に

おいても，それがこの広大な領域における市場経済の拡大を基礎とする以上，初めからそのことに規定された特殊な展開を経過していく国内市場，地域市場の形成が同時に進行していく以外にないものであることをはっきりと示しているものである。

　以上に見た東アジア（中華帝国）と南アジア（インド帝国）とを中心とする両アジア地域は，もともと世界史上において，ともにモンスーン地帯であることを背景として歴史的に世界人口の圧倒的部分が集積されてきていて，「古代オーリエント」以来，世界的に最大の文明地帯を擁していることである。このことを基礎にアジア各地の間では，古くからの海上交易が盛んに展開されていたのであった。西欧商人にとって，イスラム商人やトルコなどの強力な商業世界を介さずにこのアジアの文明地域へ直接到達できることを目指したことから，アフリカ南端の回航とアメリカ大陸の「発見」を契機として，資本主義世界市場が一挙に拡大したのであった。しかし当時のアジアは，このように近世以来，海上貿易で世界的に侵出せんとしてきた西欧勢力にとっては，いまだとうてい対抗しえないほど強力な勢力であったのである。それが17世紀末頃からしだいに，オランダ(8)，フランス，ついでイギリスの順で，近代化西欧による軍事力を背景とした植民地支配が拡大されていって，19世紀にはその圧倒的地域が西欧の植民地的従属体制に組み込まれていったのであり，それを基礎に，資本主義本来の世界市場拡大の重要な対象地域の一つとなってきたのである。しかしこのアジア大陸沿海部を中心とした支配的な地域は，膨大な人口集積を齎していた広大な農耕社会の上になりたつ強固な体制と広範な海上貿易を展開してきていたことを基礎としていることから，一般にこの西欧的支配の侵攻過程に対しては，当然のことながら，その他の後進地域よりもはるかに強力な反抗，自立運動を初めから展開してくる〔1840年，アヘン戦争→南京条約；1857年，セポイの反乱→インド直轄統治；1858年，安政の（米蘭露英仏との）修好通商条約→明治維新〕。したがってこれらの「旧体制」を外部から根本的に破壊，変革することは極めて困

難なことなのであって，そこでの旧生産諸関係を前提としたうえで，それを上から権力的に支配，変革せんとする「半植民地」「征服植民地」化する方向が一般化することになっていったのである。しかしこのような「植民地化」過程はこれら旧社会の解体を促進していき，その激変過程によって生じた過剰人口の一部は，労働力としてか，商人としてかを問わず対外的に移住していって，東アジア一帯に渡って，華僑，華人や印僑などをはじめとして国家的支配体制から相対的に自立し，主に商業活動を中心とした多様な中産層や下層諸階層などを蓄積していった。そして，以前からのインド洋を中心としたアジア交易を基盤とし，工業化西欧を基点とする農工国際分業の圧倒的拡大の一環をも担うとともに，その刺激のもとで，もともとからのアジア独自の通商体制もこれに対応して発展してきたのであった。そして古くからの農村地域市場を背景とした地域的な粗糸，粗布の繊維産業中心の発展を基盤とし，華僑，印僑，大阪商人などを主な立て役者とした歴史的なアジア市場，商業が展開されていく。こうしてほぼ19世紀70年代以降，ボンベイを中心としたインドや上海を中心とした清，それに関西を中心とした日本も加えて，近代的繊維産業の勃興などをみるにいたったのである。(9)この地場の生活，生産を基盤としたアジア本来の地域内市場領域は，20世紀，とくに第1次大戦後の世界経済のなかで，アメリカのアジアへの市場進出が強化され，其の反面として植民地諸帝国の弱体化が進行していくのに伴って，拡大してくるのである。とりわけ大恐慌，ブロック経済下で，西欧の対アジア貿易が物理的にも縮小するまでになってきてからは，世界貿易全体の縮小傾向とは逆行して，この空白化した市場を基礎に大きく発展するまでにいたったのである。

　これらを基盤として，東，南アジアは，19-20世紀における世界的植民地解放運動の展開を通じて，「周辺部」における反帝ナショナリズムと工業化の中心勢力となっていたのである（この点については，第2章参照）。

3　アメリカ大陸

　他方，アメリカ大陸では，16世紀以来侵入した西欧人によって，先住民社

会は，基本的にその大地を奪取され，そこに移住した西欧人による特徴的な「移住植民地」社会となっていった。大きく二つに分類できる。

ラテンアメリカ　そもそも歴史的に，大航海時代，15，16世紀以来のスペインが圧倒的に支配するアメリカ大陸の植民地化は，征服者によって，在来の社会構造が徹底的に破壊，収奪されて決定的に希薄化され，無主化した大地のうえに（西欧からの後続移民を規制しつつ）巨大土地所有が作り出されていったものである。その下で，ポルトガルの支配下にはいったブラジルとともに，世界市場（西欧の新興社会中心）の需要に対応した砂糖，タバコ，コーヒー，棉，染料などのプランテーション経営を，主にアフリカから輸入した奴隷労働の導入に依存して，展開してきていたのである。それは広大な領域の中に文字どおりの飛び地として形成されて，世界市場との関連以外には相互に地域的にも，歴史的にも特に関連があるものとはなっていなかったのである。

　これらラテンアメリカ諸国は19世紀初頭，ナポレオン戦争期に独立を達成したのであったが，いずれの国も広大な国土を持ちながらも全体として人口密度が小さなうえに，その土地面積の圧倒的な部分は文字どおり未開の「低開発地域」であって，人口の圧倒的部分が集中した都市地域と地方（「農村」と，それよりも圧倒的な荒地，森林などの未開地域）との間には，巨大な文化的亀裂を伴った大きな地域的不均衡がある。したがってそこでは19世紀奴隷制の廃止に伴いヨーロッパ大陸からの移住者がしだいに増大してきたとはいえ，それまでの西欧におけるように広範な小経営からの農，工の発展や，近代社会特有の広範な社会的中産階層の発展といったことが極端に少ない構造となってきているのである。この社会の市場基盤も本来的な国内市場の形成を基盤としたものではなく，一般的には豊かな天然資源，農産物の生産を可能とする膨大な大地を基盤としつつも，その時々の世界市場における特定一次産品需要の変遷に投機的に対応する商業的農業が，任意の局地的な資源を濫費していくモノカルチュア生産地帯の寄せ集めとしての性格を中心とした産業構造なのである。したがって問題はその階級構成で，一方では欧米工

業国が先導する世界市場に直結した商業資本を中心とした中間諸階層が，巨大都市に集中して支配的位置を占めているのであり，他方では鉱業者とともにモノカルチュア農業を担当する「半封建的」なアシェンダと呼ばれる巨大土地所有者とが，政治経済的に圧倒的な支配的位置を占めているのである。そのもとに半農奴的なコロノをはじめ多様な形態をとった膨大な下層貧民層の存在が圧倒的なものであって，それ以外の中間層が極端に少ないという特質をもっている。

それでも市場関係の拡大を基礎とする都市を中心として，しだいに各種の中間層が叢生し，しだいに増加してくるのであり，こうしたなかで19世紀末からしだいに近代的産業への胎動もみられるのである。そのなかで，確かに20世紀に入ってからは，メキシコをはじめとして農地改革運動が興り，第2次大戦後の発展局面でもブラジル政府による農地改革の計画も立てられてはいたのであるが，今日にいたるまで地主階級の強力な支配体制を崩すような社会勢力が成長してきていない。その広大な低開発，農業地域を中心とした旧来の大土地所有が支配する経済構造の上に，1870年代以降，主に外資による運輸，鉱山への伝統的な投資の展開が加わって，この地域における支配的勢力が構成されてきているのである。

他方でこの地域での工業の発展の特質をみよう。

19世紀，圧倒的にイギリスが支配する世界市場に依存したモノカルチュア経済の典型を示しているブラジルをみると，当初はナポレオン戦争などで貿易が途絶するたびに叢生してくる手紡，手織などの国内手工業も平時に戻るたびにイギリス人商社の圧倒的な支配力によって逼塞させられてきていた。しかし19世紀前半には圧倒的割合を占めていたイギリスからの綿製品輸入が19世紀後半にはしだいに低下していき，それに代わってとりわけ1870年代以降には，鉄道建設の本格化に伴う鉄，機械類輸入の割合が増加してくる。ほぼこの過程に対応したポルトガル人やドイツ人商社によるイギリス商社支配の打破も加わり，コーヒーブームにおける国内消費市場拡大との関連で1870年代以降20世紀初頭にかけては初期工業化が始まってくる。とくにブラジル

国内の綿工業が安手の製品市場からはじめて，国内市場向け生産の足場を築き上げていったのである。

第1次大戦での輸入の途絶，とりわけ資本財輸入の激減は自然に国内工業の活性化をもたらすことになったのである。このことを契機として，大戦間期の世界的な激動のなかでインフラストラクチュア整備もはじまっていくのである。ついで30年代，大不況下での国際貿易途絶のもとで，ナショナリズムの急速な高揚もあって，「民族的」な工業への投資が展開されていったのである。しかもとりわけ世界農業恐慌によってモノカルチュア依存の一次産品価格が暴落し，工業関連製品の輸入が困難な状況になったことからやむをえず防衛的に，自国内での工業品を生産せざるをえなくなっていくという関連での工業化，つまり世界市場から地域的にいわば孤立化されたことに強制された工業化の進行という特質をもったものなのであった。その後は，第2次大戦から戦後の世界的な復興期にかけて一次産品にとり，きわめて有利な国際経済条件のもとで，大規模な工業化が展開されていくのである。

北東アメリカ　主に17世紀初頭からイギリスからの植民が展開された北東アメリカ地域では，狩猟を主としてきた原住民社会をしだいに圧迫しつつ，そのうえに自由な移民が自由な（大または小）私的土地所有者となっていくことを基礎として「本来的（移住）植民地」の形成が支配的なものとなっていた。そこでは18世紀後半，重商主義的なプランテーション経営の利害を優先するイギリス本国の植民地支配に抗して独立を達成したアメリカは，定住した移住者による地域内市場の形成を基礎として，19世紀半ばには南部の奴隷制プランテーションを支配する大土地所有者の特権を打ち破り，こうして古い社会経済体制による規制が全くない近代的国家へと急速に転生していった。しかしこのような近代西欧人の自由な移住という典型的な「本来的植民地」としてその歴史を開始したこのアメリカ資本主義の独立，発展過程は同時に，スペイン，フランス，メキシコなどからの割譲，買収，合併などでその周辺の領土，領域を拡大していくとともに，そもそもの原住民は最終的にその大地を奪取されて「保留地」へ追放され（したがって旧生産様式は消

滅）ていくという過酷で急激な帝国主義的拡大過程を経ることによってはじめて，広大な領土をもつ近代国家が創設されていく道程でもあったのである。このようなアメリカの成立過程における歴史的性格から，さまざまな社会歴史的伝統と国際的制約のもとで生成してくる以外になかった他の諸列強とはまったく異なった特質，内外に向かって「銃を手にした自由」の獲得を自らの基盤として無制限的に主張する社会的特質をもつにいたったものであろう。

4 アフリカ──サハラ以南

　アフリカ（サハラ以南）では古くからの農工と牧畜を組み合わせた混合農業を基礎とした文明圏が成立していたが，このアフリカの農村社会は「部族集団」とでも呼ばれる共同体的社会制度を基本としてきていた。土地制度については，自然的諸条件の違いや伝統的な慣習に基づき地域によって著しく異なる形態をもってはいるが，「共同体的土地保有」が広範に支配してきていて，同一の土地に関して王，村長，家長，家族員それぞれに重層的，身分階層的な土地保有権が認められ，成人間での土地用益権の実質的平等が確保されてきていたものであった。この土地保有の特徴は，土地の配分，使用，処分，復帰などの統制権が多重的であり，その共同体的規制もきわめて弱い，ないし開放的な特徴をもっている（土地の所有，売買はされないのでアジアのような地主・農民関係は生じていない）。その背景にあるものは，広範な未開地の存在を前提としていることで，耕作も粗放的，土地収奪的な，焼畑や移動耕作を主としたものである。したがって個々の農民が比較的自由に移動できるものとなっていて，生産要素としては土地よりも労働力が相対的に重要なものとなっている。したがって注目すべきことは，水利などの土地改良投資をはじめとして農法発展の契機となるものがほとんど見られないことである。

　そのようなもとでの伝統的な諸制度は，農村の「生存維持経済」の再生産機構に埋め込まれているものであった。その生産様式は小土地を保有し家族労働力に依存した「小農」による食料の自給生産が基本的で支配的部分をな

していて，それに付随的に市場生産をすることが一般的となってきていたのである(11)。

　もともと広大な土地面積の領域に対して人口が少ないので，分立した種種の統治体は緩やかな交易網で結ばれているだけで，それら相互関係を縛る大きな制度的な枠組みは成立しにくかったものである。しかし外部世界との関係においては，西アフリカのサハラ砂漠横断ルートと東アフリカのインド洋ルートの遠隔地交易によって，都市と国家との形成が大きく促進されていたのである。

　奴隷貿易　15世紀末以来の大航海時代に始まる大西洋奴隷貿易は，従来諸部族間にあった奴隷売買の慣行を外部から一方的に利用したものであったが，資本主義形成期の世界市場における三角貿易の重要な一環を構成したものである。17，18世紀にはその最盛期を迎え，19世紀末までの400年近くに亘って，累計1000万人，ないし1500万人とも推計される，人類史上最大規模の強制的な大陸間の人口移動であったが，この低生産力水準の社会における中核的生産要素の無視し得ない規模での流出は，内的にはアフリカ大陸の内在的発展を大きく歪めたばかりか，世界的にもその後の世界的な民族問題の展開を複雑なものにしていくのである。

　植民地化　19世紀初頭に，奴隷制度が全廃されていくとともに，その後半，とりわけ1870年代から19世紀末までの西欧列強間の領土分割闘争による「アフリカ分割」のもとで，はじめて大陸内部への本格的な植民地化が進行したのである。このことは，その後のアフリカの抵抗と発展とを，古くから従属化が進行してきた他の地域とは異なった特異な性格を持たせることになった。

　19世紀後半から20世紀中葉までの植民地化の特徴は，直接の白人入植地では原住民からの土地収奪が強行されたものの，その他の大部分の地域ではアフリカ社会の伝統的組織はそのままにして，上から間接統治方式をとったものが多いことである。このような列強による植民地支配のもとでは，長らく共同体的性格を主体的に保持してきた農村の「生存維持経済」のなかに組み

込まれてきた伝統的な諸制度は直接分解されることなく，そのまま，分割統治の基礎単位として組み込んでいくことを意味していた。[12] しかし農村に対して家屋税，人頭税などの徴収を強行し，また農村から労働力を引き抜いて輸出向け換金作物を推進することなどを展開していった結果として，農村社会には急速な変容がもたらされることになったのである。また近代主義の教育により，アフリカの伝統的共同体の意識構造も急速な崩壊過程にはいっていく。土地保有の面においても，未利用地の減少，土地への家族的処分件の強化，土地賃貸の発生など，共同体的諸規制に包まれてきた土地所有諸関係のなかに個別化されてくる部分がしだいにできてくるのである。またこれまで共同体的諸関係の統括者としてのみ機能してきた部族指導者の役割は，このような間接統治方式の機構としてしだいに組み込まれていくことによって，多義的なものに展開されてくることにもなった。

モノカルチュアと工業化　こうしてアフリカ内陸部はアジア諸地域よりもはるかに遅れてではあるが，鉄道，海運の発展とともに，熱帯産品の輸出とヨーロッパ産品の輸入市場へと急速に再編されていくのである。こうして導入された商品作物栽培，余剰生産指向の高まりによる農地不足と人口増加とにより，土地の劣化や休閑期間の短縮が進行したことにより，森林，ブッシュ，草地などの植生の回復が不可能となっていく。しかし植民地時代には，内部からも，植民者の側からも，本格的な工業化（や食糧生産部門の近代化）などが進行してくることはなかったのである。

独立へ　またこのアフリカでの民族意識の形成もまた特殊な展開をしていく。なによりも，内陸部の植民地化された経緯が，1870年代からの西欧列強間の「先取り」的な領土分割闘争に規定されて進行したことから，それぞれの植民地間の「国境」なるものは，とりわけそれぞれの地域社会のありかたとはまったく無関係に一方的に区切られたものが多かったのであって，その結果，20世紀初頭からようやく生じてきた民族解放運動もはじめから，全アフリカ的な範囲のものであった。それも最初は，アフリカ出身で世界的に離散した外部での人々による単一アフリカの統一と独立をめざす Pan Afrikanism の運動として生じたものであったし，またアフリカ内部からのナショナリズムの勃興も極めて遅く，1940年代から50年代にかけてであって，45年10月の第5回会議にいたってはじめて，エンクルーマなど，アフリカ大陸内部の知識人が主導権を握るようになったのである。こうして57年，ガーナ独立（エンクルーマ），58年ギニア独立（セク・ツウーレ）までは，その展開のうえに生じたものである。しかし50年代末のイギリスの脱植民地化政策への大転換のもとで，その多くのものはあまり内的な運動が進行したとはいえず，そのほとんどの地域が国民的主体性の意識がないまま「植民地からの解放＝独立」したのであった。（とりわけ「アフリカの年」と言われた1960年には17カ国が独立し，63年までに31カ国となったのである。）

5　「中東」アラブ

　中東地域は，古来，アフリカ，地中海世界とインド洋世界，それに東アジアと西欧をその両端とするユーラシア世界における諸文明が多様に交錯，交流してきている地域であるが，アラブ人を中心としたこの地域社会の主な特徴の一つも，これらの諸地域間を結ぶ商業都市としての活動を中心としたものとなってきているのである。「肥沃な三日月地帯」を中心とした地域が遊牧民的慣行や社会規範を強く残しているのと，農村的社会慣行の性格が強い「ナイル下流域」（エジプト）との違いはあれ，この地域の都市は，地域社会のなかでも，都市，農村，遊牧の三部分社会の中核をなしているのである。この都市の組織的特徴は，通常の商工業ばかりか，サービス，それに売春婦，こじき，掃除人から医者，床屋など，あらゆ分野にわたり，それぞれのギルドが組織されていることで，それぞれのギルドには機能上の長老（シャイフ）と信仰上の長老（ナキーブ）が並立し，個別長老のうえには，大長老が，その下には，親方，職人，徒弟といった縦の系列化が基本となっている。したがって都市というのは，このギルド組織とともに，居住区のコミュニティー，宗教集団コミュニティー，エスニックコミュニティーなど，多様なコミュニティーの複合体として存在しているものなのである。19世紀の「開国」

後，都市の庶民はギルド組織から居住組織へ重点を移しながらも，長く多様なコミュニティーを維持してきている。

イスラム社会　7世紀のアラブ帝国，8世紀イスラム帝国以来，宗教文化生活から政治にいたるまでの一体性をもったイスラム文明社会は中東から世界的にも拡大してきた。したがってその他文明をも寛容に大きく包摂していくアラブイスラムの世界は，後進地域としての西欧に対して，近代以前から長い間，歴史的，文化的にも多様に影響を与え，また時には脅威をも与えてきたのであった。

イスラム世界は，大きく北アフリカと中東のふたつにわけて見ることが出来る。

北アフリカのイスラム世界と西欧とは，近代よりもはるか以前から地中海を挟んで深い相互関係のもとにあったが，しかしフランスからの移住コロンの問題を抱えた1830年代以来の植民地アルジェリアを例外としてみると，近代の西欧植民地権力による社会経済的変質化はあまり進行していない。

これに対して，南西アジア地域（東アラブ）への西欧の進出は，近世以来西欧に脅威を与え続けてきた強大なオスマン帝国が17世紀末から漸次的弱体化していく過程以来のものである。それは，一方ではイランをめぐる欧露の対立と他方ではアフリカ奥地進出への拠点とインドへの道としてのエジプトをめぐる闘争など，西欧列強によって露骨な領土分割闘争が展開されていく過程からのことなのである。18世紀末から19世紀初頭にかけて，「東方問題」を契機とした西欧列強の中東，アラブ地域への進出は，アジア地域の多くが征服植民地化していったのとは対照的に，アデンやアルジェリアを例外として，通商条約による自由貿易への「開国」の強制だけに留まった。1838年のイギリス，オスマン条約，エジプトに関する1840年のロンドン協定，1841年のイギリス，ペルシャ条約が，これら中東諸国が自由貿易への「開国」を強制された里程標である。

19世紀後半には，オスマン帝国が軍事費，ついで鉄道建設のために1854年から16回も発行したオスマン帝国債によって，1975年に財政破綻したことで，

列強による債務管理局が各種利権を配分した。またエジプトでは、レセップスの利権によるスエズ運河開作費と綿作モノカルチュアなど諸産業の開発費の巨大化を賄った巨額の外債が1876年返済不能となり、スエズ運河株がイギリスに譲渡されたことなどを通じて、しだいに英仏列強の金融的経済的従属を深めてきて、82年にはイギリスに占領されるまでになった。

　第1次大戦期のオスマン帝国崩壊をめぐる中東の分割闘争は今日の分断された中東諸国の形成と激動を作り出した出発点となったものである。1916年の英仏露によるオスマン帝国分割協定たる「サイクスピコ協定」、ユダヤ人の財政協力を得るためにユダヤ人の「民族的郷土」建設を約束した1917年の「バルフォア宣言」をはじめ、第1次大戦中において列強の利権と領土分割に関する多くの秘密協定にはじまり、石油の軍事的意義が大きく高まってきた戦後情勢下で変転しつつも、崩壊したオスマン帝国支配領域を、英仏の排他的優位のもとで各地の族長を巻き込んで分割していったものである。それにアメリカの中東石油利権への参入も加わることによって、英仏はこの地域全体を、分断された地方主義に基礎を置くアラブの諸国家体制を設定し、それぞれに間接統治と宥和政策、さまざまな協定によって自らの勢力圏下におく方向をとったのである。こうしてエジプト、イラク、シリア、レバノン、ヨルダン、それにパレスチナなどという分割、創出された政権は、当然、不安定な変動をとげていく。しかし30年代から第2次大戦にかけては、ファシズム対人民戦線の対立をめぐって、この中東各地の民族政権が動揺するうちにパレスチナへのユダヤ人流入が増えアラブ人との対立が出始めてくるや、イギリスはしだいに当事者能力をなくしていき、最終的にはそれに選手交代したアメリカが、パレスチナ問題と中東紛争の核となっていくのである。

　こうして中東地域は、主に第1次大戦前後から世界政治経済の中心にのし上ってきた石油利権をめぐる列強間の分割闘争に圧倒的に規定されつつ、他方ではパレスチナ問題をしだいに醸酵させていくのであったが、しかしこの間アラブイスラムは、社会文化的には、その先進的文化による自尊心を大きく傷つけられて内省化した精神運動を推し進めていったのである。[13]

(1) マルクス『資本論』第1巻7編24章6節参照。
(2) Gallagher, J. and Robinson, R., The Imperialism of Free Trade, *Economic History Review*, 2nd Ser., VI, 1, 1953.
(3) モムゼン編 (2002)『帝国主義と国民統合』未来社, 18ページ参照。
(4) レーニン『帝国主義論』第6章。
(5) 19-20世紀の転換期における「(列強による) 領土的分割の完了」というレーニン「帝国主義論」7章における規定は, その後の20世紀世界経済史上における二つの重要な問題に関わってくるものである。一方では, それが列強の植民地領有をめぐる「世界再分割戦争の必然性」を結論としていたものであるのかという問題であり, 他方では, 第二次大戦を契機とした「植民地体制の崩壊」によってこの規定自体がなくなったのかという問題である。しかしこの両問題に関しては, この規定を否定的に捉えるべきものではなく, この「領土的分割の完了」という歴史的規定が帝国主義体制のその後の歴史的展開のなかで持つ意味を検討することによって, むしろ逆にそれを歴史的に発展させることが必要となっているものであると思われる。

まず第1の, 帝国主義的再分割戦争は, 帝国主義論の「領土的分割の完了」を歴史的前提としたものである以上は, 必然的に展開されたものであるのかという問題についてである。

まず世紀の境目で「完了」したという「領土的分割」という事態を, それ以前からの帝国主義全体のなかに位置付けてみよう。1870年代以降は, 複数の後発工業国が世界市場に登場するとともに, これら後発国主導の独占的支配がしだいに経済の基盤へと侵透してくることを基礎にして, これら近代的強国による各々の支配領域, 植民地の拡大, つまり領土の分割競争が急展開をとげた。これらの事態が「どの資本主義国によっても占領されていない領域のうえになんらの障害もなく拡張せられる植民政策」と言われたものである。したがって, 世紀の境目におけるアフリカとポリネシアとの分割をもって,「占拠されていない土地, すなわちどの国家〔近代的国家の意味——引用者〕にも属していない土地は存在しない」のだから地球の分割は完了したのだというとき, 単に領土的支配のあり方を問題としたものではなく, 何よりも世界市場の内外にわたる自由な拡大を可能とさせるために多様な歴史的変遷を辿りつつも全体としての「資本主義的な経済領域」を, 明確な領土的支配 (formalな) としてか, 何らかの規制 (informalな) としてかを問わず, 何らかの仕方でその「外部」に拡大し続けてきたという, 産業資本的蓄積に特有な世界市場拡大の方式である「自由貿易帝国主義」という絶妙な組み合わせの総体が, 1870年代以降における独占的諸列強による領土分割闘争によっていまや急速にその歴史的な限界

第1章　帝国主義と植民地問題の変遷　63

に到達させられてしまったことを意味するものであろう。

　したがってまたこの「地球上の領土的分割の完了」という事態が次に展開しうる方向を規定するものとしては，当時においても，おおよそ二つの方向での可能性を持っていたように思われるのである。それは，一方ではきわめて具体的な次元で，列強全体によって支配される領土，領域の外延的拡大が終了したのであるから，一握りの資本主義列強によって展開していく領土分割闘争が（それ以後も個々の列強にとってはそのまま継続することになることを前提として），相互間の再分割闘争を主としたいわば混迷の局面へと転換せざるをえなくなったという，その分岐となったという極めて具体的に，「分割完了→再分割」という形における単純な意味である。全体としての抜け道のないような，このような方向での混迷を深めていくであろう展開が直接の体制危機に繋がっていくことはあきらかであろう。

　しかし他方では，上述のように19世紀帝国主義が展開してきた，もっと広い資本主義世界全体の方向性という一般的な次元で，資本主義的独占が支配するにいたった近代ブルジョア諸国家の支配領域が（19世紀末にかけては，直接の領土支配の急増という形を中心としてではあったが）地球全体を覆いつくしたものである以上は，これ以後は，この枠の内でしか運動しえないのだという，もっと一般的な意味においてである。もちろん資本主義的な市場の発展は，一般的には，内部的な市場の発展を中心としつつも不断に市場関係が展開できる範囲をその外部に拡大していこうとする傾向をもっているものであって，支配領域の拡大はとりわけこの市場拡大の外部的な展開を広げていくことに大きく関わっているものといえるであろう。しかし「領土的分割の完了」によって外部に展開しうる領域がなくなったことは，この巧妙な組み合わせによる市場拡大のやり方が困難化していくことになったということにあるものというべきであろう。ただしかし，その結果としてその後20世紀の世界市場の拡大を可能とする展開形態がどのようなものとなるのかについては，あらかじめ具体的，歴史的に規定できているものではないということである。列強によって分割領有された領域内には，多様な生産諸関係が存在していて，単純に資本主義的領域とか市場経済であるなどとは，到底言えないものだからである。こうして，これらの多様性を前提とする以上，それは，独占資本的蓄積に十分に対応できる特有の帝国主義，いわば「20世紀的」世界市場拡大方式とでもいうべきものを新たに見出し，これに転換していくことの客観的必要性はしだいに歴史的に切迫していかざるをえないということまでは意味しているものであろう。しかしこの枠のなかでどのような具体的な方向での展開が行なわれていくものであるのかは，その後の歴史の展開を待つ以外になかったものであろう。こうして20世紀資本主義の総体としては，しだいに困難に

直面してくるその世界市場拡大の方向を，この両側面からする限界をそれぞれに何らかの別個の組み合わせの方向へと展開することを探る以外になくなってきているという，歴史的限界の出現を意味するものととらえるべきものであろう。

　もちろん当時の現実においては，多様に展開されていく民族問題と絡んだ領土，領域の再分割を追求する闘争こそが，第1次大戦にいたるまでの世界史上で熾烈に展開されてきていたのであって，第1次大戦はその国際関係の必然的な帰結として生じたものと見るのは当然なことであったし，したがってまたレーニン「帝国主義論」体系の帰結が帝国主義的再分割戦争であるとする，その後に一般化していく支配的な理解が生じてくることも自然なことであった。しかし，レーニンの独占資本主義論体系が，再分割戦争の必然をその結論とするものであったものとは言えないのである。第1次大戦の最中に「帝国主義論」を書き上げたレーニンはたしかに当面する帝国主義戦争に反対するという実践上の方針の基盤を解明することの必要との関係で，第1次大戦＝領土再分割闘争の理論的解明を目指したのであろうし，たしかにその経済的基盤（＝独占への転化）までは解明したものである。しかし，帝国主義論の第7章で，帝国主義を「独占段階」と規定された一方の基盤である「世界の分割」の中には，列強による領土，領域再分割が「必然」であるとする内容は明示されてはいないのである。たしかに「帝国主義論」第6章では，世紀の境での領土的分割の完了に引きつづいて「だから，今後きたるべきものは，再分割，すなわちある『領有者』から他の『領有者』への移転だけであって，無主から『有主』への移行ではない」として，資本主義的諸列強による領土獲得闘争がそれ以前と同様に継続することが当然のこととして前提されているという筋道で，領土再分割の方向が示唆されている。そしてここでの再分割の示唆は，第5章の資本家団体による世界の分割，再分割の論理をそのまま受けている次元のものであるが，そこでの再分割の根拠も「力関係が変化したばあい」としている丈であって必然的なものとして措定されている訳ではない。（しかしここで注意しておきたいことは，ここでの論理展開が前提としているのは，「地球の領土的分割完了」の後においても，資本主義強国それぞれの経済的支配領域の外延的拡大が当然であるものとして前提されていることである。）

　「帝国主義論」は，現に目前に展開している第一次世界大戦の最中にあって，この政治現象の究極的な経済的根拠（本質）を，それに先立つ世界経済の分析により究明したものではあるが，その逆に，経済上の本質（このばあいは独占段階規定の基礎である「世界の分割」）から，論理上無媒介的に，ただちに再分割が必然であるとは言えなかったし，ましてや列強間の

不均等発展による矛盾の解決は「力による以外にない」とまでは一般的に言えても，政治上の特定の形態たる戦争を論理的に導出するなどということはじめからできないものなのである。それはレーニンが「帝国主義的経済主義」として批判した「経済決定論」と同じ過ちであることはあまりにも明らかなことだからである。この点，「帝国主義論」は十分な配慮がなされている。すなわち，帝国主義の純経済的定義を「独占」段階とした後で，この定義にもとづいてカウツキーの定義を批判することとの関連で，経済も政治も含めたまさに大戦直前の世界的な政治経済の具体的現実の総体を分析し，その多様性，不均衡，闘争とその上での不均等発展とを基礎として，この矛盾の解決は「力による以外に何にもとめうるのか」としているのである。帝国主義的再分割闘争の必然性は，理論的には独占段階規定を基礎としつつも，当時の具体的，歴史的矛盾によって説いているのである。それはしかし，そのご20世紀の世界経済が歴史的に展開していく現実的基盤がここで分析されていることに変わりはないものである。これまでの通説的理解に即して言えば，この点に関する「レーニンモデル」とでもいうものは少なくとも，独占資本主義の全体に通ずる基本的規定と，実践的に直面していた20世紀初頭のいわゆる「現状分析」との，いわば二重構造モデルなのだとでも言ったら分りやすいであろうか。なお佐々木隆生氏は，世界市場の緊張による諸問題や政治上の戦争とが必ずしも直結するものではないし，逆に国際関係の緊密化が戦争を不可能にするものでもないことを，より広い視野から論じている（佐々木隆生「ステイトとネーション」（6）『経済学研究』（北海道大学）51-3，2001年）。

　こうしてその後の独占資本主義論，帝国主義論へと展開させる基盤という視角からすると，第6章「列強による世界の分割」は，本来，独占の世界体系として捉えるものとしてみるのであれば，「植民地，領土問題」を中心としてではなく，独占に本来的な「国家的従属」体系として捉えられるものでなくてはならないのである。そこで取り上げている「植民地」（=併合）も，すでに19世紀に一般化した，産業資本的蓄積様式に本来的な「（遠隔の）植民地（=「領土」）」を支配的なものであるとしてではなく，独占的支配の論理に本来的な，多様な「過渡的な国家的従属」体系のうちで，対象地域全体への経済的政治的支配が全面化してしまった状態のものとして（つまり「併合」にまで至ってしまったものとして）捉えたもの=独占的支配包摂，従属に内的に規定された政治的「統合」の極限化として理解すべきものであろう。

　そこで問題になるのは，それでは第6章では何故，「国家的従属」を中心としてではなく，「植民地」=領土的支配を中心として説いたのかである。

　『帝国主義論』第6章において植民地領土問題を中心的に取り上げざるを

得なかった理由は，一般的には歴史上，植民地領土の分割，再分割の問題が1870年代以降から20世紀初頭にいたるまで展開してきたという事実上の問題である。列強間の帝国主義闘争が強力に展開されていったこの時代には，とりわけアフリカ大陸での領土分割問題の進行をみれば分るように，列強間で主に競争相手に「先取り」されないために，領土的分割闘争を激化させていったことが前面に出ていったものであろう。

しかし問題は，このような19世紀末における植民地領土の「分割完了」から展開している第6章の「列強による世界の分割」と，5章の「資本家団体による世界の分割」において，この同じ時期に「ようやく形成されてきている」という国際独占体との関連についてなのである。たしかに第5章末で「これとならんで，これと関連して」と簡潔に述べているように，上述したような資本（資本家団体）と国家（列強）との違いと関連について，ここでも十分な配慮がなされているのである。しかし問題は，それにもかかわらず，その内容が5章までの論理の上に，その論理に基づいて，列強の植民地領有を中心とした分析によって「世界の分割」とされていることである。

既に見たように，もともと近代国家の本質からすれば，分解要因を内包していく領域内社会に「国民的統合」を齎す必要がその中心にあって，それが，市場の自由な拡大を求める資本の必要とあいまって，対外的な支配従属関係の拡大，つまり帝国主義を展開していくことになるものであろう。19世紀における自由貿易帝国主義の歴史がそのことの自然な展開であることを示している。しかし1870年代以降の「古典的帝国主義」時代といわれる国際的にはいわば過渡期と見うるこの時代の特殊性が，市場の拡大よりも先走った国家の対外的展開，つまり列強間での「領土的分割」を世界史の前面に押し出したものであると思われるのである。歴史的に20世紀初頭，「帝国主義論」が対象とした時代の資本輸出や国際独占体は，今日，世界経済で巨大なものへと発展している国際独占体，いわゆる多国籍企業からみるとまだ歴史的に登場したばかりで，これらによる「世界の経済的分割」の方はようやく「はじまった」ばかりであったことから，これに対応するべき「国家的支配，分割」の展開を相対的独自に歴史的に先行させた展開をせざるをえなかったものであろう。したがって政治的国家が独自に外部世界を独占支配するための本来的で，「自然な」方法である「領土的独占」を前面に打ち出す以外になかったものであろう。つまり独占に対応すべき多様な形体での国家的従属のなかでも，形体上は完全な独占である「領土の独占的領有」を初めから展開する以外になかったものとして理解できるであろう。したがって，独占資本主義の国際関係が十分に発展したといういみでの「本来の」国際体制として捉えるとすれば，その後の歴史的進展

のなかで，国家的に保証された各種の利権や特権に関するそれぞれのナショナルな国家的支配力を背景としつつ，巨大な規模での国際独占体による支配，集中関係と絡み合った世界的な競争の一般化に対応したものとして，このような経済関係と密接に関連しあってきている多様な国家的な支配従属関係による「世界の分割」をその内実とした国家的な「統合，結合」形態がしだいに支配的なものとなっていくものとすべきものであろう。翻って世紀転換期当時においては，国際独占体支配のいわば「初期性」に対応して，独占の世界的支配のためにそれを補完するものとして，旧来の植民地支配＝完全独占＝併合形態の拡大が支配的になる以外になかったものとして理解出来るものであろう。

　しかも現実において第1次世界大戦から第2次世界大戦にかけての20世紀前半においても執拗に追求されたものは，個々の列強ごとに，一方では植民地支配を拡大せんとし，その収奪を強化するとともに，他方では，他の諸列強との連合，「統合」をも模索しつつも，自らの力量と世界的な諸条件とに応じて他の列強の支配領域を「再分割」することをも志向していったのであった。それは，このような展開を強行していった個々の列強にとっては何らかの可能性を追い求める以外になかったものではあろうが，しかしそれは，世界市場の急拡大を必要としている資本主義体制全体にとっては，19世紀の自由貿易帝国主義による領域，領土の外延的拡大に代わりうる何らかの客観的な解決方法にはなりえなかったものである。そればかりか，列強ごとに個々の国家的支配領域を独占化する傾向が支配的となっていったことは，1930年代のブロック経済にみるように，資本主義世界市場全体としては，縮小してしまうことをさえもたらすことになったのである。

　レーニン以後の帝国主義論展開がさまざまな困難に直面していったことの一因は，レーニンの帝国主義分析が，第1次大戦を挟んで急速に変動していく世界情勢を背景としたものであったことに十分な配慮をすることなく，1870年代以降の領土分割闘争の展開を「古典的帝国主義」時代と称して固定的に捉え，しかもこれを理論的な基準とし，その後の展開をその変形として捉えようとした結果，隘路におちいったことにあるのではないのだろうか？

　さて他方での第2の問題は，第2次大戦後において「植民地体制は崩壊」した以上は「領土的分割の完了」という規定の現実に対する規定性が無くなったものと見るべきものであるのかということである。

　植民地的領土支配はたしかに基本的に消滅したのであるが，しかしそうだからといって，世紀転換期に「領土的分割が完了」したという歴史的事実は変わるものではないのである。じつはこの規定の意義は，自由競争

（ないし資本一般）から独占への転化をどう理解するのかに関わることなのであって，すでに上に見てきたように，19世紀以来の Informal, Formal の二形態を持って展開してきた自由貿易帝国主義による「19世紀的世界市場拡大方式」とでもいうことの歴史的限界に関わっているものである。したがってそれは，この「領土的分割の完了」という歴史的事実のほうにあるのではなく，この歴史的事実を前提として進行する以外にない独占の世界支配の体制，「列強」による「世界の分割」支配が，その後どのように展開していくのか，そのばあいにこの「領土的分割の完了」を歴史的前提とせざるをえないことがいかなる事態の変化をもたらしてくるものであるのかを解いていくことが必要なのである。この点について帝国主義論では，せいぜいかなり抽象的に「全世界的植民政策という独特の時代」という言葉が見出せるだけのものであろう。もちろん20世紀中葉での「植民地体制の崩壊」によって，どのように変化したのか，変化しないものかが問題なのでもあるが，そればかりではなく上に見たように，その後に展開していった二つの世界大戦にわたる危機，その後の再編，そして今日のいわゆるグローバリゼーションへと激動してきていることの全体にわたっての変遷をどう理解するのかということにも関わってくるものなのである。それは少なくとも，当時の市場，資本，国家などの歴史的に関連しあっている，そのありかたがその後どのように展開してきたのかということに基づいて，「国家」，「領土」「領域」の問題を発展させることが必要となっているものだからである。

（6）　中村哲（1994），小島晋治（1986），石原亮一編（1997），小島麗逸（1997），小島朋之（1999）などを参照。
（7）　Gadgil (1924) *The industrial Evolution of india in Recent Times.* Dutt, R. C. (1903), *Economic History of India in the Victorian Age.*
（8）　17世紀の古典的資本主義国オランダの商人は，ジャワのバタヴィアを拠点にアジア貿易を独占したが，その植民地経営は奴隷を得るための人間盗奪制度を典型とした残虐なもので，以後の植民地経営の模範となったものであると言われる。（「資本論」1巻24章）。
（9）　杉原薫（1996）『アジア間貿易の形成と構造』ミネルヴァ書房，参照。
（10）　毛利健三（1978）『自由貿易帝国主義』東京大学出版会，282ページ，参照。
（11）　マンロー（1987）『アフリカ経済史』ミネルヴァ書房，犬飼一郎（1976）『アフリカ経済論』大明堂，吉田昌夫（1975）『アフリカの農業と土地保有』アジア経済研究所，参照。
（12）　通常，このアフリカの農業構造の類型が輸出部門発展との関係で分類されているが，それによっても，ほとんどの地域で自給的な小農の土地保

有と生産の維持を前提としたうえでの分類で，支配的なA型では，外国商人の流通過程への浸透に対応してこの小農が輸出向け生産をもするようになったものであり，その他にザンビア，モーリシャスなどで典型的な鉱山，プランテーションのB1型，ケニア，ジンバブエなどで典型的な白人入植のB2型といったものがあるという。

(13)　中岡三益（1991）『アラブ近現代史』岩波書店，参照。

第2章　第1次世界大戦と戦間期植民地問題の二分化

1　第1次世界大戦における問題の急展開

　すでに20世紀初頭以来，列強間の矛盾しあった相互関係が悪化していく抜け道のない雰囲気のなかでは，その国際問題が大規模な列強間の再分割闘争へ突入する以外にないであろうということについてはすでに予知されていたことであった。しかし現実に1914年から展開された第1次世界大戦は，ほとんど予想もされていなかったような長期間にわたる複雑で深刻な諸問題を世界的に展開するにいたったものであった。

　第1次大戦を転機として最大の問題となってきたものは，19世紀に確立され，自立しあった列強ごとのナショナルな帝国主義体制全体がいまや大きな動揺にさらされていくことになったことである。一方では，第1次大戦が総力戦化と長期戦化という，戦前には予想もされていなかった展開を遂げ泥沼化した結果，参戦したどの帝国主義国自体においても大きな経済的，社会的な困難に直面していくことになっていくとともに，国内経済全般にたいする広範な国家的統制管理を一般化させてしまったことがまずあげられねばなるまい。この先進国経済における困難解決の方向がそのごの世界経済展開の中心的な問題となっていったのである。

　しかもその先進国のうちでも，当初の予想をはるかに超えて，最強とみなされていたドイツ帝國自体が敗戦，崩壊してしまったことである。そのことにより，この強力な先進国自体が一時的に「植民地的従属」と言われる状態にまで陥ったのである。「全世界的植民政策という独特の時代」[1]であるという20世紀世界経済の特徴の一面が，この時点ではたとえ一時的なものに終わったものであったとしても，先進国，途上国を問わずに展開されていくもの

であるということの片鱗を見せたものであろう。しかし対外的な帝国主義の強力な展開によって領邦国家連合からの国民的統合をようやく達成せんとしてきた先進国ドイツが従属状態に陥ったという問題の重大性は，当時の世界政治上ではまだ一般に看過されていたのであった。しかし「天文学的な」額にのぼった「ドイツ賠償問題」という国際的な圧力は，ケインズやレーニンが無分別なものであると見ていたことからも分かるように[2]，このことによって極度の経済的困難と精神的苦痛とに陥れられていったドイツ国内には強力で陰険な反発力を生みだしていき，やがてナチスドイツの台頭とその「植民地再分割の要求」に繋がって行くことになったものであった。こうして第1次大戦は，1870年代以来，列強間の帝国主義的対立の根底を規定してきていた世界政治上の「植民地問題」においても，これまでの植民地を巡ってだけではなく，列強間での直接の領域問題自体が新たに問題化してくるという大きな転換点となったのである。

　この先進地域での問題とは別に，発展途上地域の発展の観点からみても，この第1次大戦は大きな転換点をなしているのである。むしろ19世紀から引き継いできていた国際間関係の変化における最大のものは，バルカン半島から中東，アジアに至るまでの旧帝国体制の解体過程が急速に進行していき，最終的に崩壊してしまったことである。それは，1911年の辛亥革命による清帝国の崩壊に引き続いて展開したものであって，しだいに弱体化過程を辿っていたオスマントルコをはじめとして，ロマノフ，ハプスブルクなどのいわゆる「多民族国家」の形態をとっていた東方の巨大な旧帝国体制が，この第1次大戦の過程で最終的に崩壊してしまったことである。

　この旧諸帝国の崩壊過程からみると，第1次大戦へといたるまでの帝国主義国間の闘争は，まだ（産業資本とは区別された意味での）本来的独占資本主義国相互間の闘争とは言いがたいものであった。当時アジアから中東，バルカン半島，さらにアフリカに至るまで展開されていた「植民地分割，再分割」闘争の主要なものは，多様な諸民族を包摂する旧帝国の支配領域に対する，近代諸帝国主義の積極的侵食過程の側面が支配的なものであった。しか

もこの新旧帝國主義間の「闘争」といっても、それは直接的なものとして展開されたものではなく、この過程の内在的特徴は、むしろ、オスマントルコやオーストリアなど、これらの巨大な旧諸帝国がその内部からの崩壊過程が進行していたことである。そこでは、旧支配民族による多民族国家の編成を否定せんとするナショナリズムの台頭が一般的となってきていて、そのなかでもしだいに近代的諸階級による階級闘争の性格を強めていく傾向をも見せはじめていたのであった。第2次大戦がドイツや日本の「侵略」による、いわば直接の帝國主義間戦争として始まったことが明確であるのとは対照的に、第1次大戦は、「植民地問題」における列強間の闘争という、ヨコの関係の暴力的解決形態の展開として始まったものではなく、それに先立った東欧バルカン半島での民族問題の悪化を受けてオーストリアとセルビア間の「民族戦争」を契機として始まったことから分かるように、「植民地問題」のタテの関係における大きな展開局面でもあったのである。大戦におけるこの側面はその後の世界史の展開に大きく関わっていくその転換点としての意味をもっていたのである。これに対して、当時の全世界的な帝国主義的矛盾展開の客観的結果から見ると、当初予想されていた列強間における直接の「植民地再分割闘争」の側面は、第1次大戦を転機として大きく歪曲されていくことになったのである。

　これらの崩壊過程の基礎にあったこの東方のナショナリズムは、19世紀西欧における国民国家の形成過程、その一般化を基にして、その影響が対外的に拡大した結果として生じたものなのである。しかし、いまや西欧の「国民国家」は必然的に発展して近代帝国主義と化し、この東方ナショナリズムと直接に接触していく方向をとったのである。その歴史的展開をみると、民族的抵抗を弾圧して支配を拡大していくことを中心とした19世紀的支配方式から、これらの高まり行くナショナリズムをいかに利用して勢力圏を拡大していこうとするかという方式をしだいに取り入れていくようになってくるのである。

2　戦間期植民地問題の二分化

　第1次大戦後の世界政治においても，たしかに「持てる者（Haves）」と「持たざる者（Havenots）」という列強間で「領土の再分割闘争」が問題化してきたのであった。しかしこの両大戦間での「植民地問題」にあっては，それまでは，タテの支配従属関係が，ヨコの列強間の相互関係のなかでそれぞれの支配領域のなかに含めて取り扱われてきていたのに対していまや，タテ，ヨコそれぞれに別個の問題として世界政治上に展開しはじめてくることになったのである。

　すでにレーニンも帝國主義論執筆以前から東方の後進諸国の民族運動の革命的展開に注目していたのであったが，(3) 第1次大戦期には，世界史上最初の「社会主義国」が誕生し，「民族自決権」の公認を主張してこれらナショナリズムの流れを引きつける動きに出たことなど，当時の世界政治経済は，その基底から噴出してくる革命的ナショナリズムに突き動かされていったのであった。そしてこのような世界的政治情勢の急展開を受けたアメリカ大統領，ウィルソンの14か条により，戦後国際秩序においては，早熟的にではあったが，すべての民族の「民族自決権」が国際的に「公認」の原則とされたのである。こうして列強間での直接的な領土問題を別とすれば，戦勝国でも列強による植民地領土再分割を公然と主張するのは難しくなってきていたのであって，戦後体制の中では，国連の「委任統治」といういわば隠蔽されたかたちでの領土の「再分割」だけがようやく実現可能な形態として主張できたものであった。

　しかしそのはっきりとした違いがもっとも鮮明に出てきたのは，1930年代の大不況下，急速に険悪化していく国際関係のなかで展開された「植民地問題」においてであった。当時の世界政治上にナチスが要求し，日本がアジア大陸に侵攻を開始してきたのは，主観的にはたしかに「植民地再分割」の要求であった。とくに，ナチスドイツのあからさまな植民地再分割の要求が植民地帝国イギリスに対して出されてきたのであった。しかし，ここで注目する必要があるのは，ドイツの要求とそれに対するイギリスの反論との間には

明らかな食違いがみられことである。ドイツにとっての「植民地問題」とは，主観的にはたしかに新たな「植民地」再分割を要求したものではあったが，しかしそこで必要とされているものは，イギリスが19世紀的世界市場で農工の国際分業として編成してきたモノカルチュア経済からなる「遠隔の植民地」領域を単に再分割によってみずからがその所有者に取って代わるという要求なのではなかったのである。それは客観的にみえると，当時ドイツが陥っていた困難は，国際的なブロック化への傾向が進行するなかで，石油を始めとした原燃料獲得の問題であり，また国際為替の問題などにあったのであって，それらの問題は客観的には，第1次大戦以来の統制経済が必然的にその外部に「広域経済」圏の拡大を要求するという以外にないというものであった。つまり困難に直面しているドイツの独占資本主義がその蓄積領域を隣接した外部地域へと展開する必要の問題なのであった。このドイツの主張は，新たに独占的蓄積様式を展開していく先進国の帝国主義的要求の問題であるのに対して，それに対するイギリス側の反論は，19世紀以来の「植民地問題」の性格はすでに20世紀にはいってからかなり変化してきてしまっているのであって，「支配する者」と「支配される者」とのいわばタテの関係こそがドイツの主張するヨコの関係よりも先決問題であると反論したのである。このような両者のやりとりの内容は，まったくすれ違ったものであって，同一の次元での対応とはいえなかったのである。(4)当時のナチスや日本の統制経済を基盤とする「広域経済」拡大の要求は，第1次大戦の戦時経済に発するものであって，すでに19世紀以来，英仏が所有してきた広大な範囲にわたる遠隔の「植民地」領域——産業資本的蓄積様式の必要に対応して主にモノカルチュア農業経済構造をもった——の獲得をめざして，自らも同様の植民地帝国になろうということなのではなくなっているのである。その後，20世紀が進行していくにつれて次第に明確化してきたことからすると，農業地域たると工業地域たるとを問わず自らに隣接する直接の周辺諸地域を独占的な「経済的支配領域」，つまり「勢力範囲」として囲い込んで支配せんとすることをめざしたものであって，周辺地域に対する国家的な「統合」の追求であ

ったものとみることができるのである。この点では，同じく，日本の対朝鮮植民地政策の方が明確であって，1920年代までの統治初期における米作など農業的な植民地支配を中心としたものから，1930年代において急速に植民地工業化に重心を移していったことと，その延長上に中国大陸東北部の工業化と更なる大陸内部を包摂せんとしていった「大東亜共栄圏」への指向性が，はっきりとこのことを示している。

しかしその際注意すべきは，この拡大を性急な直接の暴力的支配によって展開せんとする，いわば「初期性」をもったものである点である。したがってその結果として，この「植民地問題」でのドイツの積極的な「植民地再分割」の主張は，客観的には，第二次大戦の途中からの展開の中で，最強大国によってその要求を潰されてしまったばかりか，逆に，ドイツ本国自体の東西への分割占領という，はるかに過酷な新しい問題へと展開させられてしまったのである。

しかしここでこの問題をとりあげたのは，客観的には，20世紀特有の独占的「経済（的支配）領域」の拡大要求をもって19世紀型植民地帝国に対抗したという，要求内容の食い違いの意味するものに注目する必要があったからである。20世紀初頭の「植民地問題」においては，そこでの帝国主義のタテ，ヨコの関係が区別されていなかったのであったが，一方では，先進国内部から帝国主義を体外的に展開させる要因の向く先が，この時点ではすでに，旧来の「植民地」（つまり農業的従属国）へ向かうよりも，直接の隣接した諸地域を経済的領域として包摂，拡大していく方向をとったものへと，独占特有の展開となってきていることに注意する必要がある。それに対して他方のイギリスでは，旧来の植民地問題のタテの関係，つまり本国，植民地関係の内部が変化していくという問題が世界政治上にしだいに浮上してきていることに直面してきているのであった。つまりここでは（宇野が言うようにイギリス，ナチスドイツのどちらにあっても自己，相手の立場，主張を正確に把握されてはいないのであるが）イギリス，フランスなどの19世紀的近代植民地帝国主義に対して（単なる植民地再分割闘争の面よりも），20世紀特有の

独占的「経済（的支配）領域」の拡大要求をもって対抗したという，客観的要求内容の食い違いの意味するものに注目する必要がある。

イギリスの「植民地問題」　このように積極的で性急なドイツの要求に対して，イギリス，フランスなどの19世紀的近代植民地帝国主義にとっては，この30年代の「植民地問題」が意味するものは，まったく異なったものであった。このドイツの主張に対するイギリス側の反論は，植民地問題が，「持てるもの」と「持たざるもの」との間の純粋な領域問題などというよりも，はるかに多様で複雑な歴史的発展過程を経てきていることによって，とりわけ20世紀にはいってからは「支配する (Governing) 側」と「支配される (Governed) 側」とのタテの関係が歴史的にかなり変化してきているのであって，それがいまや「植民地問題」の重要な側面になってきていることを指摘する。そして，開発，投資，自治などの諸問題を首尾良く解決して世界的な自由貿易を齎(もたら)すことこそがこの問題の「解決」のために必要なことであるというのである。(6)つまりこれらの「諸問題」に直面しつつある自らの植民地領域を20世紀の激流から防衛しつつも，その発展を図ることの必要で対応したのである。しかし実は，ドイツの積極的な要求に対して，一見非現実的で消極的に見えるこのイギリスの主張のなかにこそ，「植民地問題」における多様な諸側面の歴史的に変動してきている関連のなかでも，とりわけ当時急速にクローズアップされてきていた中心的内容があったのである。

しかも，この植民地経済を「開発」，発展させることが必要であるというこの点については，すでに19世紀末以後も，ポンドを中心とした自由貿易体制を維持せんとする主流に対抗して，帝国防衛のための関税改革を主張する一貫した流れを形成してきていたチエンバレン以来のイギリス colonial development 政策への志向があったのである。(7)そこでは，何とかして20世紀の世界経済に対応できるものへと植民地農業の「生産力」を高めようとする植民地帝國主義者の努力が積み重ねられてきていたのである。

しかしもともと19世紀の世界市場にモノカルチュア経済が拡大されていったのは，南の地域的特質による「トロピカル産業」と言われるものが主要な

部分を占めていることから分かるように,これら地域の自然生産性の側面を求めて拡大していったものが多く,近代社会特有の社会的な労働生産性の側面を求めていったものとは言えないものであろう。したがってまた第2次大戦後にいたるまで追及されてきたこの「植民地開発」の努力は,結果からみると,その本来的発展のための「国民的基盤」をもっていなかったという限りで,その十分な成功が保障される基盤がなかったものという以外に無いのである。つまりここでの問題意識からすれば,「北」の必要とする開発政策がなんらかの「近代的」政策としての意義をもつためには,「南」からの「国民的」主体なしにそれが現実の歴史的存在となることはきわめて困難なものであったことを示しているものであろう。かくして植民地独立後は,国民的基盤の上に「経済開発計画」が進行する形をとることになった以上,colonial development 政策はこれを外部から支援するために国際的に新編成された development assistance 政策の一環に組みこまれて,そのまま「継続」していくこととなったのである。

両大戦間における植民地経済と民族解放運動　しかもこの植民地開発の必要とともに,植民地統治形態を「現地情勢」の変化に伴いそれに対応していかざるをえなくさせられていく「自治」の要求が次第に強くなってきていることである。そこには,19世紀以来,近代帝国主義による収奪,再分割の単なる対象とされてきつつも,この帝国主義間対立の底辺で,それなりの旧社会の変容とそれに対応している市場経済化の「発展」を基盤として,帝国主義的矛盾のしわ寄せに対して反発し急拡大してくる植民地民族解放運動を巡る問題があったのである。

この両大戦間期に植民地民族解放運動がほぼ植民地体制全体に急拡大するにいたったことの客観的基盤は,第1に,まず「世界農業問題」の悪化のもとでの旧体制の弱体化を根底にしたものである。

両大戦間における植民地収奪の強化は,「世界農業問題」の一環をなすものであって,主にモノカルチャ経済構造の先端を担う文字どおりの前期的収奪として,農民その他の生産者の上にふりかかった。20年代のそれは,第1

次大戦で急成長したアメリカをはじめ移住植民地から発展した後進資本主義国の大農経営の発展と西欧農業の疲弊とを基礎に，戦後恐慌を契機として顕在化した「慢性的世界農業危機」の重圧によるものであり，30年代には，それは一般的な世界恐慌のもとで，極度に悪化していく農業恐慌の直接の重圧が加わったことによるものであった。とりわけ植民地的従属体制下における窮乏は著しいものであって，農民層の決定的零落を招いたのであった。このような農民層をはじめとした農村社会の窮乏激化は，さまざまな「旧体制反対闘争」を自然発生的に引き起こすことになったのである。これを民族運動の側面からみれば，この闘争する農民の覚醒を中心としたこの運動の中から，民族的解放と民族国家を創設せんとする意識が自然発生的に生じてくるものなのである。しかしこのことによって目指される社会体制がいかなるものであるかは，まだ多様な要素を含んでいて，少くとも近代資本主義体制をはっきりと目指すことを明確に意識しているものとは言えないのである。

　しかも他方では第2に，この旧体制の崩壊過程に引き続いてすでに19世紀以来，地域的に不均等にではあるが「ブルジョア的発展」が進行してきていたのであった。従来，従属的なモノカルチュア的農業構造の形成は近代的な産業構造への地域内的な発展を不可能とさせ，従属的で停滞的な社会へと転落させてしまうものであるという側面が大きく問題化されて，その側面だけを一面的，固定的に評価することが定式化されてきていたように思われる。それはたしかに，当該地域での地域内的な市場関係を主とするものとしてではなく，世界市場に直結したいわば「従属的な」市場関係を支配的なものとして形成，推進されてきているものである。しかし世界的な国際分業の一環として形成されてきた資本主義下のモノカルチュア経済は，たとえ従属的ではあっても市場経済なのであるし，しかも西欧発の資本蓄積構造の一環を構成するものである以上は，たとえ直接的かつ急速ではないにしても，西欧発の「近代」的影響力によって，客観的，主体的に，近代的能力が浸透させられるのを避けることができないものである。それは市場経済のもつ普遍性，世界性によるものだからである。近代的な運輸手段や港湾，道路，鉄道，通

信などの客観的流通手段の浸透とそれらを操作する必要などは，たとえ奥地への通商が現地での古くからの商人や高利貸し，地主などに依存するものであったにしても，多様な分野で現地人が必要とされ，不断に接触を繰り返すうちに，言語，計算，経営などの近代的（西欧的）能力が一定の地域的な変形を伴いつつもしだいに浸透し慣習化していくことを避けることは出来ないものである。こうして第3に，この市場経済化のうえに，近代社会特有の中間的諸階級が漸次的に，しかし不可避的に成長してくることも当然のことなのである。たとえ鉄砲の操作をするだけの雇兵であっても，植民地行政の下級官僚としてではあっても，植民地の近代的経営にとっては必要なものだからである。徐々に発展してきていた民族資本家層や，植民地支配機構に伴って「近代的」教育を受けて成長してきた各種のインテリや中間層は，その西欧的影響のもとでいわば自然発生的にナショナルな意識をもつにいたるものであって，かれらが指導する，「反帝国主義」のイデオロギーとその運動は，旧体制の崩壊過程で生じてきていた，上述の自然発生的な「反封建闘争」としだいに関連を深めていくのである。

　さらに第4に，19世紀後半には，後進諸列強の世界市場への進出にも促進されその後を追うように，主要な植民地，従属地域内において近代的工場経営者の登場が見られるようになってくるのである。すでにみたように19世紀前半の過程ではイギリス工業製品の販売を担当する商業資本の圧倒的な優位によって幼弱な工業化の芽を摘み取られてきていたラテンアメリカ諸国においてさえも，19世紀末には地場市場向けの近代的紡績工場が登場してくるのである。こうして，帝国主義国の植民地的従属地域に対する過酷な工業抑圧政策にも拘わらず，すでに19世紀後半からは，その主な途上地域内での民族的工業化が少しずつ開始されるまでになってきていたのである。もちろん宗主国にとっては，このような植民地工業化が自国の産業資本的蓄積の利害と矛盾するものとして工業抑制政策を展開してくるのであって，この対立しあった矛盾は当然，多様な民族的イデオロギーを伴って政治問題化してくるのは当然のことであった。こうして19世紀後半にはじまり20世紀前半には世界

的に拡大していった植民地的従属地域の「民族解放運動」発展の重要な基盤のひとつには，これらの新興諸階級による国民的自立経済へと発展（＝転換，組替え）せんとする「国民経済開発」の要求があるのであって，この運動はそのイデオロギー的表現をも内包しているものと見ることができるのである。そのイデオロギーにあっては，従属を強制してくる西欧帝国主義自体が工業化と「国民経済」の確立，発展を基礎としているものと認識される以上は，それへ対抗するためにも，その代案が見出されない以上は，それと同一の基盤たる「工業化」，つまり本来的蓄積のための社会的機構を国民的規模で構築して対抗することが必要であると意識されるものであるのは当然のことだからである。

　こうして19世紀末以来の帝国主義国間の対立を利用しつつ，徐々に発展してきていた民族資本家層や，植民地支配機構に伴なって「近代的」教育を受けて成長してきた各種のインテリや中間層は，その西欧的な影響のもとでいわば自然発生的にナショナルな意識をもつにいたるものであって，かれらが指導する「反帝国主義」のイデオロギーとその運動は，旧体制の崩壊過程で生じてきていた，上述の自然発生的な「反封建闘争」としだいに関連を深めていくのである。この結合を基礎とすることによって，両大戦間を通じて一貫した民族解放運動の広範で急速な発展がもたらされたのである。1919年のインドのサチャグラハ運動と中国の五・四運動，1925年の中国の五・三〇事件，1927年のインドの第2次反英闘争などに続いて，1929年の大恐慌を契機として植民地民族解放運動は急激に拡大していき，アフリカの一部を除いたほぼ全世界にわたる数億の大衆がこの政治活動へと立ち上がったのである。かくしてこの局面において初めて，「農業危機」の激化を基礎とした「反封建闘争」は「反帝民族解放運動」に結合されることが一般化したものであるといえる。しかしここで注意すべきことは，旧社会の崩壊過程から生ずる「半封建闘争」がいわば自然発生的な性格を強くもっているのにたいして，「反帝民族解放闘争」のほうは，うえに見たようにブルジョア的発展を基礎としつつも，イデオロギー的性格が極めて強いものであって，この運動が展

開される世界史的地域的な諸条件の組み合わせによって多様な変種が生じてくるものである。とりわけこの当時の歴史的特徴をなしているのは，世界的な「社会主義」勢力の役割の増大であって，この運動に対する民族資本の広範な参加とからんで，その展開の大きな特質を形づくっていくようになったのであった。

（1） レーニン『帝国主義論』第6章。
（2） 宮崎犀一ほか編『近代国際経済要覧』東京大学出版会，1981年，128ページ参照。
（3） レーニン（1913）「後れたヨーロッパと進んだアジア」『レーニン全集第19巻』など参照。
（4） 宇野弘蔵「原料資源と植民地」宇野弘蔵・藤井洋（降旗節雄編）『現代資本主義の原型』こぶし書房，1997年。この本の編者である降旗氏によれば，この宇野論文は未発表の遺稿であり，「クライシス」第25号（1986年）に，初めてその全文が「ナチス広域経済と植民地問題」の表題で斎藤晴造氏によって掲載されたものであるが，この本への転載にあたり，原草稿第1章での上記表題に変えたものである。降旗氏の解説によれば，ここで宇野の強調点は管理通貨制による経済の国家管理が必然的に広域経済へ進むという点にあった。この論文で宇野は，ドイツとイギリスとの主張点の食い違いから，広域経済自体の問題へと議論を展開しているのである。しかしここで問題とした点は，この両列強の主張の食い違いの意味するものに注目したのである。
（5） 堀和生『朝鮮工業化の史的分析』有斐閣，1995年，参照。
（6） Royal Institute of International Affairs, *The Colonial Problem*, Oxford U. P. 1937.
（7） Havinden, M. & Meredith, D., *Colonialism and Development*, Routledge. 1993; Constantine, S. (1984) *The Making of British Colonial Development Policy*, Frank Cass.

第2編　再編帝国主義と「南北問題」

# 第3章 20世紀中葉における政治的再編
――世界開発の枠と主体の登場――

1 第2次大戦における帝国主義列強の政治的統合への再編成

　20世紀前半における2つの世界大戦として爆発した資本主義世界体制全体の危機をうけたその再編成は，先進国と発展途上国では，その性格においても一定の違いがあり，またその歴史的進行も一定の時間的ずれをともなったものであった。

　まず，先進国体制における再編成の基本的特徴について，南との関係において必要な側面からの概要をみることにする。第1次世界大戦から開始されて遂に第2次世界大戦において決着をみるにいたった世界政治経済秩序の転換は，大きく二重のものであると言うことができるであろう。

　一方では，英，仏の19世紀的近代植民地帝国が独，日という独占的「広域経済」を強圧的に要求する新興の独占資本主義勢力によって経済的にも侵食されていったばかりか，ついに軍事的にも侵攻，打倒されて決定的に弱体化され，自らの帝国を維持することさえ経済的に困難な事態にまで追い込まれたことである。それは大きく見ると，19世紀産業資本主義に本来的な国際的政治経済秩序から，20世紀独占資本主義にいわば「本来的な」世界秩序へと「転換」していく過程での，過渡期において旧体制が破壊されていく側面の過程なのである。

　しかし他方で，20世紀の当初から，とりわけ第1次大戦を契機に，一方ではアメリカ大陸全体にわたって支配的な位置を占めこれを独自の広大な勢力範囲としつつも，きわめて有利に世界的超大国へと進出してきて圧倒的な経済力，軍事力をもつにいたったアメリカが，アメリカ主導の戦後世界秩序の再建構想という条件（Atlantic Charter）つきで，敗色濃厚な英仏などへの「連

合国」として第2次大戦に参戦し逆転圧勝した結果，事実上，全参戦国（ソ連を除く）をその圧倒的支配力の下に置くにいたったことである。このことは，独日という，同じ広大な「独占的経済領域」の拡大を求める本来の独占的列強同盟相互間の対決においてアメリカ単独の圧倒的な勝利という，まさに画期的な転換点であることを意味する。アメリカは，一方では独日に侵食，破壊され弱体化された英仏の19世紀的植民地帝国を，その経済，軍事力を先導としてみずからに包含できるようにするとともに，そこに合体された「連合軍」によって，他方では独，日を打倒，しかも軍事的な占領支配をするまでにいたったのである。

　そこで強調されるべきことは，何よりも第1に，2つの世界大戦での主要な問題とみなされていた，列強間での「力と領域の不均衡」が直接に政治経済的に対決しあった列強間で解消されるという方向でではなく，むしろ，直接対立しあわざるをえなかった英独を主とする列強の独占的蓄積基盤自体が共々に破壊，弱体化されて極めて深刻な事態に直面していったのに対して，反面20世紀最大の世界的勢力となるにいたったアメリカが，それら列強全体をその圧倒的勢力下に包含するという，いわば力と領域との不均衡自体の観点からすればその極限化状態にまで至ったことを意味するものである。この再分割の極限状態，つまりアメリカの圧倒的覇権のもとに全体が包摂されたことによって，そのまま政治的枠組みとしては「世界的統合」体制が成立したことになった。こうしてこの「分割」闘争の極限的な展開の結果として覇権帝国主義の下に成立した世界的な「統合」の枠組みは，19世紀において「資本主義的経済領域」を不断に対外的に拡大していくことをも可能とさせた自由貿易帝国主義に代わって，既に対外的に拡大する余地のなくなっていた20世紀の資本主義的な国家的支配領域が，ナショナルな諸帝国主義によっては分断されない，その全体を覆いうる統一的な「経済領域」の大枠を国家的，人為的に作り出すことが可能となったことを意味するものである。そして先進諸国のナショナルな体制自体もこの枠内に包摂されることによって，その復興，発展が可能となったものである。

第2に，それに伴って，広大な領域をもった英仏の植民地帝国体制は，本国自体が極度に弱体化してしまってその経済自体の維持のためにだけでもアメリカからの緊急の援助が投入されるまでになっていて，民族的な反抗を増大させつつある植民地体制を維持する力能などはとうてい持っていなかったのである。もっとも典型的な展開を遂げたのは，かつて19世紀には地球的な規模を誇った大英帝国自体の弱体化であって，この帝国は本国をも含めて全体が（「解体」ではなく）まるごとアメリカの力能に依存し，遂には多様な仕方で全体として包摂される方向へと向かっていき，アングロアメリカンという複合帝国主義への道が敷かれていくことになったことである。かくして単一アメリカの下に従来のナショナルな主要帝国主義列強全体が相互間での矛盾や対立関係を内包しつつも多様なしかたで大きく包摂されるに到った以上，アメリカ主導の世界政治経済全体の統一的再編（＝統合）の現実的可能性が生じたことを意味する。ここまでの展開の特徴は，もともとの総体としての「植民地問題」のうち，対立しあい，世界全体を「分割」しあってきた先進国相互間のヨコの関係全体の特徴自体が大きく「統合」された形をとる方向に再編されるにいたったことである。しかし，当時，この歴史的な世界「統合」進展の最大の障害は，社会主義世界体制の拡大であった。したがってとりあえずは，この異質物との政治的対立を世界支配をめぐる擬似「分割」とみたてるような政治的イデオロギーと力（――「冷戦」へ）をテコ（つまり外的促進因）として，「先進国」全体を包摂した国家的再編成（軍事，政治的枠組みだけが先行した「統合」であって，全面的な政治経済的な内実に規定された，本来的な「統合」への出発点）が可能となった。

　この第二次大戦における二重の転機は，一方では，世界経済における19世紀的な政治経済的秩序の中心であった植民地帝国主義を最終的に破壊した。この帝国主義は，資本主義本来の世界市場拡大のために，近代西欧社会の長い歴史的過程のなかで，問題が生ずるごとに事態適応的に対応しつつ，いわば自然発生的に形成，発展してきていたものであるが，20世紀が進行するにつれていまや機能不全に陥ってしまったものである。それとともに他方では，

私的独占の蓄積様式，しかも20世紀初頭以来，激動の世界政治経済の歴史的進行のなかで，軍事技術の革新的開発を中心として質的に高度な生産力水準をもつことによってはるかに巨大化した独占的蓄積様式は，それに対応する広大な市場の拡大を可能とする新たな規模での広大な経済領域を必要とするまでにいたっていたのである。それは既に資本主義的経済領域全体の国家的な拡大をその内部に展開する以外になくなっていた以上は，従来のナショナルな諸帝国主義体制ではとうていこの必要に対応できえないものであった。いまやこの事態に最も適合している政治経済的秩序へと，当面，まさに権力的，意図的に組替えることを可能としたものは，アメリカ一国による覇権帝国主義の成立であった。しかもそれは，全世界的規模でもって組替え再編成することが可能となったという点でまさに画期的な意味をもった質的転換点なのであったという事ができよう。

　この組替えの第1の方向は，アメリカ国家権力による世界的な枠組みのもとに，諸列強全体を大きく包摂したところの世界政治経済秩序への意図的な再編成の方向なのである。そのうえにたって，アメリカ的蓄積様式の全世界への「自由な」拡大，制覇を目指していくことになったのである。その主要な支配機構は，第1に，戦時中に形成された連合軍を中心としつつも諸列強全体を新たに再編成し，その中核として世界最強のアメリカ軍隊を世界の戦略的地域に配置したことであり，第2に，アメリカの国内通貨ドルを中心とした世界経済秩序の構築，つまりドルの下に「管理」された「自由主義的」通貨，通商体制の意図的構築（IMF, GATT体制）であった。この組換えの主要な歴史的過程は，第1には，イギリス（植民地帝国）的蓄積構造の改変（＝ドル体制の下へのポンド体制の編入）であり，第2には，ドル援助による（独，仏を中心とした）大陸欧州の集団的復興である。

　ここで注意すべきことは，この再編成された世界的ないし広大な地域を包摂している政治経済秩序は，近代資本主義の国際体制がその前提としてきていた近代の「主権国家体制」，いわゆる「ウエストファリア体制」に対して一定の変質過程が進行したことを意味するにいたったものと見るべきもので

あろう。それは，17世紀以来，神聖ローマ帝国に抗して西欧諸列強がそれぞれの国境で囲まれた支配領域に対する「排他的主権」を認めあうことを国際間の原則としてきたという，世界史上きわめて特異ではあるが近代に特有ないわゆる「主権国家」体制なのであったが，列強間での闘争と連合とが相続いた近代史の様々な国際的な危機を乗り越えて20世紀前半にいたるまで国際間の原則として大勢的には承認されてきていたものであろう。もちろん19世紀のパクスブリタニカのもとでも，列強間関係は実質的に完全な平等関係にあるわけではなかったので，関税や貿易政策，それに通貨においてもイギリスの主導する自由貿易政策や金本位制度に相応じこれに従っていく以外に選択の余地はありえなかったものではあろうが，しかしその際にも政治形式上は，自国の「排他的自主権」によってそれが「選択」されていたものということができるものであろう。これに対して第2次大戦後の世界経済秩序における諸列強の相互関係にあっては，いまやその「国家主権」の中心をなす軍事力をはじめ，関税，通貨など，近代国家「固有」の排他的自主権の重要な部分が共同化，ないしは部分的に規制，ないし従属化されることを当然の前提とした国際体制が世界の中心部分に，しかも一方的意図的に構築されるにいたったことである。

　もちろん2つの世界大戦における先進国内部での危機進行の経験から，すべての国家がその内部における社会経済的矛盾の国家的「解決」によって国民的「統合」を目指すことこそが戦後世界体制を安定させるためにも，何よりも第1に達成されるべき課題となっていたのであった。しかし問題は，30年代危機の手痛い経験から分ってしまったことであるが，この国民的統合のためにそれぞれの国内矛盾の対外的「解決」を各国が排他的，ナショナリスティックに展開できるような世界史的条件はもうとうに無くなっていたのであって，それに取って代わる新たな国際体制が必要とされていたのである。こうしてもともとの歴史的に形成されてきていた諸「国民国家」をその不変の国際的な基礎的単位としつつ，また相互の国際関係には多様な矛盾をかかえつつも，その全体を大きく包摂，管理するための「統合」化された国際的

な国家機構を構築するにいたったものであるといえよう。

　この戦後先進国体制は、以下のような国際的構造から成り立ってきたものということができるであろう。

　(1)　圧倒的な軍事、政治、経済的力能をもったアメリカ一国による世界的「覇権帝国主義」の成立。

　(2)　米、英、仏、ソ、中国など第2次大戦における主要な「連合国」の最終的な優位は一方で維持しつつも、すべての「近代国家」が「平等」に参加する権利をもった「総会」を他方での中心とした世界的国家機関（「国際連合」とその下部諸機関が中心）への国家的「統合」。

　(3)　諸問題ごとの国際的な「公的」機関の叢生。

　(4)　以上の大枠のもとに「管理された自由主義的世界市場」秩序の造成（IMF、世銀＋GATTによる国際的通貨、通商、開発の管理枠の設定）。

　(5)　財政金融資金の国際的撒布（「援助」）による国家的規制の恒常化、一般化。

　(6)　その下での（西欧に始まる）隣接地域内での国家間「統合」の部分的開始とその漸次的拡大。

　こうしてはじめて、一般的に言えば、多様に交錯し対立と混迷に陥ってきていた20世紀の世界政治経済に対して、「統合」された国家的機構による規制を全世界的に展開することが可能になったのである。この国家的枠組みの下に管理されることによってはじめて、歴史上で未曾有の規模をもつ、広大で「自由な経済領域」を作り出すことができたのである。この自由な領域全体の大枠のもとで、GATT、IMF、世界銀行など、通商、通貨、開発など個別分野別ごとに新たに再編成された規制枠のもとで自由主義的な世界市場を発展させていくこととなったのである。そしてこの先進国全体の「統合」された枠組み体制を維持してその下での市場拡大を図っていくことによってのみ、その後の先進国全体を包含する「市場の内包的発展」＝「高度成長」体制が展開されえたのであった。この相互に関連し開放しあうことによって

可能となった均衡的拡大体制のなかではじめて，ナショナルな諸列強はそれぞれの排他的な勢力範囲の拡大によらないそれぞれの「国民的な」市場拡大を展開しえたのであった。またかくして20世紀独占支配下の先進国体制において初めての「社会的安定」を可能とする構造が作り上げられたものであった。たしかにそれを推進した中心にはアメリカの圧倒的な覇権帝国主義があり，その力能はこの統合方向の障害となるあらゆる規制，統制を排除して経済社会を出来るだけフラットに自由化させておくことに向けられたのであるが，このすべての側面で圧倒的力能をもつものにとってはもっとも直接的に有利である（つまり自由，平等形式のもとでの実質的支配として）のは当然のことであった。しかし，この単一の世界的規制の一環に組み込まれている諸列強にとっても，本来対立しあってきていて相互に多くの矛盾を内包してきているのにもかかわらず，その総体としての自由な市場関係を創出することによってそれぞれが自らの体制を復興再生させることができたうえに，さらにそのうえで従来ならば帝国主義的な拡張によってしか出来なかったような市場の拡大と強蓄積とが可能となり，こうしてそれを前提とした社会経済的な安定の達成までもができるようになったのである。

　こうしたまた，一方でアメリカがこの自由で広大な経済領域上での市場経済が大きく進展することを追求することは，同時に客観的には，その発展の内部からその次の局面における新たな帝国主義的な競争相手が登場してくることを避けることができないものなのであった。しかし他方でそこに発展してくる競争相手も戦後先進国間の政治経済関係を，以前のように世界政治の現象面における単純で赤裸々な対立や同盟といった形態をとるのではなく，この統合枠内での新たな複雑な形をとった諸関係を作り出し，またそれらの諸関係も内在的問題の変化につれて多様に変遷させていかざるをえなくなってくる歴史が展開されていくのである。

2　植民地体制の崩壊

　この第2次大戦における先進国体制の転換の裏面において同時に進行した

ものは,「植民地問題」におけるタテの関係の急展開であり,「帝国主義的植民地体制」の圧倒的部分が10数年のうちに崩壊してしまったことである。先進国を中心とした国際的政治経済関係の急激な変動,再編によって生じた先進国支配力の弱化という環境のもとで,1930年代には植民地体制のほぼ全域にまで拡大してしまった植民地民族解放運動は,その政治的支配力の急拡大によって世界的規模での「独立」をもたらすことになった。植民地体制の世界史的崩壊過程は,民族解放運動が既に革命的に進行してきていたアジア諸国で大戦直後にはじまり,しだいに中近東,アラブ世界へと拡大していったのであるが,50年代中葉のスエズ危機を転機として50年代後半から60年代はじめにかけて,残り多数のサハラ以南アフリカ諸国の独立においてほぼ基本的に終了した。

　直接の植民地制度支配下におかれた人口は,1945年には15億人(世界人口総数の55％)であったのが,57年には1億5000万人(同6％)に激減してしまい,以後60年には9000万人(同3％),69年には主にアンゴラ,モザンピーク,ギニアなどの南アフリカのポルトガル領と世界各地の小島に限られた2900万人(同0.8％)へと減少してしまったのであり,いまや資本主義的植民地制度は人類の圧倒的人口にたいする支配的な体制を構成するものではなくなったのである。もちろん植民地体制は,これら植民地制度という完全な政治的従属国ばかりではなく,多様な形態での「国家的従属の過渡的形態」からなる従属国体系全体なのであって,中国革命の展開がその「半植民地」的従属への闘争でもあったように,この植民地体制崩壊の過程は,従来の多様な国家的従属下におかれてきた主要な諸国の従属からの解放をもその重要な構造部分として進行したものである。

　この過程を個々の「途上国」体制の側面よりみた場合には,この植民地的従属,「併合(半併合)」状態からの政治的解放(＝独立)は,地域によって時間的差異が大きいものの,20世紀前半には世界的な規模にまでも広がった植民地的従属への民族的反抗に表現された,長期にわたる政治,経済的自立追求過程において質的な一段階を画したことを意味するものなのである。そ

れは，近代世界の最底辺部にまで拡大していったナショナリズムが，その直接の第1の目的である「民族自決権」＝「国家的分離の自由」という近代の政治的権利を実現したこと，つまり政治的な独立を達成したことである。こうしていまや世界は，その主要な「周辺部」に至るまで独立国家によって構成されることになったことを意味するものである。もちろん

　このような政治上の「民族」的独立の達成という体制転換を必然とした経済内的本質は，一般的には，植民地的従属（＝外部からの国家的支配体制）のもとで暴力的な旧社会の解体と商品経済化が不可避的に進行し，この経済的，階級的矛盾の発展（＝本源的蓄積の一定の進行）を基盤としたものであるから，政治的独立というのはブルジョア革命なのである。独立以後は，これまた本来的には，この独立した「民族」国家の枠内での「国内市場の形成」過程が，国家権力によって意図的，積極的に推進されていくことになるものなのであった。

　第2に，植民地体制の崩壊を引き起こしたさまざまな要因のうちで，その直接の内在的な根本的要因は植民地民族解放闘争の全世界的拡大とその勝利であるということについてである。20世紀前半における植民地民族解放闘争がそれらの全般的勝利にまで至るようになった理由としては，通常，苛烈な帝国主義の収奪によるものと説明されていることが多いのであるが，しかしこの民族解放闘争の急進展による植民地独立がかくも全世界的に一般化した客観的根拠は何かである。苛烈な収奪に対する反抗であるというだけでは根拠薄弱であろう。世界歴史上で苛烈な収奪に対する反抗がなんらの成果もなしに押しつぶされた例は少なくないからである。このことも帝国主義的植民地支配体制がその内部での植民地国内における市場経済の発展と反抗を必然とするという問題を解明することの重要性を指示している。

　第3に，もちろん，すでに第1章でその概略をみたように，植民地的従属から国家的独立を達成するにまでいたった経済的，階級的矛盾の性格，したがってまた，その独立後の国家の階級的性格には，当然のことながら，具体的な地域によって，そしてそれらの地域が資本主義世界市場に包摂されてい

った歴史と諸事情とによって，初めからさまざまな歴史的，構造的な違いがあるのは当然のことであって，後で見るように，このことがその後の地域的展開の差を作り出していく基盤となるものである。

しかしこのように地域的によって多様な社会関係と従属化の歴史とが大きく異なってきているにもかかわらず，20世紀中葉の十数年間に植民地体制の圧倒的部分が解体してしまったというその理由は，以上に見たような各地域別のさまざまな相違からではなく，それら植民地全体に展開してきた諸問題を20世紀における資本主義世界体制全体の一環として取り上げることの必要を，とりわけ第2次大戦期とその後の世界的な再編問題の一環として捉えられねばならないことを意味しているのである。

しかしこの再編成をせざるをえなくなっていく重要な転換を規定したものとして強調されるべきことは，植民地体制のなかでも，とりわけ領域，人口ともに圧倒的位置を占めるアジア地域における独立運動の圧倒的拡大と第2次大戦に直接引き続いた1940年代におけるこのアジアにおける独立過程が，植民地体制崩壊過程において決定的意義をもっていたことである。この点については，すでに見たように，そもそも17世紀まではヨーロッパ勢力の世界市場進出に対して拮抗していたアジア諸勢力が，その後の資本主義本来の世界市場拡大の過程で，その当初からの民族的反抗をねじ伏せられることによって，西欧勢力によって強力に植民地的従属国体制に組み込まれていったものであり，したがってまた西欧による植民地的支配体制のなかでも，インド，中国をはじめとしてその中心的部分を構成してきていたものであった。したがって世界的な植民地民族解放運動全体のうちでももっとも古くから大規模に，しかもしだいに深刻な革命運動として展開されてきていたものであり，20世紀植民地民族問題のなかでもその中心的位置を占めていたものであった。

したがってまた，この自立過程への帝国主義的対応過程の大きな特徴は，まず一方では，大戦直後のベトナム，インドネシア，朝鮮，中国など，このアジアに始まる植民地体制崩壊過程の開始は，戦後再編の主体であるアメリカにとって，帝国主義的秩序再編の予定されていた枠を超えるもの（つまり

危機）であり，何よりも「まず最初は」軍事的に，つまり本来の赤裸々な軍事的帝国主義として対応することから始める以外になかったのであったが，中国，朝鮮，ベトナムへと，その後数十年の抗争によってもそれを阻止することはできなかったのである。従って，いまや「20世紀帝国主義」は「周辺部」におけるかかるナショナリズムの主体的成長とその実体化とを前提とし，これに対応したものとして展開していく以外にないことになったのである。

　これに対して他方，1950年代半ばにはすでに，西欧中心の高度成長が期待を超える独占的蓄積の展開をもたらしてきていたことを背景として，1956年のスエズ危機から1960年の「アフリカの年」という結末にいたるまでの独立過程をして，先進国側がむしろ「初めから」その「独立」過程を実質的に主導する側面が強い移行の性格をもたせることを可能としたものである。もちろんこのアジアと主にアフリカとの違いの根底にあるものは，本来，それぞれの地域の経済社会構造における「共同体」的関係の質的差によるものなのである。しかし，これを分解して再編せんとする市場経済にとっては，「国民的」成熟度の違いとして現象するものを内的基礎とする以外にないものなのであって，それがそれぞれの再編方式の内的違いとなっていくのであろう。しかもこの違いは，20世紀末における途上国再編の地域的「格差拡大」現象の出現に際しても，その本来の重要な基盤となるものである。

　さて他方において第 4 に，植民地体制のこの基本的崩壊が先進国を頂点とした世界経済秩序全体の転換という視点から見たばあいには，19世紀末以来模索されてきていた英仏中心の植民地帝国の開発，再編成への努力が，第 2 次大戦期における本国自体の弱体化によって身動きならなくなってきたばかりか，いまやその下部の植民地自体の急速な解体によって打撃を与えられ，大きく重大な転換をせざるをえなくなっていく事態へと急迫されてきていることを意味するものであろう。そしてその後の世界的再編過程を通じて，ついに20世紀的米英二重の「脱植民地の帝国主義」へと移行せざるをえなくなる転機となったことを意味するものである。

　また何よりもこの過程を支配国の支配体制でうける変化の問題として見る

と，英仏を中心として，この植民地体制に深く依拠した構造の上に成り立っていた，旧植民地帝国における資本蓄積様式およびそれを不可欠な部分として包摂してきていた国民的階級編成にとっては，何らかの重大な転換を迫られることになっていく以外になく，その対応の仕方によっては，深刻な政治的「危機」へと展開する可能性をもつことを意味するものであった。

最後に植民地体制の崩壊は，これを広く人類史的観点からみれば，アフリカで発生したと見られる人類が地球上に拡大，展開してきた世界史的な過程全体にわたって展開されてきた植民活動（いずれも「移住」と「征服」との両極端を持つ）全体が，画期的な転換点に達したという重要な意義をもつものであろう。[6]資本主義体制にとっても，この植民地制度は決定的意義をもつものであった。資本主義世界市場のそもそもの形成とその拡大とは，この対外的な領土（植民地）的支配の形成，拡大に大きく支えられて始めて十分な展開をとげることができたのであった。しかし20世紀の資本主義世界体制にとっては，19世紀の境目での「列強による領土的分割の完了」によって，既に全体としては，領土的支配（＝植民地）を外延的に拡大する余地が無くなっていたばかりか，二つの世界大戦の危機的時代を媒介とした植民地制度の崩壊を転機として，いまや対外的な領土（植民地）的支配自体をも基本的には喪失してしまった体制へと展開してしまったものであった。こうして資本主義は，その市場拡大を，（近代的な領有者の存在しない）外部領域，領土への拡大という，いわば自然発生的な方向へ依存することはできずに，その内部領域に展開することによる以外になくなってきたことを意味するものである。[7]こうしていまや20世紀世界経済における発展途上地域の理論的意義は，その全領土が列強による一方的に従属されていく，支配の対象領域であるということを支配的，規定的なものとされてきた事態は転換され，それに代わって，途上諸国国内の内在的発展を基礎とする側面，民族解放運動の延長線上での「民族」経済の発展を基盤として進行する側面が規定的な意義をもつものとして登場することとなったのである。

こうしてこの転換点は，20世紀前半まで世界政治経済上に展開されてきた

「植民地問題」の終着点だったのではあるが，しかしここに成立した新興独立諸国の内的発展は，同時に進行していた先進国における独占資本主義体制再編の過程との関連のもとに置かれることによって，新たに「南北問題」が登場してくる出発点ともなったのである。

(1) Held, D., *Democracy and the Global Order*, Policy Press, 1995. 参照。ただし，Heldが「ウエストフェアリアモデル」に対置しているのは，「国連憲章モデル」であって，現実の戦後世界政治秩序全体のなかでのこの国際機関の位置づけを対象としたモデルを問題としているものとはなっていない。

(2) ここに列挙した4項目の相互関連については，戦後国際秩序の基本的性格に関するものであって，戦後の歴史的な展開のなかで変化してきているものと思われるのであるが，特に以上の(2)，(3)，(4)と(1)のアメリカとの関連が，戦後政治経済の展開によって歴史的にどのように変化していくのかが問題とされねばなるまい。

(3) 国家自体は政治的上部構造に属する権力機構ではあるが，従来「経済学」ではそれは前提とした上で，領土，領域，人口，国民など，本来国家機構の物的基盤という「国境を越えることがない」ことを原則とするものを中心として問題を論じてきたことが多いので，どうしても国外を論ずるときには，「国家を超えて」といった側面だけで議論が展開されてきたことが多かったように思われる。しかし上部構造である国家自体の権力機構とその多様な機能の点では本来「国境」内に制限されるものでないばかりか，むしろその対外的関係を重要な基盤としているものである。たとえば今日のEUが論ぜられるときに，従来の国民国家がこの政治経済的統合体と単純に比較されていることが多いことから分るように，この点で従来からの外交，金融をはじめとした多面的な条約，同盟などのうえに，今日膨大な数にのぼってきていて，「統合」機構といわれるまでに展開してきた世界的な国際関係の政治的機構である国際機関とその世界的機能の歴史的性格を，現実の世界政治経済問題の単なる前提としてだけではなく，国家論のなかでどのように位置付けるのかが問題であろう。

(4) 「経済領域（wirtschaftsgebiet）」論は，20世紀初頭の多民族国家オーストリア内での民族問題を取り上げたオットー・バウアーが，資本主義生産の発展にとっては経済領域の広さが重要であることを述べたことに始まったものであるが，しかしバウアーはこれを理論的に明確に概念化してはいない (Otto Bauer, „*Die Nationalita tenfrage und Sozialdemokratie*",

Wine, 1907. なお上条勇「オットー・バウアーの「経済領域」論」北海道大学『経済学研究』第30巻第3号，1980年，参照)。したがってまた，ヒルファーディングは"*Das Finanzkapital*"第22章で，この「経済領域」論を帝国主義的国際経済の分析に応用して，資本輸出とともに「経済領域をめぐる闘争」を論じたのである。レーニンは，このヒルファーディングのこの「経済領域のための闘争」に一定の批判を加えた上で，これを「列強間における世界の分割」の説明に利用している。黒滝は，これらバウアー，ヒルファーディング，レーニン，ブハーリンなどが「経済領域」として意味していたことについて思想史的に厳密な検討を加えている。そしてレーニン，ブハーリンなどの捉えかたの曖昧さを突いて，ヒルファーディングの説く中身によってこの概念についての「暫定的な結論」をだしている。それによると，「経済領域」というのは，「国家領土」や「植民地」などには限定されない，それとは区別された概念であって，一方ではその不可欠の条件としての「保護関税障壁」，他方ではそれを乗り越える「資本輸出」というこの両者との本質的関連において捉えられるものであるとしている（黒滝政昭「「経済領域」とは何か」『経済と経営』第32巻第4号，2002年3月)。ここでは基本的にこの黒滝の把握によることにするが，ただここで黒滝が「経済領域」概念に不可欠のものとしている「保護関税障壁」については，第1次大戦後の歴史的な展開をふまえて，直接的な貿易統制による制限や為替規制なども含めてもっと広く，何らかの障壁や制限によってその外部とは区別され囲い込まれたものと拡張的に解釈して，このように枠組みされたその内部では市場関係が自由に展開しうる「領域」として拡張解釈しておくことにしたい。この「経済領域」概念は，独占体とか列強などという主体の支配が不可欠である「勢力範囲」とは区別して捉える必要がある。「経済領域」概念は，広範で自由な市場関係の範囲というだけのことで，独占概念が欠如しているものとして，レーニンに批判されたことから判るように，その内部での支配主体が明示されているものではない。その点で，20世紀の世界経済，とりわけ第2次大戦後での再編体制とその後の発展の特質，とりわけIMF，GATT体制とアメリカ単独の世界支配体制との相違とその関連を歴史的に追求するためにはこの区別から始めることが大切であろう。

(5) Louis, R. and Robinson, R., The Imperialism of Decolonization, *The Journal of Imperial and Commonwealth History*, vol. 22, No. 3, 1994.
(6) 木下悦二『現代世界経済論』新評論，1978年，参照。
(7) 資本主義的領域の（非資本主義的領域への）拡大と資本主義的世界市場の拡大との関係を硬直的に捉えたことが，かつての危機論の底流になっていたように思われる。

第4章　世界経済開発と「南北問題」の生成展開

1　先進国統合枠下の高度成長

　南北関係問題が1950年代末，世界政治上に登場するに至った直接的理由は，発展途上諸国自身の経済開発を可能とする国際的な基本的諸条件に関する南北対応の必要が大きくなってきたことを意味するものであったが，その際この途上国開発をめぐる問題が世界政治上の問題として提起されてくる根拠は，当然のことながら，「南」と「北」とでは，はっきりとした違いがあったのである。この点は，南北関係問題が世界史上に登場するにいたった歴史的特質を押えることに関係することなので，まずこの双方において，この問題が，なぜ，どのような背景のもとで，1950年代末に世界政治上の大問題として登場したのかを見てみよう。

　North South Problem が登場してくる世界経済上の客観的前提の一つは，すでに先進国全体を包摂した高度成長体制が順調に進行してきていたことなのであった。ここでは North South Problem にとって必要な限りで，この先進国高度成長体制の特質を要約的にみてみることにしたい。

　すでに見たように，戦後先進国体制の基本的変化は，各列強がそれぞれの領土，領域の支配をめぐる排他的な分割闘争の展開を支配的なものとしてくる以外になかった戦前までの帝国主義体制から，アメリカ一国の圧倒的覇権のもとに他列強全体が重層的に包摂されてきていて，国際的に統合化された大枠の中に再編された帝国主義体制へと転換されるにいたったことであった。意図的な政治経済秩序として構築されてきた当初からこの体制のもとでなによりも必要とされたことは，まずすべての国が戦後復興をなし遂げることを前提にしたうえで，すでにふたつの世界大戦を通じる過程において高度な技

術的水準をもつものとなってきていた独占的蓄積に十分に対応しうる規模をもつ，広大な規模に拡大された市場的基盤を作り出すことであった。領土，領域の外部的拡大に依存していわば自然発生的に展開されてきていた「19世紀的な」世界市場拡大の方式は，諸列強の帝国主義的対立の結果，すでに世紀の転換期における「領土的分割の完了」を境として，しだいに困難に直面していく以外になかったのであった。列強は相互に自己領域を拡大せんとして排他的に対立しあっていくことによって，遂には30年代のブロック化のもとでは世界市場が縮小さえすることとなってついに再び列強間での武力対決へと突入してしまった以上は，どうしても必要とされる市場拡張への圧力は，そこで展開される諸列強の国家的機能のなんらかの組み合わせによって，内部へと向かう以外になかったのであった。こうしてアメリカの圧倒的軍事政治経済力のもとに諸列強関係は抜本的に再編成され，多様な国際機構と国家的連合関係とによって重層的に統合された構造的枠組みを世界的な規模をもって構築し，そのもとに世界的な規模での広大で自由な「経済領域」を創設していくこととなったのである。それを前提として，その枠内で相互に密接に連携しあった国家と資本が一体となって展開する「国家的開発」が強力に推進されていくことになったのである。

　この国家的開発体制は，大きく捉えて見ると，先進国社会経済のほとんどの主要な部分に展開されていくのである。第1に，戦時体制に引き続いて，各国内部での旧来の地域的慣習的な諸制度は大きく解体，「民主化」され，民主主義の名のもとにアメリカ的な社会的習慣，慣行が押し薦められていくこととなったのである。第2に，大量のドルを国際的に投入され続けるとともに，各国別の管理通貨制度のもとで巨大な規模の財政金融政策が展開され，こうした二重の巨大な財政スペンディングによって膨大な資金が先進国経済に投入されていった。第3に，相次ぐ技術革新が官民一体となった社会的運動によって推進されていったものであり，その結果として高度成長の主要な特徴をなす石油化学，電機，電子機器，金属加工，自動車，住宅などいわゆる「重厚長大」の新産業分野の発展，産業構造の高度化を推進するとともに，

他方では，既存生産力の破壊，旧産業分野の破棄などを政策的に推進していったのである。また第4に，これに対応した労働力の育成や教育制度の改変については，いずれの国においても義務教育年限の延長をはじめとして各種技能教育諸制度の拡充が行なわれていったのである。他方では，第5に，耐久消費財の大衆的普及とその使い捨てを推進するなど，需要の人為的創出政策が展開されたのである。こうして先進国体制全体に亘って，大きな価格暴落も無しに高度成長がほぼ四半世紀に亘って継続された結果，ほぼ完全雇用と福祉国家とを実現することができたのであった。この過程について特に注目すべきことは，「高度成長」下では，一方で従来産業での資本蓄積に対する雇用の比率が相対的には低下していく傾向をもつことはさけられなかったにもかかわらず，この過程の基本的特徴が技術革新によって主導される市場の内包的発展を中心としていたものであったことから，他方での新設産業部門の急増が中心となってきていたことにより，全体として雇用者の絶対数は増加したことである。これはこれまでよりも高度な技術体系をつぎつぎと創出させていくことを基盤とした巨大な資本蓄積の構造をつくりあげていったことによるものである。

　さらにまた，この高度成長体制を可能にさせた国際的条件は，①一次産品の長期にわたる安価な供給があったことであり，②貿易とその決済の自由化が進展したことにより，先進国相互間における工業品貿易が飛躍的に拡大して，絶えず生産の拡大を上回っていったことであり，③特に西欧では，外国人労働者を大量導入したことであり，④まず西欧から国際経済統合が開始され，しだいに推進されていったことであり，⑤資本の国際移動，多国籍企業化がとくに先進国間相互の間で急進していったことである。

　さてここで注目すべきことの第1は，IMF，GATT体制という世界的な統合枠と，また欧州統合から漸次的に進行していく各地域的統合という国際的に関連しあって形成され，拡大されてきた広大な経済領域を基盤としてはじめて，その上に各国毎での大規模な国内市場の大規模な内包的発展を展開していくことができたことである。

第2には,「領土的分割の完了」を歴史的前提として進行する以外になかった20世紀世界経済の課題を追求するというわれわれの視角からすると, すでに第1章で列挙したような, 19世紀末以来, 国外市場の必要, 資本輸出の必然性, 国内社会矛盾の「解決」などなどといった, 帝国主義国内の内在的要因から植民地帝国主義を必然化させる諸要因として問題にされてきた点の主要な部分については, 第2次大戦後統合的に再編され, 拡大された広大な経済領域の枠のなかで進行した先進国高度成長体制によって「ほぼ」充足できるように事態が進行したものとみることができることである。つまり戦後世界体制が20世紀前半の危機を乗り越えて再編成されたものであるというときに, この1950, 60年代においては, そのことへの貢献の圧倒的部分はこの先進国体制自体の再編成によっているものであるということができることである。その限りでは, 他方における「植民地体制の崩壊」が植民地帝国主義の危機であるばかりか, そのことによって西欧における「帝国主義」的支配関係そのものの存在自体もが消滅しつつあるものだとするイデオロギーや諸理論[1]が一般化してくることは避けられなかったのである。こうしていまや先進国自体の中に, 古くて忌まわしい「植民地帝国主義」や列強間の「帝国主義的対立」などということとは無関係な「現代資本主義」に転生したものだとする明るい理論的思考が生じ, 一般化してくるのは自然の成り行きであったものであろう。

　さて以上の先進国高度成長過程を「南」との関係についてみると,

　第1に, 先進国の高度成長体制は, 製造業を中心としたいわゆる「重厚長大」産業を中心としたものであったが, その規模の大きさのゆえに, はじめから膨大な低賃金の労働力を必要としたのであったが,(未だ広範な農村を背景として膨大な労働力の予備をもっていた日本を除いて)西欧諸国は, はじめから, 東欧, 南欧や中東からの低賃金労働力を一時的に流入させることによって「解決」する政策をとったのである。

　第2に, この高度成長は, モノカルチュア経済による一次産品生産国の犠牲の上に推進されたものである。ブレトンウッズ体制自体が, 20世紀世界市

場の大問題とされた「シェーレ」と呼ばれる農工の価格差問題への有効な対処策を立てずにスタートしたばかりか，逆にこの安い一次産品による低コストを前提とした高蓄積が志向された。そればかりか，先進国自体が国内農業保護体制を基盤として農産物の世界市場へと進出し，さらに技術革新の進行によって一次産品代替原料を登場させて追い討ちをかけたのであった。

　第3にとくに指摘する必要があるのは，高度成長の重要な原燃料基盤である原油がこの間に大量に供給され，その価格は，全体としてマイルドインフレーションが進行していくなかで低価格に推移し，低下さえもしていることである。このことが，一方では世界的に石炭産業を衰退させ，石油依存の燃料革命を推し進めたばかりか，石油化学をはじめとした多様な副産物の工程，部門と製品とを作り出してきて，先進国高度成長をして，一面において文字どおり石油依存体質のものへと大きく展開させることになったのである。

2　発展途上国の経済開発計画

　1950年代後半を画期とする南北問題への転回を規定する第一義的な要因は，独立した発展途上諸国つまり「南」自体がようやく「経済開発計画」を開始，推進しはじめたことに伴う問題である。当時は，旧植民地諸国の主要部分が第2次大戦の終了に引き続いてつぎつぎに政治的独立を達成してきたばかりの時点であって，主な途上国においては，大戦中からの世界農産物市場の好展開を背景として，荒廃し疲弊した経済の立て直しと経済「自立」化のための開発計画を本格的に推進しはじめた時期であった。

　この戦後独立に引き続いた世界的な途上国開発計画の進行をその当初からリードしていくことになったのは，すでに戦前からその工業化を展開してきていたアルゼンチン，ブラジル，メキシコを中心としたラテンアメリカ途上国であった。しかしそれは，既に第1章で見たように，典型的な一次産品輸出依存の工業化であって，とりわけ1930年代以来のような一次産品価格暴落，工業製品輸入の困難という特殊な状況下での防衛的な国内工業の拡大を基盤として発展してきたものなのである。しかもその展開のうえに第2次世界大

戦中から戦後の世界的な復興期などでのきわめて有利な国際経済条件のもとで、この世界経済に対して地域的に孤立的な傾向を内包したままでの工業化でも、きわめて順調に推移していったのであった。戦後途上国開発に一般化していった「輸入代替工業化」戦略の形成は、この本来防衛的な工業化戦略であったものを「帝国主義国に依存しない」＝自律した経済構造を作り出すという積極的な意味のものと位置づけ直すことによって新たに展開することとなったものである。このような条件のもとで、その広大な領域、人口で「国民経済」を創設するために取られた政策が「国内市場」の発展を中心としたものになるのは当然のことではあったが、その進行を計画的に推進するためには、どうしても強力な国家主義的権威主義的体制となる傾向があって、農村では生活できずに都市に集中した大衆を基盤としたポピュリスト政権がこの地域特有の先鋭で大衆扇動的なナショナリズムに乗って野心的に計画された、工業化先導の開発政策を策定するという傾向をもっていたのである。[2]

しかしこの先行したラテンアメリカ諸国以外の、第2次大戦後独立したばかりの途上諸国の開発計画にあってもほぼこの先例に倣って反帝自立的な国民経済の創設を目指した開発計画が策定されていったのである。しかしその現実の進展は、初めから多くの困難を伴うものであって、深刻な内部的経済情勢の悪化とそれに照応した政情不安を引き起こさざるをえなかったのである。

第1に、1940年代から50年代初頭にいたる期間は、1930年代世界大不況と世界大戦によって世界各地が荒廃に晒されていたことを受けて、西欧をはじめ、アジアなどにおける農業生産の衰退を招いたばかりか、東欧の社会主義化なども加わって、世界的な農産物生産の不振を背景として、後進諸国の食糧増産と農作物輸出が発展した時期でもあった。すなわち、インド、パキスタン、ビルマ、フィリピン、マラヤ、ガーナ、ナイジェリア、それにブラジル、アルゼンチンなどの諸国においても、50年代前半につくられた経済開発計画は、主に灌漑と農業関連の総合開発に力点が置かれており、一方では食糧自給をめざし、他方では世界的な一次産品需要の増大と高価格に対応した

モノカルチュア産品の増産をはかり，その輸出によって右の開発資金の調達が図られたのであった。こうして後進諸国の一次産品生産は1950年代なかばまで増大しつづけ，またその対先進国輸出額は1950年から56年までに38%も増大した。このため，多くの後進諸国はその独立後においても，植民地支配の遺産であるとされたモノカルチャア栽培を自主的に現状維持するかあるいはさらに発展させることになったのである。

しかし他方の先進国高度成長過程は，原燃料をはじめとした一次産品価格の長期，低廉な供給を初めから一貫してその基盤としていたのであった。それは第1に，戦後世界貿易秩序が世界市場における一次産品価格の安定機構を欠いたまま編成されたことを基盤とすることによるものであった。それとともに第2の要因として，先進国では，その戦後体制構築維持のために不可欠なものとして，新たな国内農産物自給化と基礎食料，動物油脂，果物，野菜などの温帯作物を中心として手厚い国内農業保護政策がとられ，これと平行して関税賦課，輸入数量限定，各種賦課金など外国輸入農産物に対する阻止的対策がとられたのであった。それだけではない。さらにアメリカが54年以来「農産物貿易振興援助法」（PL480）によって展開しつつあった余剰農産物輸出の強烈なドライブやEECの共通農産物輸出促進策などにみられるように，先進工業国が逆に世界農産物市場へと進出するにいたったのである。これに加えて第3に，1950年代後半を画期として先進諸国の先進諸国の重・化学工業と高度蓄積が進展し，石油科学・高分子化学などの合成化学に人造ゴム，人造繊維やプラスチックなどが出現したことは，従来後進諸国のモノカルチュア産品であったいくつかの重要な工業原料の代替化を促進したのである。このような先進国農業の保護発展と一部代替原料の出現により，熱帯農産物を主とした後進諸国の一次産品供給は過剰となり，その貿易は以後停滞せざるをえなかった。これにともない，その国際市場価格も54，55年を画期として低下しはじめ，食料価格は1951年から62年までの期間に20%の低下，工業粗原料（石油を除く）価格もピーク時の1951年から64年までに39%も低落した。また，石油を除く一次産品輸出額の年増加率は，1955年から70年ま

でのあいだに，先進国は6.3%であったのに対して，後進国は3.1%にとどまった。これらの結果，この期間の世界全体の一次産品輸出額に占める後進国のシェアは41.1%から31.1%へ減少している。とりわけ中南米のコーヒー，羊毛，小麦，砂糖とアジアの綿花，ゴムなどのシェアの低下がいちじるしい。

　かくして1950年代後半に入ったころからは，先進国高度成長体制の均衡的拡大過程に圧倒的に規定されてくる世界市場の変化により，後進諸国のほとんどの一次産品は極度の輸出不振に陥るにいたった。しかも，この世界市場の「一次産品問題」に直面した途上諸国の開発計画は，1950年代前半の経済復興と農業開発を中心としたものから，50年代後半には，のちに「輸入代替工業化」と呼ばれるようになった野心的な工業化を中心とした方式をしだいに一般化していくことになったのである。もちろんこの開発方式は，たしかに抽象的，観念的には，植民地的モノカルチュア経済を抜本的に転換して，すでに19世紀以来，後発で先進工業国化を成し遂げた諸国が歴史的に歩んできた道の短期的な促成をねらったもので，重工業を中心として自立的「国民経済」の物的基盤をつくりだすという壮大でスケールの大きな視野に立つ野心的なイデオロギーによって計画されたものなのである。しかしそれらは現実の困難な経済情勢を背景とした新興国国家権力者が，野心的な反帝国主義的なナショナリズムを刺激して何とかして国民的統合を前進させようとするかなり荒削りなイデオロギーが先導したものが多かったのである。そこでの開発の姿勢は，すべての歴史的に先行した「国民経済」形成過程と同じく国家的，イデオロギー的側面を強く持っているものではあったが，しかし20世紀後半の再編された先進国体制が大きく規制しはじめた世界市場のなかでどのような政策によって開発を推進していけるのかという具体的な対応策を十分に検討したうえに作られていたものとはいえないばかりか，ましてや少なくとも短期的な競争上の比較優位部門をどう作り出して外貨を獲得せんとするかなどということを狙ったものなどでは初めからなかったのであった。

　それは現実的には，工業製品の一方的輸入を減らすため代替工業の開発推進と，労働集約的工業の発展による雇用増大と，できれば輸出増加をも目ざ

したいとするものであった。しかし，一次産品の輸出停滞のうえに展開された工業化は，直接的には逆の効果となってはねかえらざるをえない。工業化のための機械類や原材料逆輸入の増大がそれにあたる。たとえば，東南アジア諸国の資本財と原材料の輸入が輸入総額に占める割合は，1952年の55％から61年までに74％へと増加しているし，工業化政策をもっとも積極的に推進した中南米諸国では，1950年代末には資本財，半製品，原材料の輸入は約70％に達している。しかも一次産品とは逆に，機械類の輸入価格は1951年から64年までに33％も上昇しているので，この間に後進国の対先進国貿易の交易条件は23％も低下した。プレビッシュ（R. Prebisch）によると，この交易条件の悪化により，後進国は1951年から62年までに17億ドルの外貨を喪失したことになるという。その結果，後進諸国の貿易収支は年々悪化していったため，後進国経済開発は累増する赤字によって，重大な困難に直面することとなった。1957，58年の恐慌時には，後進国は一様に外貨危機に直面し，大幅な輸入制限と平価切下げ，および金融引締め対策をとらざるをえなかったが，この反面，生産停滞と物価上昇をもたらし階級対立が激化していったのであった。[3]

これを契機として，以後の経済開発計画の基金は対先進国依存度を増大させつつ遂行される以外になくなっていくのである。各国はきそって外資の導入を増加するが，経済危機や政情不安の下での民間資本の導入増を期待することは無理であるから，当然，まず先進諸国の政府資金に依存し，それを導引として次第に民間資本を導入する方向を探ることとなった。1960年代に入って，大部分の後進国開発計画で投資総額に占める外国援助の割合は4分の1から3分の1以上に達しており，なかでも韓国の第1次5カ年計画のそれは57％，パキスタンの第2次5カ年計画では48％を占めるにいたった。またインドの政府部門支出に占める援助の割合は，1950年代前半の第1次5カ年計画の10％から50年後半の第2次5カ年計画では24％，1960年代前半の第3次計画で29％へと著増してきていた。

かくして高度成長が本格的に進行していく1950年代後半以降，世界市場に

おける「1次産品問題」を背景とした南の工業化,開発の窮状を打開する方向,方策をめぐる問題が,東西対立のさなかの世界政治上に提起されてきたのである。

3 社会主義の援助——南北関係問題の政治的促進因

南北問題の登場を規定した第2の側面は,社会主義世界体制による後進国援助の開始であった。この援助の第1の特徴は1956年のソ連共産党第20回大会のスターリン批判を契機として,旧植民地諸国の政治的独立に対する従来の過少評価を改め,後進国援助を積極的に展開するにいたったことである。それは新興独立諸国が国家資本主義を中心とした国民経済の民族民主的発展により「非資本主義的発展の道」を通って社会主義へいたる可能性が生じてきたという判断によるものであった。この援助の第2の特徴は,エジプト,インド,イラクなどの政治的に積極性を評価できるいくつかの諸国を中心とし,しかもエジプトのアスワン・ハイ・ダムやインドの国有ビライ製鉄所などのように,国有の基幹的部門の建設に重点がおかれ,アメリカの援助政策が国有の社会的間接資本と民間資本に対する投融資にのみ偏している現実に対する鋭い批判を与えたことである。第3に,通常,ソ連の援助は年利2.5%,返済期限は計画完了後12年(中国の援助は,原則として無利子,償還期限20年ないし25年)という長期借款が主で,現在の通貨または生産物や役務による返済を認めるというように条件がきわめて有利である。こうした金利の点でもアメリカの援助政策は変更を呼びなくされた結果,いわゆるソフト・ローンを導き出すことになった。また第4の特徴としてその返済を現地通貨または現地生産物によりおこなえることは,社会主義国からの生産財輸入による後進国の工業化の見返りとして,後進国の一次産品の輸出拡大に通ずることになり,対社会主義圏貿易の拡大をもたらした。この貿易の型自体は先進国の対後進国貿易と同じであり,後進国市場をめぐって東西が競争関係に立つことになるが,アメリカの援助がたとえば見返り資金に対する各種規制のように被援助国に対する支配の手段になるのとまったく対照的なもの

であった。

　社会主義圏からの援助額累計はそれが開始された1954年から71年までの援助約束額が132億ドル，実行額が58億ドルに達している。また，1960年代前半において後進国の工業品輸入総額に占める社会主義国からの輸入の割合は7ないし8％，同じく一次産品輸出総額のうち10％前後が社会主義国向け輸出となっている。とりわけ東南アジアと中南米諸国では両者とも著増している。このように，社会主義国の援助，貿易額は，全体としてみれば，絶対的にも相対的にも，それほど大きいものとはいえないが，その最大の現実的意義は後進諸国に対する従来からのあからさまな帝国主義支配を続けることを変更せざるをえなくさせる重要な「外的要因（環境）」となったことである。先進国による後進国の必要資金と生産財供給および，モノカルチュア産品購入の独占，したがってまたこれらにより，ついには後進国経済を恣意的に規制しうることに対して，重大な経済的障害となってあらわれ，軍事的独占への障害とともに，その独占的支配体制の維持を以前よりはるかに困難とさせるにいたったものだからである。この点，1951年のイランにおけるアングロ・イラニアン石油の国有化が失敗し主に英・米の勢力交代を結果しただけであったのに対して，1956年には，エジプトのスエズ運河国有化の断行に対する英・仏の軍事干渉が，ソ連のアメリカに対する働きかけによって失敗に終わったことは，その間における途上国ナショナリズの歴史的環境が変化してきていたことを反映しているものであるといえよう。すでに見たように，1958年のフランクスによる「南北問題」の提起は，このような国際環境の変化のもとでの大西洋を挟んだ欧米間の「分裂」をいかに乗り越えるかを巡ってのシンポジウムでなされたものであったが，このような歴史的事件の展開のなかに，後進国問題の歴史的進展における社会主義体制の促進的「環境」としての意義を見て取ることができる。こうした歴史的転回は1950年代末の主としてアフリカにおける帝国主義の植民地制度からの決定的後退＝脱植民地化を促進する重要な国際環境となったばかりでなく，後進諸国の民族主義政権による国家資本主義的蓄積の進行をはるかに容易にさせる国際的政治経

済環境が生成したことを意味するものであった。なお，(「援助」だけに限らずに）全体としての南北問題にとっての東西問題の意義については，これまで，この双方が不可分のものであるとして理解されてきている論調が一般的となってきていたので，後に取り上げることにしたい。

4 先進国の開発援助

それに対して第3に，この問題が登場した時代は，先進工業国の高度成長時代であった，正確には，戦後西欧，日本の先進国体制が急速に復興して成長軌道に乗り，ようやく世界市場競争を展開することを可能とするに至った時点に対応していることである。すでにみたように当時の先進国高度成長体制の世界貿易上の大きな特徴は，ほとんどの途上国経済が依存する一次産品貿易を犠牲とした低廉な原燃料の長期にわたる供給を一方の基礎とするとともに，先進国相互間の工業品貿易の圧倒的拡大をその中心とするものであった。「南北問題」が登場した1950年代末の当時，西欧世界は，このすさまじい高度成長を中軸とした拡大均衡の展開を軌道に乗せていて，政治上でも直接の東西対決を一応固定化させたばかりか，58年，通貨の交換性回復とEECの成立を契機に更なる発展の局面に入りつつあった。それは一方では市場統合の更なる内部的深化をとげつつも，他方ではこれまで消極的対応を主としてきた周辺地域をもまきこんだ対外的「協力」の拡大にも向かおうとしていたときであった。

このような対外的展開への可能性と財政資金を投入しうる余力の可能性が生じてきていたことを基礎として，いまや資本主義体制の盟主となるにいたったアメリカは，途上国の反帝独立運動に対する従来の軍事的抑圧を中心としてきた政治姿勢の再検討を迫られつつあったのである。もともと戦後再編された資本主義体制は世界貿易における一次産品輸出保護を中心として途上国を包摂する構想をもっていたのであり，また後進国援助のためのボンベイプランも打ち出されてはいたのである。しかし大戦直後から急展開を遂げた世界政治経済の危機的状況に直面して47年のトルーマンドクトリン以来，ア

メリカによる対途上国政策の重点は，戦後民族解放運動の拡大とその急進化してきた情勢に対応するための軍事支配，軍事援助にその重点を移していたのである。しかし歴史の経過とともに，先述のように途上国開発計画がしだいに苦境に陥ってくるや，これを何とか機能させていくことの必要性もしだいに認識されてきたのであった。そしてこの時点での社会主義体制からの後進諸国の経済困離に対する経済援助開始の衝撃は，この途上国開発計画に対する前向きの対応体制の実現を促進させたのである。こうして新たな規模での「経済援助」体制が整備されていったのである。そのことを通じて「北」は，南の要求を積極的に受け止めて，その経済開発の進行をサポートすることになったのではあるが，しかしまたそのことを通じて，しだいにこの開発体制を自らの必要と関連づけていくことを目指すことにもなったのである。

　こうしてちょうど57，58年恐慌を契機としてドル危機が顕在化したことと，西欧の世界市場への進出の必要に際会したことを契機として，アメリカは，これまでの軍事援助と並んで後進国の経済開発に対する政府資金援助が本格的に展開されるにいたった。すでに57年設立の「開発借款基金」（DLF）によって開始された後進国開発援助は，ケネディ大統領の新政策のもとに援助行政の一元化を計った61年の「国際開発局」（AID）において本格的に展開させることとなったのである。この新援助の方針は，経済開発における「自助努力」の原則を強調し，援助資金の効率的な重点配分の原則とともにインド，パキスタン，メキシコ，ブラジル，アルゼンチンなどの先発発展途上国，すなわち，ロストウの「発展段階論」においていわゆる「離陸期」とみなされる国に集中して投下することであった。またドル防衛の必要もあって，アメリカは従来の贈与分の縮小とその経済開発借款中心への切りかえおよび商品輸出とのリンクの強化を追及する一方，他の先進諸国に対しては後進国援助に対する協力すなわち「肩替わり」を要請したのである。

　このアメリカの肩替わり要請は，他方で世界市場への進出をはかりつつあった西欧，日本がそれぞれに独自的な経済的支配領域を拡大せんとする要求の増大にも照応したものであった。イギリスは主に英連邦内の後進諸国援助を目ざ

して，58年に「英連邦援助借款」を，61年には「海外協力局」(64年に「海外開発省」(ODM) に昇格) を設置し，フランスは，60年に「経済協力中央金庫」(CCCE) を改組して対外援助機構を整備した。西ドイツでは，60年に開発援助各省委員会を，61年には「経済協力省」を設置し，日本は日本輸出入銀行を補完する形で，61年に「海外経済協力基金」を設けた。こうしてほぼ60年代初頭から本格的に各国別の後進地域進出体制を展開していくことになった。

　もちろん，この後進国援助の第1の課題は，後進国の政治的，経済的危機からの立ちなおりとそのブルジョア的経済開発の進展を支えることであった。それには多国間の国際経済協力が必要であったのである。以後，この後進国援助のために先進諸国による国際経済協力の討議・検討は，「経済開発協力機構」(OECD) のなかの「開発援助委員会」(DAC) において推進されている。また，56年設立の「国際金融公社」(IFC) による後進国民間企業と対外民間投資との援助の推進，60年設立の「国際開発協会」(通称「第2世銀」IDA) によるソフトな条件の開発借款の推進もはかられてきた。さらに地域的国際金融機関として，58年には「欧州開発基金」(EDF)，59年に「米州開発銀行」，64年に「アフリカ開発銀行」(AfDB)，66年に「アジア開発銀行」(ADB) などがつぎつぎに設立され，また技術援助のために66年に「国際開発計画」(UNDP) が，67年に「国連工業開発機構」(UNIDO) がつくられた。こうして多国間援助のための国際機構が整備されていったのである。

　以下では，1960年代における先進国援助を概括してみよう[4]。

　DAC加盟国による途上国援助は，50年代前半の年平均35億ドルから50年代後半には倍増して70億ドル台となり，また，停滞ぎみながら，60年代後半にも80ないし90億ドル台に達した。さらに60年代後半には主に民間ベース資金が増加していって，71年には183億ドルに達している。このうちアメリカの援助額は60年代前半まではほぼなかばを占めてきたが，以後しだいにシェアを低め70年代には4割を割っているが，しかし絶対額では依然として他を大きく引き離していることに変わりはない。アメリカについでほぼ12％台を保ってきたフランスと8％前後のイギリスがともに停滞的なのに対して，日

本，西ドイツ，イタリアがしだいにその比重を高めていく。また，この援助資金全体のうちで過半を占めている援助形態は，アメリカとフランスのシェアが大きい政府資金であるが，これも61年の66％から71年の49％へと減少している。これに対して，60年代を通じて，とりわけ68年以降もっとも高い伸び率を示したのは，民間ベース資金のうちでも先進各国による市場拡大競争の手段としての性格がはっきりしている民間輸出信用で，4倍以上に増大（71年で援助総額の15％）し，これについで民間直接投資が2倍強に増大（71年で援助総額の23％）してきている。このような援助内容の変化は，50年代後半からはじまったアメリカ中心の政府資金の安定的供給を基盤としつつも，民間資本の進出が60年代後半（とりわけ68年以降西ドイツ，日本の急追をともなって），拡大してきていることを示している。

　アメリカのばあい，60年代を通じて，年間30億ドル前後の政府資金援助が行われているが，その過半がインド，パキスタン，インドネシア，南ベトナム，韓国を中心にしたアジアに集中し，ついで中南米，そして残りが世界中に撒布されている。この援助は民族運動による政治不安への対応を第一の目的とするものであるが，さらに旧宗主国に代わってアメリカがこれら諸地域を自らの商品輸出市場ならびに，直接投資市場とする手段でもあった。たとえばアメリカの余剰生産物援助のばあい，その売却代金を現地通貨で積み立てた「見返り資金」の用途は，その10％をアメリカ政府出先機関の使用に，25％まではアメリカの民間企業や現地企業への貸付け，残りは現地政府への贈与，借款とするように限定されている。またインドへの政府開発援助のばあいを見ると，その投資先は社会的間接資本と政府金融機関に限られ，それによって育成された現地民間資本とアメリカ民間資本との合併が目的とされているのである。また AID 援助支出額のうちアメリカ国内で物資を調達した割合は61年の44％が65年には92％となっていたのである。

　70年末における DAC 加盟諸国全体の海外直接投資残高の6割以上を占めるアメリカの残高781億ドルのうち約3割が途上国向けであり，さらにその7割が伝統的な中南米投資である。ベネズエラやコロンビアの石油，チリや

ペルーの鉱業，精錬を中心とした伝統的な資源開発投資のほか，対西欧製造業直接投資と歩調を合わせて急増しているメキシコ，ブラジル，アルゼンチン等への製造業投資がその主な内容である。東南アジア向け直接投資は中南米投資の5分の1であるが，インドのほかはフィリピン，南ベトナム，タイ，韓国，台湾など，いずれもベトナム戦争関連国であり軍事的性格が強いものである。中東，アフリカは石油投資が圧倒的であるが，ここでも製造業投資の進出が見られる。このようにアメリカの対途上国直接投資によるいわゆる多国籍企業の展開は，原料資源や石油に対する独占支配をめざす伝統的な投資とともに，低賃金労働力利用と市場開拓をめざした部品生産，組立て工程，原料加工部門などへの新たな進出を主な内容としていた。これらの直接投資の投資収益率は高く，60年代を通じて対途上国投資利益率は対先進国のそれの約2倍となっている。そのうえ，60年代後半の平均では，途上国に対する毎年の直接投資の3倍から4倍の投資利益がアメリカに送金されていたのである。

　フランスのばあい，政府資金はフランス圏諸国を中心にEC連携諸国向けが圧倒的で，しかも技術協力を主体とする贈与が8割以上を占めている。主にアフリカにあるフラン圏諸国はその独立の経緯からわかるようにフランスに対する各種の政治的，財政的依存が依然として強く残存してきているのであるから，そこへの政府援助も，まったく「ひもつき」の形はとっていなくても事実上フランスの商品輸出，資本輸出，原料市場の維持強化の役割を果たしているものである。そのフランスも，しだいに，中南米への技術援助や周辺諸国へのひもつき借款などによるフラン圏外への進出を展開しはじめていくのであった。

　イギリスのばあいには，政府援助はインド，パキスタンおよびケニヤ，ザンビア，ガーナなど英連邦諸国への支出が圧倒的である。とりわけアフリカ諸国への技術援助に力点がおかれていた。しかしこれら英連邦諸国全体においても，アメリカ勢の急進出が目立ってくるのである。

　このように旧植民地との経済関係の再編成を主目的とするイギリス，フラ

ンスに対して，日本と西ドイツとは，とりわけ60年代後半から貿易の拡大をめざして，めざましい進出をとげてきていた。西ドイツは全世界的に政府援助を供与しているが，アフリカがその4分の1を占めている。また輸出信用の増加がいちじるしい。これに対し，日本は援助総額の7割がアジアに，次いで中南米に集中していて，民間の輸出信用のほかに，原料確保のためのいわゆる開発輸入を目的とした直接投資の急増とこれに対応した政府援助を展開している点が特徴的であった。

　以上にみたように，先進国の協力による途上国への「経済援助」のもとで，先進各国の資本が競争しながら展開する途上国経済への進出とこれを基礎とした各国金融資本相互の利害の錯綜した対立と協調との相互関係がしだいに形成されていくことになったのである。

　しかも60年代に増大した援助が一方においては，ドル危機の進行を背景として，贈与よりも借款を増加させ，他方では民間輸出信用を急増させたことから，後進諸国の累積債務はしだいに巨額なものに膨張していき，61年末の210億ドルから70年末には663億ドルと3倍以上になっている。債務返済額も61年末の23億ドルから70年末55億ドルへと増加している。かくして60年代中ごろから実質援助額は名目額の半分となり，67年以降は援助額は増加しながらも途上国への純流入額は減少してきているのである。DAC資料によると，累積債務の39％，返済額の65％は輸出信用に基づくものとなっている。とりわけ中南米諸国，なかでもアルゼンチン，メキシコ，ブラジルやインド，パキスタンなど，工業化のための開発借款が集中的に投下された諸国での債務負担は大きくなっていったのである。

　こうして世界市場に対する主体的，積極的な対応が不十分なままに，外部からの援助への依存のみを強めていく工業化は，その反面として開発の進行に伴うさまざまな現代的な困難を乗り越えていくのに不可欠である内的，主体的営為へのインセンチブを鈍らせていくことになる以外になかったのである。その結果，大きな障害に遭遇するたびに開発の停滞を招いただけでなく，

ついに債務返済繰延べとリファイナンスを求める事態が広がっていき，つまるところ各国別の債権国会議による各種開発計画の規制へと向かっていくのである。途上国の「民族的」開発計画による途上国発展の矛盾を「支援」するものとして始まった先進国の「新植民地主義」的進出が，途上国内の自立的主体が自らの発展を推進するのをサポートするものとしてではなく，膨大な国家資金援助に依存して外部から計画された開発を進行させていく方向へと偏向してくるものであったとすれば，この累積債務をテコとして，国家資本主義的開発計画に対する外部からの間接的な管理，規制が強化されていくことはその必然的帰結といえるであろう。

　こうして後進国援助の展開が先進国の高度成長に端を発した後進国への経済進出の側面を強めてくるものである以上，それに依存する経済発展が，単純に国民的に自立的なものとは言えなくなってくるのである。先進国の高度成長が推進されていくなかで急進行した技術革新はその産業構造を急激に変動させていくことになり，これに対応した新たな国際分業関係へと移行する傾向が，多く矛盾をともないつつも進行していくことになった。かくして開発計画によって推し進められる途上国産業構造はこの変動していく世界市場に対応した再編成の進行によって，その栽培品目の改変までをも「指導」されていくのであったが，しかしそこでの多くの困難は，一次産品問題，後進国工業化政策，後進国援助政策といった世界政治上での政策的対応（＝「南北交渉」）を伴なってくる以外にはなかったものである。

　60年代の途上諸国全体の国民総生産の伸び率は5.5％ときわめて順調であったが，それは，とりわけ後半ほど高くなっている。それはとくにアジア地域における農業生産の発展を基盤としたものであって，この頃からアジアはすでに，アフリカやラテンアメリカ地域との違いを表面化させてきているのである。もっともそのようなアジア農業発展の直接の契機は，主に従来よりも収穫が2倍ないし3倍も多い小麦と米の新種の採用と大量の肥料投与による，いわゆる「緑の革命」が展開されたことによるものが大きかったのである。この部分的な「農業革命」によりこれまでの食糧危機はかなり緩和され，

途上国のなかには食料自給をも達成できたものも多かったのである。たしかにこの緑の革命は主に東，南アジアを中心としたものであり，しかも限られた地方と限られた富裕階級においてのみ可能な技術であって，一般には階層分解を進行させるか，発展の不均等性を強めていくことになったものではあるが，しかしこの食料生産力の上昇は，本源的蓄積過程が内的に進行する際の重要なポイントの1つなのであって，この「農法」の発展がアジア以外では進行しなかった点は，その後の地域格差拡大にとって大きな意義をもってくるものであった。

　貿易についても同様の変化が生じている。60年代は途上国全体の貿易条件も横ばいになり，輸入増加率6.4%，輸出増加率7.2%と好調な数字を記録している。しかし具体的には，60年代に高度成長をとげた先進国の輸入需要の拡大に対応して国内生産構造の改変を進行させることができた特定の途上諸国が輸出の増加と高成長をなしえたものであり，すでにこの時点からそれ以外の諸国との間にいちじるしい不均等を発生させてきているのである。53年から69年にかけての輸出品目構成の変化を見ると，第1に，1次産品にあっては，食料と原料の比重が63%から43%へと大きく減少している。これに対し，石油の比重は21%から33%へと増大した。これはアラブ産油国とアフリカの一部産油国との貿易収支の黒字化をもたらした。第2に，工業化の結果として工業製品への比重が12%から24%へと倍増しているが，この輸出増加の最大の部分は，すでに60年代にその頭角を現わしてきていたアジアNICsの香港，台湾，韓国，シンガポールであり，これに中南米諸国が続いている。この工業製品の半分以上は主に先進国向けの労働集約的軽工業品の輸出である。第3に，いまだ比重は低いがアメリカを主とした先進国向けの電子機械など労働集約的な機械輸出の急増がみられる。しかしなお，大量の援助に支えられて工業化を推進してきたインドをはじめメキシコ，ブラジル，アルゼンチンなどにおける途上国開発計画の中心的部分では，依然として，厳重に保護された広大な国内市場向けの「輸入代替工業化」戦略による生産拡大をめざしていたのではあるが，そこでも，しだいに他の周辺途上諸国向けの重

工業製品輸出が多くなってきている。しかしこのような特定地域を中心として不均等に発展していく途上国経済の展開のなかで，先進国からの「援助」，民間資本輸出がしだいにその活動分野を拡大してきたのであった。

5 独立と現代的従属——「新植民地主義」の意義

さて以上にみた，一方での植民地から独立し自立的工業化を政策的に追及するいわば「自立」の側面と，他方でそれが新たに従属されていく側面とをどのような関連にあるものと評価すべきかがここでの問題である。とくにこのような先進国による途上国への新たな包摂については一般に「新植民地主義」と規定されてきていることが多いのであるが，南北関係問題として大きく捉える立場からみて，この言葉の持つ歴史的な意味について，特にいくつかの点についてコメントをすることにしたい。そのことによって，この問題を現実と理論とに対応した積極的なものとして捉えなおす必要があるからである。

新植民地主義という問題提起は，やはり1950年代後半に，アジア，アフリカの民族運動の中から実践的に提起されてきたものであるが，それは，旧植民地主義と並んで「政治的独立を形式的に承認しながら，これらの諸国を政治的・経済的・社会的・軍事的・技術的手段によって間接巧妙な支配体系」（アジア・アフリカ人民連帯機構第四回理事会）のもとにつなぎとめるものと定義されている。その具体的な形態，方法においては，①政治上は，傀儡政権の樹立，フランス共同体のように「共同体」，「連帯」への編入，軍事同盟，軍事条約，軍事基地，国土の分断など，②軍事上は「特殊戦争」，「局地戦争」など，③経済上は，対外援助，国際金融機関の利用など，④文化的には，技術者派遣，留学生教育，平和部隊，労組幹部の買収などが揚げられている。
(5)

さて，植民地独立が一般化してきたかなで，民族運動の実践家の中から，個々の問題にぶつかった実感として，その「新しい」現実を植民地支配が依然として部分的に「残存」しているか事態適応的に編成しなおしたものとし

て，つまり植民地支配の延長として理解し，「新植民地主義」と規定せんとしたものであろう。その点については，政治的独立直後からの公然，隠然の形をとった不当な支配の継続という現代帝国主義に特徴的な支配のありかたをいち早く告発し，警告を発してきた点を何よりも評価されねばなるまい。もともと帝国主義的植民地支配を「植民地主義」として規定する仕方は，被支配民族の従属，圧迫，搾取などの側面を鋭く批判的に指摘，強調したものなのであったから，このような警告は当然のことであった。

　しかしこのような断片的な捉え方になっているのは，実は，一方では，植民地という完全な「領土」全体に亘る従属が発展途上地域に対する帝国主義的支配の本来的なものであるということを前提にした観点が基本的に残存していて，そのことをいわば理論的基準としてそれとの関連で問題を捉えているからである。しかし他方では現実に植民地から政治的に独立した国家である（べき）こと，を暗黙の前提とした認識が先にあって，そのことからの偏りの現象を把えているのである。つまり今や従来の「帝国主義」が単なる「政策」としてのみ，いわば「部分的に」，ないしは遺制として断片的に「残存」しているものと，部分的にあらたに再編せんとしているものとの，この両側面からなる断片的集合体としてのイメージを強く持ったものとして，「新植民地主義」を把握してくる傾向にある点がまず問題となるのである。

　しかしこのような新植民地主義的諸側面を集合させただけの総体についても，かつての植民地主義がそうであったように，新しい段階における「帝国主義の植民地支配のシステム，または一定の国際関係の総体」として捉えようとする傾向をもっているのである。しかしこのような個々の部分を集合しただけのもので，現実社会の総体に対する理論的規定としてしまうことには多くの問題が残されてしまうのである。それらの問題の根底にあるものは，そもそもの「植民地主義」と「新植民地主義」とがそれぞれ歴史的に成立している社会経済的な物的基盤の質的な相違とそのことを前提としたうえでの関連の捉えかたに関することなのである。共通した側面に注目することによって，その双方の問題の間での質的な相違点がはっきりしないという傾向が

ある，つまり端的に言って「新」の意味がはっきりしていないことである。

さて，たしかに支配従属の形態としてみると，これらの新植民地主義の諸形態による多様な従属といわれるものは，本来金融資本とその国際政策が広範にわたってつくり出してきた「国家的従属の種々の過度形態」が新たな歴史的条件に規定されて多様に展開したものということができる。しかし，これらが新植民地主義といわれるゆえんは，かつての植民地制度にあっては，領土，領域全体にわたる完全な権力的支配の下で当然のこととして遂行されていた政治，軍事，階級，経済，文化などあらゆる側面に対する全面的な支配が，たしかに植民地的従属から政治的に独立した段階ではもはや不可能となり，帝国主義的な進出は，それらのうち，可能なところから個々に政策的に追求するほかなくなった，という事態の変化を反映しているものなのであろう。ここで見られる新植民地主義の諸形態は，このような意味においては，明らかに植民地制度から後退した支配諸「形態」と言いうるものだからである。

しかしこのような個別的，具体的現象に即して，いわば羅列的に捉えられただけでは，植民地体制の崩壊が一般化したという「危機」ないし「転機」に直面し，それを乗り越えてないし「利用」して再編成する方向をさぐる方向を模索することとなった先進国側が，発展途上地域に対する現実的包摂のために，今日特有の「形態」を纏い新たな「実態」を持って展開されてきているところの，その総体の基本的な特質に関する歴史的理論的意義を把握できるものとはなっていないことが問題なのである。

もともと帝国主義支配下の植民地体制にあっては，その植民地とされた領域内部のいわば土着の多様な社会経済諸関係を基礎としつつも，「本国」の国家権力がそれらの全体に対して外部権力的に規制することによって「総括」されているという特殊な編成がなされていたものであろう。この特殊な矛盾を内包して編成されてきた社会が，地域によって多様に異なるその国内，国際の絡み合った矛盾の歴史的発展の必然によって，民族自決権＝「国家的分離の自由」というブルジョア的権利を実現するという，あまりにも明白な

第4章　世界経済開発と「南北問題」の生成展開　　121

形の政治的目標を持った政治的反帝独立運動を引き起さざるをえなかったのであった。その結果，この自決権は実力行使によって獲得され，いまや「民族」の政治的独立が達成されたのである。しかもここでの独立過程は個々の国，地域における事態を超えた，植民地体制崩壊という世界政治経済上の大転換の一環なのであって，その結果としてここに成立した独立国家の形態は世界的に公認せざるをえなくなったものであるという点が強調されねばなるまい。問題はその客観的根拠は何かなのであるが，それは一方では独立してきた従属諸国の内在的要因に，他方では，20世紀中葉の世界政治経済の要因に求められるべきものである。この点は後で触れるとして，ともかくここに成立した国家は，国際原理的には「主権国家」形態をもち，まったくの「排他的主権」をもっているものとみなされるものである。したがってこの独立の第1次的意義は，国家権力によって支配されるべき「領土」「領域」，従ってそのうえに生存している全「人口」に対して国家的に包摂，支配する自主的「権利」の獲得を意味するものなのである。しかしともかく，この「主権」を基本的には獲得したことを前提とする政治は，はじめは単に国境で囲われたというだけの一定の与えられた領域（＝「領域国家」）内で，多様な側面にわたる統一国家の実体化をはじめとした「統合」，「発展」の性格，それがどのような水準からどのような問題を克服することをめぐっての対抗なのかなどなどという諸問題こそがその根底にあるものとして捉えなければなるまい。[6]したがってそこでの初期的な従属性をも「新植民地主義」として評価したとしても，その基準は政治形態上「近代国家」となった，その国家の領土内における政治経済的編成の「未成熟」ないし「欠如」に伴う矛盾との関連を中心としたものとして捉え直さなければなるまい。それは，以前に比し外部からの圧倒的，全面的な政治権力的支配形態をもっているものではないが，そこに形成された「領域国家」内でのいわばその内的矛盾に対応したところの，外部との新たな，再編された関係として捉え直す必要があろう。[7]しかしその場合にあっても基本的には，不安定ながらもその独立するまでに至った国家による国内諸階級再編成が形態的，実態的に進行していく過程と

の関連を基盤として捉えることが必要であろう。植民地経済にあっても，これと同じように，もともとその社会との内在的関連において捉えなければならないものなのである。

その際，このような体制移行過程における分析の際には，形態的にも，実態的にも，いくつかの過渡的な従属の型らしきものを析出できるものであろうが，問題はそれらの型を固定的にではなく，その型を規定する多様な所与の条件の組み合わせが，それぞれの地域によって異なり，また一定期間における問題の発展のうちに漸進的に変化していくものとして捉えねばなるまい。

さて，このように独立するまでに至ったその国内経済の客観的基盤にあるものは，一般的には，すでに資本主義的世界市場に歴史的に巻き込まれることによって漸次的に進行してきている本源的蓄積過程の一定の展開があるものといわねばなるまい。

しかもこの本源的蓄積過程については，資本主義本来の蓄積様式が最初に確立された地域からその結果としての世界市場を外部的にも拡大していく過程で，その外部のいわば「非資本主義的領域」を解体，再編していく過程全体にわたって展開していくものであるとして捉えるところの，いわば世界資本主義論にストレスを置いた見方がある。たしかに大航海時代に始まる資本主義体制の世界的拡大過程は，どこにおいても，そしていつの時代にあっても，まずはじめは，暴力的収奪を主要な手段とした，何らかの植民政策の展開を基盤とした市場の拡大を展開していったものであり，その対象地域が諸般の歴史的事情の「発展」によって政治的に独立したあとであっても，国内にその政治的独立に対応した独自の「近代的」な実態的基盤が確立されていかない限りは，この初期的な事態での「独立を前提とした従属」が事実上進行していくものであると言う事ができるのである。それは世界的に周辺部に拡大されていく「本源的蓄積の過程」が，それぞれの地域ごとに，政治的独立というブルジョア革命を挟んで進行していくことを客観的基盤としているものなのであって，このような一般的次元で捉えるものとしては，資本主義の世界史的発展の全体にわたって展開されていくものであると言わねばなら

ないのである。そしてこのような理論的な次元においては，20世紀中葉における帝国主義的植民地体制の歴史的崩壊も，植民地制度を中心としたものから，政治的独立を挟んで，「過渡的な国家的従属」を中心としたものへと再編成されるにいたったことも，資本主義的世界市場がその拡大過程を展開していく必然的な過程における同一の帝国主義的規定性として捉えることができるものなのである。

しかし他方において，「新植民地主義」なる事態を現代世界経済における特徴的な問題であるという具体的次元での多様な諸問題を捉えるためには，このように植民地からの「独立を前提とした従属」であるという，これまでの資本主義全般に共通する次元におけるよりも，現代に特徴的な歴史的具体的な次元での視角が必要となるのである。それはとりあえず，歴史的に見ても19世紀初頭においてすでに，ナポレオン戦争を期に独立していったブラジルやアルゼンチンなどのラテンアメリカ諸国が，19世紀の歴史のなかですでに，自由貿易帝国主義の一面をなす Informal Empire の一環として，「国家的従属の過渡的諸形態」に置かれるにいたっていたことにその典型を見出すことができるからである。このような「政治的独立」とその後の実態的な「従属」ということを共通にしているということで捉える限りでは，「新植民地主義」もすでに19世紀から存在してきているものと言わねばならなくなるからである。しかしこの一般的側面からだけでは，「新植民地主義」といわざるをえなかった，その歴史的な特質を捉えることはできないのである。それは，植民地体制の崩壊をも含めた第2次大戦期における資本主義体制全体の危機，再編成という歴史的規定を受けて生じてきた，現代特有の形態と実態とをもつにいたっているからである。

いうまでもなく第2次大戦を転機とした資本主義体制の再編成の一環として独立後の途上国体制を捉える視角からすれば，すでに見たように，途上国における政治的独立の達成後に直ちにこれに引き続いて推進されたものは，その独立した国家権力のあらゆる能力を動員した「経済開発計画」を展開することによって，経済的な自立，「国民経済」の確立をめざすことなのであ

った。この開発によって「民族的」経済の発展をめざして自らの国内市場を作り出し，そのことを基礎として新興工業部門を創設していこうとするこの意図的過程は，19世紀末からはじまり，20世紀前半には植民地体制全体に強力に拡大，展開されるに至った「反帝民族解放運動」の必然的帰結なのであった。そしてこの点においてこそ，これまでとはまったく異なった歴史的問題の登場なのであるということをその一方の基盤にあるものとして捉える必要がある。その経済的基盤で進行してきているものは，19世紀前半の世界市場に規定された，独立ラテンアメリカにおける内部からの萌芽的な産業的利害が商業資本的利害によって圧倒的に圧殺されていたのとはまったく異なったものであって，いまや植民地経済下で不可避的に形成されてきた市場経済を基礎として多様な産業的中産層が生成してきているし，またすでに19世紀後半のうちに，主な途上地域において商業資本的圧殺を潜りぬけて綿工業を始めとした「近代的」工業の不可避的な生成も始まって，自らの国内市場の必要を主張してきているのであって，その「正常な」発展を要求するにいたった「民族的」利害，しかもその先端はもっと明確に産業資本的利害の台頭なのだからである。

　しかしまた他方では，戦後先進国体制全体がまさに画期的に大きく「統合」的に再編された国家的規制のもとで，製造業を中心としてこれまでとは比較にならないほどに高度な独占的蓄積様式が展開されてきたのであって，この蓄積様式が必要とする事態からの規定性こそが，ここで「新植民地主義」と言わざるをえなくなっている，その「新」のもう一つの現代的側面なのである。[8]

　しかしさらに，今日の「新植民地主義」と言われているこの「新」の意味のなかには，もともと産業資本的植民地支配形態がまだ圧倒的な部分を占めていた20世紀初頭において「全世界的植民政策という独特の時代」と指摘されていたことが，その後の歴史的な激動の危機，再編によって，いまや植民地形態からも離脱するまでに再編成されたうえでの新たな展開が開始されはじめてきているという歴史的事態を受けているものと言わねばならないであ

ろう。この再編成された先進国の政治経済体制の側からの国家と資本が相互に緊密に関連しあって展開してくる世界政策にとっては，他方においていまや完全に政治形態上の独立を達成したうえで自らの独自のいわば「民族的な」発展を国家的に成し遂げようとしはじめてきている途上諸地域全体をなんらかの仕方で包含していくことはどうしても必要なことなのである。それは，このような展開をとげることによってはじめて，いまや巨大な規模のものとなるに至った独占資本の世界的蓄積様式をまさに地球的規模にまで展開させることが可能となるからなのである。しかしもちろん，途上国開発計画が反帝独立という本質規定を受けた展開として進行してきている限りでは，これを包摂するのは極めて困難なことなのであって，その「民族的発展」のなかに生じてくる諸問題をサポートすることのなかに，しだいにその包摂体制を展開していく以外になくなっているのである。そして以上のような戦後世界経済に特徴的な再編成のありかたを押さえることによってはじめて，今日の世界経済における重要な問題点へと接近できる現実的基点を把握することができるようになるものであろう。したがって何よりもまず，一方ではこれら「独立国」の再編された国内の社会，経済的編成とそのうえでの発展の問題点を基盤とするとともに，他方では，先進国体制における新たな再編成の特質から規定された体制として捉えることが必要なのである。

　植民地支配から新殖民地主義への変化についてはもう一方で，以上の捉え方とは別に，政治的・軍事的支配から，経済的支配へと転じたものであるとする，一見して非常に明快な見解が，とりわけ植民地経済を長らく地道に研究してきている欧米の研究者などに広く見られることである。たしかに今日の独占資本主義による発展途上国包摂の支配体制は，その政治経済体制の支配的性格自体が，直接の併合，植民地制度や軍事的支配などのいわば経済外的な体制に直接依拠することを中心とはしていないことは明白なのであって，いまや高度で巨大なものへと発展するにいたった財政・金融政策をはじめとした貿易，投資などからなる，直接の経済的規制，実質的「支配」が中心を占めるにいたっているのはたしかであろう。したがって，政治的，軍事的支

配から経済的支配を中心としたものへ転じたとすること自体はその基本的変化の方向に沿った捉えかたであるといえるものであろう。しかし，かかる理解のしかたの最大の問題点は，このような経済的支配を可能としているものの中軸は何かがはっきりとしていないことである。しかも，もう一歩ふみこんで言えば，ここで経済的支配と言った場合に，いまや，いわゆる「多国籍企業」と称されるまでに巨大化した国際的な私的独占体が展開する世界的蓄積様式による経済的支配の体制と，事実上，同一視されているのではないかと見受けられることである。しかしいかに巨大な多国籍企業であってもしょせんそれ自体としては資本なのであって，それ自体が政治的，軍事的力能をもっている存在物ではない。[9] この多国籍企業が世界的な規模で圧倒的な「支配」を可能にしている社会政治的構造，機構は何かが問題なのである。

　この点は多面的な現代的，歴史的諸問題を含んでいるものであろうが，帝国主義論の次元で取り上げてみると，実はレーニン『帝国主義論』第6章「列強のあいだでの世界の分割」の理解にかかわっているものである。植民地制度崩壊後の今日，この第6章の意義は低下したのであって，国際的直接投資と多国籍企業の支配する今日の独占的な世界の支配は，その第4章「資本の輸出」，第5章「資本家団体のあいだでの世界の分割」を中心としたものであるとする理論的把握に端的に通じているものである。

　『帝国主義論』第6章は，たしかに，植民地の分割，植民政策が中心的対象として取り上げられているし，それが「領土的分割」，「経済領域をめぐる闘争」であるものとして論じられているのである。しかし，第6章の主題は，文字通りの植民地や植民政策にあるのでも，また更に政治上の領土的分割にあるのでもなく，世界を分割するところの「諸国家」，「最大の資本主義諸国」，「政治的諸連盟」，つまり列強による国家的支配を問題としているのである。しかもその国家も，純粋に政治・政策次元のものではなく，「純経済的概念」のなかでの「国家」なのである。それは，本来それ自体としては，独占段階といった歴史的規定の基底にある理論上の「ブルジョア社会の国家形態での総括」次元の問題なのであるが，いまや国家機構自体までが金融寡

頭支配の一環に組み込まれ（第3章）てしまってることを一般的基礎として，独占資本による世界の分割支配の総括たる位置を第6章で与えられているものなのである（したがって，それは当然，理論上，後進国だけを対象としたものではなく，支配されるべき世界のすべての領域を対象としているものである）。しかし，歴史的にみて，『帝国主義論』が対象とした20世紀初頭の世界経済では，国際独占体による世界の支配はようやく「はじまった」ばかりなのであるから，いまや独占体による世界の独占的支配を推進するためには，19世紀から引き続いての政治的，国家的な独占的支配である植民地制度の拡大強化が圧倒的となるにいたってきていたのは当然であった。植民地，併合は，軍事，政治による側面を中心とした，形態上は間違いなく完全独占の体制なのであるから。しかし「純経済的」な次元で見ると，植民地支配というそれ自体としては経済外的な規制についても，その国の経済構造と独占的蓄積との関連において，どのような経済的意義をもっているのかが問題なのである。

また第6章の対象は，たしかに主に領土，「経済領土」など，つまり国家による支配領域を問題としているのではあるが，しかしそれは政治上での本来の領土問題自体を対象としているものではないであろう。それによって意味される経済的内容は，言うまでもなく，その領域上にあるすべての自然資源と人口（人間社会）を全面的に政治権力的に囲い込んで経済的に支配するということなのである。それは，第3章の金融寡頭支配のところで取り上げている金融資本の全社会生活への支配が世界的に展開，拡大されたものと理解されるべきものである。また事実，植民地と並んで取り上げている「国家的従属のいくたの過度形態」においては，もはや直接の領土，領域といった形の支配ではなく，「金融上および外交上の従属の網でおおわれている」ところの，文字通りの国家的従属状態を問題としているのである（なお，ここに言われている「金融上」というのは，単なる民間金融ではなく，少なくとも国家政策的次元の問題として理解されるべきものである）。

さて，今日の問題に戻ってみよう。独立後の発展途上国に対する独占の支

配が経済を中心としたものに変化したという一般的印象をもって，その列強による国家的支配の側面が消し去られている，または，少なくとも傍役におかれていると理解されるとすれば，重大な誤りであろう。このような考えは，複雑で多様な関連の下に置かれている今日の国家的諸関連についても，依然として，本来のブルジョア社会に対応し，それから「疎外」されている政治的国家という抽象的次元に限った（つまり非経済的存在でしかないとする）いわば近代国家に対するブルジョア的な原理的思考の次元での把握から大きく出ていないことからくるものであるように思われるのである。しかしここでの「国家」は，「純経済的概念」のなかでの国家なのである。

　上にみてきた発展途上国の内在的発展と独占的蓄積の世界的展開との歴史的相互関連の中で，植民地制度が支配的であった歴史的時代と相対的に比較して，今日の発展途上国に対する包摂支配のありかたを把えるならば，その主要な特質の変化は，一定の経済領域に対する経済的支配を，「領土」という明確な形態を取るまでにいたった外部からの政治軍事的支配へと依存することによって「総括」されていた体制から，この領域内の経済的，階級的発展により独立した「民族」の再構成された階級編成による（国家資本主義を中軸とした）国内経済体制が，先進国の戦後再編成基盤となった国家独占を中心として再編成された，今日に特有な高度な独占的蓄積様式（国家独占資本主義）によってこれらを大きく包摂，支配する体制へと展開してきているものである，とされねばならない。それを後進諸国の側からみると，以上のような支配，包摂を許さざるをえない物的基盤は，第1にこれら諸国が長年にわたる帝国主義支配下において，その心身に刻印された後進性と偏倚性を伴ったいわば歴史的に特殊な展開をせざるをえなくなってきている本源的蓄積の過程の問題なのである（しかもこの過程を特殊なものとしている根底にあるものは，植民地的支配の基盤にあってこれを支えてきていた，諸地域によって極めて多様な違いをもった，大きく地域的な自然を基盤とした共同体的，社会的関係をも広く含めた旧土地所有諸関係の牢固とした存在によるものであろう）。したがってこの側面はとりわけ独立した当初にとくに大きく

現象するものであろう。しかし第2に，このような弱体の基盤のうえに立ちながらも，その領域内「発展」の度合に応じてではあるが，その未成熟を克服せんとする後進国民族ブルジョアジーの支配における動揺と国家権力に依拠したその固有な利害の追及のうちに現れる矛盾こそが，このような支配を許すもう一つの前提なのである（しかもこの矛盾の根底にあるものは，この近代化に対応した一定の再編成を展開しつつも，依然として自然と不可分の社会関係と其の上に聳え立つ「利権」を頑迷に維持しつつ対応せんとする旧土地所有の諸関係との多様な利害関係を基盤としたものであろう）。したがって後進諸国の権力を背景とした「開発計画」による近代化の進展に伴なう矛盾が，このような従属の一般的な国内的基礎をなすものであろう。

　たしかにその具体的な個々の現象については，上述の「新植民地主義」として列挙されている多様な諸問題が現実に展開されてきているのではあろうが，発展せんとして矛盾に陥っていく発展途上国を総体として捉えていくその歴史的中軸は，やはり国家的開発計画に関わる財政，金融を中心としたものという以外にない。しかもその際，これら政策を遂行するために必要な膨大な資金の調達は，植民地収奪のもとで貧困化されてきた民衆，とりわけ農民からの直接的徴収だけによることには限度があるし，一次産品価格の低迷する世界市場からの外貨収入も期待できなくなっていたのである。したがって先進諸国においていまや巨大な規模へと成長した財政金融機構に依拠する直接の財政支出や金融などを中心した資金を投入することによることになるのである。このように各種国家資金「援助」による現代特有の「国家的従属」の多様な進展を基盤としつつ，これに依拠して，いまや先進国高度成長過程においてとてつもない規模に拡大した民間資本，つまりいわゆる「多国籍企業」自体の直接の資本進出とその経済支配が拡大していくのである。

　ここで注意すべきことは，「独立」以前と以後のどちらにあっても，列強またはそれらの「連盟」による国家的包摂，支配であることが依然として，独占による途上国支配の基本的特質なのであるという点である。その国家的支配の内容が，一方では，国家独占資本主義という独占本来の体制の歴史的

成熟と，他方では，いまや自らの国家権力によって国内の本源的蓄積過程を推進し，本来的蓄積様式の端緒的諸形態をも持てるような水準にまで達するまでにいたった途上国の発展を基礎としていることである，この両面によって，かつてのように外部から一方的に，経済外的に規制せざるをえなかったものから，今や相互に経済内的に規定されるまでにいたったものへと展開したものである。こうして実践的に「新植民地主義」と提起されてきたものは，本来は，このような現代特有の両面に規定されている歴史的特徴をもったものとして規定されるべきものであろう。このような内容をもった体制として捉えられるとすれば，「新植民地主義」というのは，独占資本による World Development の必要が，植民地から独立した南からの南北問題の提起を前提として，新たな規模で展開されてくる対南包摂体制のことなのであるということができるものであろう。

さて，以上にみた発展途上国に対する独占の現代的支配体制の新たな展開に伴って進行する経済過程の底辺での重要な今日的特徴については，とりわけいくつかのことを強調しておく必要がある。

なによりも第1に強調されるべきことは，これら諸国の経済的基盤には，とりわけ相つぐ開発計画の進展を梃子として，地域的に多様であった旧体制の破壊が大きく進行し，それにともなって生ぜざるをえない過渡期特有の人間社会生活の混乱と破壊が進行していっていることである。そのことを基盤としてあらゆる暴力的過程を伴って進行するいわば自然発生的な市場経済関係の無政府的な浸透が，かつての時代におけるよりははるかに拡大，深化された規模で不可避的に進行してきていることである。いまや全世界的規模で展開されてきているこのような旧社会生活の広範な破壊とそこに生じた生存すれすれの貧困層の広範な拡大とは，これらの人間社会生活と不可分に結合されてきた自然的諸環境の著しい破壊，荒廃とを，以前の時代よりもはるかに大規模に進行させてきていることである。これらの人口とその自然環境の多くの部分は，新たな蓄積様式に規定された自然的基盤や社会形態として再

第4章　世界経済開発と「南北問題」の生成展開

編成され，包摂されることもなしに放置され，荒廃させられてしまっているのである。このことを基礎として，これまでよりもはるかに深刻で，新たな形態をもった，全世界的規模での人口問題，環境問題という世界政治上の大問題を生じさせることになってきていることが現代の大きな特徴なのである。このような展開については，後に取り上げることにしたい。

　しかし第2に，このようないわば底辺的な大問題を背景としつつも，他方では商品経済に基づく，何らかの新たな社会的結合を可能とさせるであろう諸要素の形成過程をたしかに大きく前進させてきているのではある。そこでは相次ぐ国家的開発計画が現代的な市場経済に必要な広範なインフラストラクチュアの構築（それは当代の知識，技術水準が正常に機能するための，一方では土地と一体化されていく多様な固定資本投下と，他方では人間の肉体的，知的水準に必要な医療や教育への資金投下のことであろう）を中心として，どの程度の本来的商品経済圏の形成，発展過程を推進しえてきているのかがこの過程の中心問題なのである。新植民地主義がかつての植民地支配よりも後退した支配であるという見方が生じたのも，実は新興国が自らの経済発展を大なり小なり自主的に展開しうるようになっているとする認識が，明示的であれ暗示的であれ，その前提としてあって，それとの関係で生じたものなのであった。また先進国側からの「経済援助」がその主体的な国内的経済開発の進行を前提とし，その展開により必然的に生じた矛盾・限界を「援助」することに端を発したものであったことからもこのことは明らかであろう。したがってこの体制は，独占的支配としての「形態上」は後退と捉えられるかもしれないが，しかし経済的・実態的なレベルの問題としてはかなり高度に深化された構造をもつものとなっているので，したがってまた現実の変動に対してかなり柔軟にも対応しうる編成となっているという点でかなり強力なものであると言わねばならない。世界的に蓄積を展開する独占資本は，このように国内市場の形成過程，それをささえる諸制度の創設，定着化や諸機構の建設などが国家権力的に強力に推進されていればいるほど，その基礎の上に蓄積を展開しつつある公営企業や「民族」資本との合弁，技術提携，

投融資などを通じて，密接な関係を深めることが出来てきているし，また私的独占体の直接の進出さえもができるようになってきているのである。このように今日特有の規模を持った独占体の世界的蓄積様式を地球大にまで拡大された規模で柔軟に展開することを可能とさせているものは，このように多様に利用することを可能とさせる諸条件が途上国世界の広範な地域に拡大したことを前提としたものであろう。そのことによってはじめて，独占的蓄積様式の触手がこれら途上諸地域の社会経済生活に奥深く浸透していくことが可能となっているのである。そしてこのような独占資本の世界的蓄積様式を主要な推進力として，いわゆるアグリビジネスにより再編されてきている農工の本来的国際分業としてか，製造業を中心とした新国際分業としてかを問わず，急拡大していく世界市場の再編成が進行してきているのである。

(1) 例えば，Strachey, J., *The End of Empire*, Random House, 1960.
(2) オブライエン，P.『帝国主義と工業化』ミネルヴァ書房，2000年，40ページ。珠玖拓治「中南米における新植民地主義の端緒形態」『富大経済論集』第15巻第1号，1970年3月，参照。
(3) 楊井克巳『現代国際経済論』東京大学出版会，1973年。大島清『現代世界経済』東京大学出版会，1987年，参照。
(4) なお，DACでの「援助」という用語は，通常理解されている「国家資金，ODA」だけにとどまらず，政府資金，民間資金，両方にわたる贈与，投資，一年をこえる借款と輸出信用などのすべてが含まれていて，毎年の援助実行額から元本償還額を控除したとろの「資金の流れ」の純額で示している。つまりこの「援助」は，当該国への「資金の流れ」がその「国際収支」状況を改善することがその主要なメルクマールとなっているものである。ここでも「援助」の内容を，ODAだけに限定したものとせずに，このように拡大された本来のものとして使用することにする。
(5) 岡倉古志郎『新植民地主義』岩波書店，1964年，参照。
(6) 近代国家が本来，「単なる「領域国家」なのであって，その領域内での初階級や諸民族などの分裂的諸要因をいかにして「国民」に「統合」していくのかは，西欧の中心諸国においてさえも，簡単なものではなかったのである。
(7) しかもその際，外部から支配せんとするものにとっては，たしかに一定の条件のもとでは，完全な併合状態，つまり領土とそのうえの人口とを

全体として直接統治するということよりも、このいわば「外部からの」「新しい」間接的支配のほうが、統治に伴う負担や責任がないうえに、はるかに事態適応的に利用しうるし、その意味で安定的、実質的な包摂が可能となるという側面は十分に強調されてしかるべきことではある。しかしこの場合にも、問題は、一般的にいつでもそのような間接支配が行われているということ自体（そこではその支配されている形態だけが超歴史的、共通なものとして強調されるだけになろう）にあるのではなく、この間接支配を可能にしている歴史的条件は何か、またそうせざるをえない歴史的根拠は何か、そしてこの支配がこの社会経済体制にとって、また支配国の側の体制にとって、いかなる意義をもっているのかこそが社会経済的問題としては重要なのである。

（8）「新植民地主義」が、「国家的従属の過渡形態」という、資本主義体制に広範に展開されるという抽象的、一般的な次元でのものにとどまらず、第2次大戦後における先進国、途上国の両面における経済的、階級的再編成という歴史的実態的内実と密接に関わるものである点を、ラテン・アメリカに関する歴史的・実証的研究を通じて最初に明らかにしたのは、珠玖拓治である（珠玖拓治「中南米における新植民地主義の端緒形態」『富大経済論集』第15巻第1号、1970年3月。『現代世界経済論序説』八朔社、1991年、参照）。

（9）金融資本（通称「独占資本」）が、産業資本、商業資本、利子生み資本などといった原理的な次元での「資本」なのではなく、資本主義的独占が支配するにいたった歴史的時代を支配している具体的な資本の塊であって、抽象的には、ヒルファーディングの言うように、産業資本、商業資本、銀行資本が三位一体的に結合、融合した全能の存在物とでもいうべきものであろうが、それは形態上においても、その展開部面、局面においても、多様な態様の展開を遂げるものであろう。今日、「多国籍企業」と呼ばれているものも、それが現代的な世界的諸条件のうえに適合的に展開されたものというべきものであろう。

第5章　世界政治における南北交渉
——北南：南北問題の政治——

1　南北交渉の経過

　さて途上国側が経済開発を進めるに際してのさまざまな必要と高度成長を背景とした先進国側での対応とには，すでに見たようにその動機にも，現実に展開せんとしていることにおいても大きなギャップがあったのであって，この両面からの国際政治上での「交渉」が必然的に生ずることになったのである。

　すでに，南の新興独立諸国は50年代に次々に国連に加盟してきていて，この国連の場で，開発と貿易の困難を打開するために団結して先進工業国との交渉にあたる機運を示しはじめていたのであったが，他方，これを西欧世界にとっての「北南問題」という重要な政治的課題であると認識して，その「解決」に乗り出すことが必要であるという意向が広まっていた先進国側は，その開発の推進に積極的な「協力」の体制をしいていくこととなったのである。1961年，大統領就任早々のケネディ提案による「国連開発の10年」はその宣言であった。こうして「開発」，「協力」のスローガンは，60年代資本主義世界の明るい未来を希求する輝かしいイデオロギーとなった。そして62年の国連貿易開発会議（UNCTAD）設立の承認，65年，国連開発計画（UNDP）の設立，66年，国連工業開発機関（UNIDO）の設立と，60年代初めから国連における開発関連の機構づくりが進められたのである。

　しかし先進国側は，第1に，このような途上諸国が先進国と対等に参加できる国際連合の場には，技術援助をはじめ，食料援助，社会政策，環境などの分野で，こんにちでは人道援助といわれているものに関するものが多く，広く社会的，基礎的なものであって，きわめて複雑でかなり長期的な営為を

必要とする分野を担当する機関だけを設置することにとどめたのである。

　これに対して第2に，経済活動の方向や内容を直接的に規制しうる力能を有する主要な分野である開発資金「援助」の機関については，上述の国連機関とは別個に，第2次大戦後に先進国中心に再編された国際秩序の系統に属する（したがって先進国だけで構成できる）機関を追加的に創設していったのであった。それは，第4章に詳説したように，アメリカのAIDをはじめとして先進各国毎に開発協力機関を設立してゆくとともに，その国際機関についても，アメリカ主導による，世界銀行管理下での国際開発協会（IDA）の設立であり，また，戦後欧州復興のマーシャルプラン受け入れ機構として創設され，いまやその役割を終えたOEECを改組して経済協力開発機構（OECD）へと改組し，その下部機構たる開発援助委員会（DAC）で先進各国毎の援助を調整しつつ，先進国集団が主導する途上国開発援助の国際協力体制を整備していったものである。

　しかし第3に，途上国側の要求は，64年の第1回UNCTAD（国連貿易開発会議）におけるプレビッシュ事務局長の報告「開発のための新しい貿易政策を求めて」に示されたように，基本的には先進国側が推進せんとした財政資金を中心とした「援助」よりも，世界市場における一次産品価格の安定を中心とした「貿易を」であった。つまり途上国工業化のほぼ唯一の「自主的」資金源である一次産品価格が現実の世界市場においては低廉かつ不安定な状態に置かれていることへの改善要求であり，その長期の持続的な安定を経済開発の基本的で重要な基盤であるものとして要求したのである。この点については，もともと，BrettonwoodsでのITO構想のなかに予定されていた機能の一つとしてあったものなのであったが，この機構が先進国相互間でも多様な利害が対立しあう通商面での矛盾によって流産したあとに残されたGATTの規定は，途上国の開発に不可欠なこの一次産品市場安定機構を欠いていたものとなっていたのであった。しかしその後，世界史に登場してきた途上国開発計画の自立的資金源の要求は，いまや高度成長を推し進めることを可能としている先進国中心の戦後世界市場構造そのものに重要な修正

をせまるものであるとみなされたのである。

　途上国側は,「77カ国グループ」が結成され,先進諸国とのいわば「団体交渉」を展開することとなった。その諸要求を大きく分類すると,何よりも第1に,一次産品価格のインデクセーション,国際商品協定,輸出所得補償,先進国市場へのアクセス改善,それに技術移転,自国資源主権,外資規制など,一次産品をめぐる諸要求が最大のものであるが,ついで第2に,南の資本形成不足を改善するための国際的諸制度改革を含めた資金援助の要求であり,第3に,南の弱小工業製品輸出への特恵供与の要求であった。こうしてそれぞれの分野ごとに交渉が行なわれた結果,大きく見て,製品,半製品に対する「一般特恵関税（GSP）」の導入,先進国はそのGNPの1％を援助すべきであるとする原則の確立,ココア協定,砂糖協定の締結など,制度上においては,いくつかの点でかなりの積極的な意味をもつ具体的な成果の積み上げが見られたのであった。とりわけUNCTADでの要求は同じ通商面でのGATTの規定とは矛盾するものがあったが,この点は,GATTにおいてそのルールの適用対象から途上国を「特別かつ異なる待遇」の名でつぎつぎに除外していくという形でとりあえず当面の処理がされていったのである。また実際に途上国経済の成長率もその目標の一つとされていた5％に近づくまでに至ったのであった。しかし究極の目標とされていた「南北経済格差の縮小」（それは,先進国の側から見れば,高度成長体制を中心とした世界経済への漸次的包摂を意味する側面を持つものではあるが）については逆に,60年代末にはむしろ拡大していったのであって,この点から途上国側の危機感が高まっていき,急進的思考が広がっていったものといえるであろう。

　しかもこの60年代末から70年代初めにかけては,過熱化した高度成長が引き起こした石油の浪費は次第に資源危機に直面しはじめてきていたことなど,世界的になんらかの新たな展開を迫られつつあるという情勢となってきていたのである。このことを背景として,途上国の要求は,これまでのような個々の貿易と援助のみを中心とするアプローチからさらに進んで,資源ナショナリズムを強力に主張するにいたったのである。それとともに,当時はニ

クソンショックでの金ドル交換停止を経ていまや，客観的に見て戦後世界経済秩序の基本的枠組みを大きく再編成する必要に直面してきていたものであったが，この要求は来るべきこの改変に向けて，途上国の安定した発展を可能とする秩序をそのなかに組み入れることを要求するという，強度の修正的要求を一方的に先取りして押しだしてきたものと言うことができるのである。

このような動きは，73年10月のOPECによるオイルショックを背景として，73年アルジェの第4回非同盟諸国首脳会議で打ち出された「天然資源恒久主権」の公認を求めて開催された74年4月の第6回国連経済特別総会では，「新国際経済秩序（NIEO）の樹立に関する宣言」およびその「行動計画」が，コンセンサス採択（アメリカはじめ西欧先進国の留保発言付き）され，それの憲章化をはかった1974年，国連第29回総会での「国家間の経済権利義務憲章」の投票採択（西側主要国の反対，棄権付き）がなされるにいたって，その頂点に達したのである。このようにして「NIEO」概念が戦後世界政治機構の中心たるべき国連に導入されることとなったイデオロギー的，理論的影響は大きく，IMF，GATT体制という戦後世界経済秩序の基本的原理に対して「原理的に対抗」した新秩序への変革を迫るものであるとまで言われて，戦後世界経済そのもの（政治的に構築された「世界経済秩序」としてだけではなく）の大問題の一つと評価するものさえでてくるまでになったのであった。

しかし第4に，この南の要求による南北交渉が頂点を形成した1970年代半ばという時点は，同時に，4半世紀の長きにわたった先進国高度成長体制が，ニクソンショック，オイルショックを契機として，1974，75年恐慌へと落ちていった時でもあって，以後世界経済は「構造的不況」へと大きく展開をとげていくのである。それにともなって，これまでのような「南」からの団体交渉的要求に主導された，世界政治上の南北交渉も急速に凋落してゆくこととなったのである。この転回の直接の契機は，産油国による原油価格の引き上げが，石油漬けの高度成長を過熱させてきていた先進国ばかりか，石油依存の開発を展開してきていた非産油途上国経済をも痛撃したことから始まっ

た「南南対立」による南の「分裂」によるものであった。

その後の，エネルギーをめぐる産消対話をめざした1975-77年の国際経済協力会議では，緩衝在庫機能を中心とした一次産品価格安定のための総合計画が具体的に検討を始めたのであり，1976年ナイロビでの第4回 UNCTAD では累積債務問題の検討に入ったのであるが，1979年マニラの第5回 UNCTAD で取り上げられた「相互依存問題」においては，それぞれ OPEC と先進国，非産油途上国との対立が表面化していき，最後には世界エネルギー計画をねらった1979年の Global Negotiation においてはついに発足できないところまで南北の交渉は行きづまってしまったのであった。

すでに見たように，60年代初頭の南北問題提起以来，先進諸国は，一方では国連を中心とした南北交渉において南の要求を可能なかぎりで部分的に取り入れるとともに，他方では，第二次大戦後，先進国中心に構築され，高度成長を推進した国際機構を新たに拡充，発展することによる国際協力，集団的援助体制を構築して「開発援助」を実施し，途上国が主体的に推進する経済開発を「支援」する体制をとってきたのであった。

しかしいまや，新たな構造的不況下では，この先進国の集団的機構が援助の条件として指示する政策が苦境にあえぐ途上国経済を一方的に大きく規制していく方向が一般化していくこととなったのである。これに対応して途上諸国の圧倒的部分は，これまでの南北交渉での自主独立，反帝の姿勢をしだいに弱めていって，これまでとはまったく逆に，この先進国側の規制に従い，かつ世界的蓄積を展開する先進国多国籍企業の受け入れを積極化する方向へと転換していったのであった。

2　南北交渉の意義

このような経緯を展開した南北交渉は，20世紀後半の世界政治上に特徴的な一時代を形成したものであったが，この南北交渉がいかなる世界史的意味をもっていたのかについて，いくつかの点にわたって検討してみることにしたい。

まず第1に取り上げるのは,「東西問題」との関連である。

そもそも南北問題が世界政治上に提起されてきた1950年代末の当時,それが当時の世界情勢,とりわけ「東西問題」と密接に関連して提起されてきているということについては,当時はさほど問題とされずに当然のこととして受けとめられていたようにおもわれる。

さて,政治的に独立してきた発展途上国の立場からすると,第2次世界大戦後再建された世界政治経済体制は二つの側面をもっていた。一方では,ともに世界全体の支配権をめざす米ソの政治,戦略上の対立が,冷戦構造という世界的規模での軍事的対峙にまで拡大してしまった枠組みを作り出していたことである。他方では,アメリカが中心国となって構築したIMF・GATT体制は,先進工業国間の関係としてはたしかにパックスブリタニカにとって代わるものであったろうが,しかし,英,仏など戦前からの植民地体制については,そのまま維持することを前提として出発したものであった。それは,また世界市場における1次産品価格を安定化させるための強力な機構を持たないという,途上国存立のための経済的受け入れ体制なしに,戦後資本主義体制が出発したものであることを意味した。その結果,ようやく独立したばかりの多数の発展途上諸国にとっては,新たな冷戦構造のなかでその国際的な政治,経済上の位置がはじめから不安定,未定なものとならざるをえなかったのである。発展途上国のなかには,その政治的独立に際してはじめからどちらかの陣営に属することによって自らの国際上の政治,軍事的地位を安定化させようとする政権も生じたのであった。かくしてまた,このどちらの軍事同盟にも属さない「非同盟中立主義」を掲げた「第三勢力」としての立場を,しかもかなり有効な国際勢力としての地位を集団的に打ち出すことも可能となったものである。

しかしこの第3勢力としての立場は,その高邁な理想の面はともかくとして,苦しい経済的利害の現実的立場からみると,経済再建を開始せんとするこれら諸国にとって軍事支出のような不生産的出費を避けたいという単なる消極的理由からばかりでなく,逆に積極的に,両陣営の対抗をそれぞれに利

用して自らの発展に有利な条件を引き出すことを可能とすることをも意味したものである。1950年代末の，先進資本主義国の立場からする南北問題の提起は，冷戦構造のなかでそのどちらの勢力をも利用しうるという「中立」の立場をとる途上国を，従来のように軍事力での抑圧だけに頼るのではなく，ようやく自らの高度成長体制を確立できたことを基礎とした，経済的手段でもって自らの陣営に引き込むという政策的意図を示したものであった（ただし，世界経済上においていかなる経済的に安定した位置を与えうるのかは不問にしたままではあったが）。南北問題が東西問題との関連で問題提起されてくる道筋は，そもそもこのような戦後体制の交錯し合った形成過程に発したものなのである。

　1950年代末の当時は，一方では，旧植民地諸国の主要部分では，政治的独立を達成したばかりの時点であって，荒廃し疲弊した経済の立て直しを本格化すべき時期にさしかかっていた。他方では，第2次大戦後の世界的危機に直面した西洋世界がすさまじい高度成長を開始することによって自らの国内的危機をようやく乗り越え安定を達成したころであった。この先進国の高度成長が，社会主義体制の成長，展開との対抗性を持つ当時の世界政治の状況からして，苦境にたつ途上国経済開発計画を引き付けるこのような問題提起は，きわめて現実的で当然のこととして受け止められたのであった。

　問題は，先述のフランクスの「南北問題」という問題提起のなかでも言われていた，東西問題と南北問題とが「相互に関連している」ことと，「南北問題」が「それ自身独立した，同等の重要性をもっている」こととの，その双方の「関連」をどうとらえるのかである。それはつまり，それぞれ問題の中心部を捉えるのに本来的な理論的構造の次元の違いと，現実に歴史的に展開してきているそれらの具体的関連とをどのような筋道で捉えるかにあったのである。結論から云えば，この両問題の関連は，その歴史的成熟度からみて，いまだあくまでも国際間の政治，戦略上，相互に一定の政策的影響を与え合うという関連にとどまっていたものであって，直接の客観的な社会関係，ましてや経済的関係にまで深化していたものとはいえないものであったろう。

もちろんこの国際間の関係が当該国の国内階級関係，それも多様なイデオロギー的諸関係に一定の大きな影響を与えていたことを度外視することはできないが，その点についてはその国内の社会的階級的関係の問題として捉えなおすことが必要であろう。つまり東西問題は，「南北問題」として世界政治の場に取り上げられた問題にとっては，いまだ一定の歴史的時期においてその政治，政策的諸条件の変化として作用するであろう，いわば外部的な国際「環境」だったのであって，相互の国内諸関係にまで深刻に関連しあっているような，いわば「内的な」国際関係そのものとなっているものではなかったのである。それに対して，南北問題それ自体は，ようやく植民地からの政治的独立を獲得したばかりの「南」の諸国とその政治的独立を認めざるをえなかった「北」との間に，歴史的に形成，拡大されてきた経済，社会全般にわたる緊密な関連を基礎とした巨大な「不均衡」という大問題に立ち向かわざるをえない，直接の「国際的」関係，フランクの言葉を借りれば「それ自身独立した，同等の重要性をもつ問題」なのである。

　ついで第2に問題としたいのは，77カ国に代表されるような途上国の国家連合による国際的運動に主導されるにいたった「南北問題」は，それを押し進めた「南」の立場より見ると，植民地からの政治的独立をもたらした民族解放運動が，「新植民地主義反対」のスローガンのもとに，自らの経済的独立を可能とする国際的諸条件を要求して，いわば国際的に延長されたものとしての性格を強く持ったものであるということである。

　世界史的に見た場合，植民地民族解放運動が植民地体制全体にまでも拡大したことは，たしかにほぼ20世紀前半に特有なものであるといえる。19世紀以来，これら諸国は植民地，従属国として列強による支配のもとにあってさまざまな搾取，収奪をうけて貧困，飢餓などが大規模に発生し，またこれにたいしてさまざまな民族的反抗，反乱が生じたのであったが，当時はすべて支配国の政治的支配の枠のなかで処理されてきたのであった。20世紀に入って民族的反抗は以前よりはるかに大規模なものとなってきたが，列強間の総力戦となるにいたった第1次大戦の前後には，列強間の対立から発したさま

ざまな駆引きもあって，民族解放勢力が国際政治の場に登場しはじめてきたのである。とりわけ，1917年に成立したロシア革命は民族自決権を正当な権利として公認し，またこの政権の成立に始まるコミンテルンが国際共産主義運動の重要な問題として民族，植民地問題に取り組んだことは，以後の世界政治の激動に大きな役割を果たして，当時の支配的な列強相互の対立に複雑に絡んでくることとなったのである。この植民地民族解放運動は，1930年代の大不況下においてはアジアからラテンアメリカまでのほぼ全域に運動が拡大し，ついに第2次大戦後の有利な国際的条件，つまり一方では非植民地化政策によって勢力範囲を拡大せんとするアメリカが今や中心国へとのし上がったこと，他方では，社会主義圏の拡大をめざして植民地の解放を支持する社会主義との対決構造のもとで，各「民族」ごとに政治的独立をつぎつぎと獲得していったのであり，かくしてわずか十数年のあいだに，それまで世界経済の重要な部分を構成してきていた帝国主義的植民地体制を崩壊させてしまったのである。ここに世界政治上の植民地民族解放運動は急展開を遂げて，政治的独立の国内的実態を作り出すべく新生国家の全力をあげて経済開発に乗り出すと共に，それを可能とする国際的条件を要求して世界政治機関の場に登場したのであった。つまりこのように途上国の立場から見てみると，国際機関を舞台とした，歴史上の「南北交渉」とは，20世紀前半を貫いて展開してきた植民地民族解放運動が，いわば形態転化を遂げ，「国民経済自立」を可能とする国際秩序の確保へと進行した最終局面であったものということができるように思われるのである。

　もちろん19世紀以来の近代的国家関係の常識からすれば，民族解放運動の本来の目的は民族自決権の達成，つまり「国家的分離の自由」権を実現させることなのであるから，それは政治的独立による「近代主権国家」形態の成立によって完了するはずのものである。しかし，激動の20世紀前半の過程で国内外にわたるあらゆる社会分野を統制していって巨大化した国家機構をテコに再編されるにいたった戦後世界経済にあっては，たとえ政治的形式上の独立国である列強にあっても内政，外交上さまざまな関連しあった制約があ

第5章　世界政治における南北交渉

って，実態的にはどの国でも完全に自立した国家的自主権を排他的に行使することなどは，もうとっくにありえなくなってしまっているのである。

　これに対して，ようやく政治的に独立はしたが独自の社会経済的基盤をこれから創る以外にない旧植民地諸国にとって，排他的自主権の制限どころか，自らの存在を少なくとも安定的にすることさえ受け入れることをしない再編された国際経済環境の厳しさは，はるかに圧倒的なものであった。しかも歴史の進行にともなって南北間の根底にある不均衡は，経済的に再編され高度成長を押し進める「北」に対し，「南」の開発の基盤であったモノカルチュア経済がこの高度成長の主要な蓄積様式の変化に伴い，しだいにその中心部から外れていかざるをえなくなっていたものであった。したがって，多くの難関が立ちふさがっている当面の経済問題の具体的解決を，部分的に，個々に探るということよりも，しだいにこれらの難関を根本的に作り出している大枠である戦後国際経済秩序の一般的な「原理」の改編に関する交渉が中心になる以外になく，しだいにその重大な変更をせまり，対決せざるをえなくなっていったのであろう。このようにして，たしかにこの南北交渉における南の運動は，結果としては個々の経済問題における具体的成果は当初期待されたものと較べてあまり多くなかったものではあろうが，しかし世界経済の底辺に置かれてきた諸国のこのような「運動」が世界政治の中心舞台で展開しえたことの世界史的意義は大きく評価されねばならないのである。

　ただし，ここでの「成果」について注意しなければならないことは，すでに民族自決権＝国家的分離の自由という本来の目的を達成した独立以後のナショナルな諸要求は，「南北交渉」における国家的政策上の要求となっていることである。したがってそれは，独立した新興国家の政治権力を掌握した支配階級の具体的状況下での階級的利害によって制限されざるをえない側面から問題が提出されるものであって，そこでは，そもそもから南北問題を「原理的」に解決せんとするものではなく，当面する具体的状況のもとでいかにどこまで事態を「改良」できるのかという問題なのであった。

しかし第3に，20世紀の世界経済の圧倒的特質がますます巨大化してゆく独占資本主義の支配であるのに対して，今やようやく独立したばかりの弱小の旧植民地諸国の主張がなぜ，そして如何なる仕方で世界政治の場に大きく取り上げられることになったのかである。それは，このことが可能となった世界史的条件の1つとして，なによりも，これら周辺地域の弱小諸国が国家として初登場するにいたった20世紀世界政治全体の大きな特質の1つをなしているナショナリズムの問題に突き当たるのである。

20世紀の世界政治の全体を貫く重要な原則の1つは，「民族自決」の原則である。それは，20世紀における世界的矛盾に対応して創設された世界的規模の国際機関によりその国際的正当性が保障されたものであって，歴史的には第一次大戦時，アメリカの「ウイルソンの14カ条宣言」から発したものである。この「民族自決権」の国際的公認によってすべての主権国家は世界政治上の主体として正当化された。第1次大戦後に創設された国際連盟は，アメリカの不参加も加わり，あまりよく機能せずに崩壊した後，第2次大戦を契機に，主要な列強がすべて初めから参加した，より強力な国際連合が形成されたのであった。したがって，植民地体制の崩壊に伴い，ここに生じた多数の新興独立国のすべてが世界政治上の主権国家として国際連合に加入したのであった。こうして1950年代末までには，新興独立諸国は国連構成国の圧倒的多数を占めるまでになっていたのである。

第4に注目したいのは，大きく世界史的に見た場合，世界経済の周辺地域が世界政治上の大問題として登場した際のその性格と問題となった仕方において，かつて第2次大戦前に，「植民地問題」として登場したときとこの南北問題との違いである。

大きく世界史的にみると，20世紀の世界政治経済の大きな特徴の一つは，世界経済の周辺部（後進国，低開発国，発展途上国）が世界的規模の政治経済上の問題として登場してきたことであるといえるが，その登場の仕方に一定の歴史的性格の変化，しかも明らかに，歴史の前進を見ることができるということである。

まず何よりも，これら周辺部が20世紀の大問題として登場したのは，1870年代以降，先進国列強間の支配領域をめぐる再分割闘争が世界史の前面に出てきていて，世界経済の周辺部はその再分割の単なる対象として登場させられてからのことであった。ついで，第1次大戦の戦後処理問題が多くの矛盾を残したまま推移した結果の1つとして，大戦間には，第2次大戦へと直結した「植民地問題」が生じたのであった。それは，とりわけ1930年代に入るや，列強間のそれぞれの支配領域をめぐる，持てるもの（haves）と持たざる物（havenots）との対立が世界政治に，といっても直接の外交の場に登場したのである。すでに第2章で見たように，この過程で権力的に争奪せんとした「勢力範囲」，支配領域，とりわけナチスドイツの要求したそれは，19世紀以来世界的に拡大された「植民地」が対象であるとは言えなかったのであるが，当時「植民地問題」と呼ばれて問題とされたし，また後進の植民地，従属地域が争奪対象の重要な部分に含まれていることに変わりはなかったのである。この列強間の対立にあっては，今日の「南」の諸国は依然として主に問題の単なる対象として取り上げられていたのであって，この世界政治上の大問題自体は，当時の国際連盟の調停は無視され，この機構の外部で，列強相互の直接のナマの対決，取引が行なわれたのであった。

しかし当時の植民地問題のもう一つの面は，植民地工業の勃興と民族的反抗の激化であった。資本主義が自らの支配領域を拡大するのは，国家的に掌握した周辺部を（たとえモノカルチュア生産であったとしても）強力的に市場化し，それを自らに包摂するためなのであるから，当然，かかる市場化を基礎とした周辺部（植民地）ナショナリズムの勃興，民族解放運動が引き起こされ，その一定の時点で政治的独立にいたるのは必然であったことである。

このようなことを背景として，この20世紀世界政治の安定した基盤は，政治形態上，「民族自決権」を基礎とした国民的主権国家を主体とした政治体制をとることが前提とされていくのである。

したがって第2次大戦後の植民地体制の崩壊に伴い，その発展の要求（ナショナリズムの面）と，先進国によるその再包摂（帝国主義の面）の問題が，

東西問題と並んで,世界史の前面に出てきたのも当然であった。しかもこの「南北関係問題」にあっては,第2次大戦後世界政治において公認の国家的主体として登場した発展途上諸国が国際連合の場において自らの発展の条件を要求できたのであり,しかもこれら途上諸国は,形式上はその構成原理からして,たとえば74年の国連総会決議にみられるように,国連総会においてこの機構の中心的な意志決定を「決議」することも可能となりうる多数者となったのであった。

　もちろんここに登場した発展途上諸国の展開する主要な政策は,国内的にはいまだ脆弱な経済社会的基盤しか持たないまま政治的に独立したという,すべての「初期ブルジョア国家」特有の政治と経済とのインバランスを国家政策的に打開せんとするものなのであったが,その国際政策は,従来の歴史上でそうであったように直接権力的にではなく,世界的な政治の場において,その要求を何らかの形でいわば安定的に(「会議において」)主張,決定しうる制度上の「受け皿」機構がすでに創られていたのであった。発展途上国の経済開発問題をめぐる南北利害のギャップが世界政治問題の一つに登場したのは,この構造によるものであった。この構造のもとでは,各種の国際的な力関係の具体的関連によっては,かなりの譲歩を,しかも具体的諸問題にあたってかなりの意味をもちうる制度上の保証をかち取り,有利な国際的制度,慣行上の諸条件を作りだす可能性をもっていたものであった。

　しかしまたその逆の面として,この国連機構が世界政治経済に圧倒的支配力をもつ強大国の利害と意志を最終的には貫徹できるという一定の制限枠をもった構造のものである以上,現実の世界政治上に強力な力能を有していないこれら途上国集団の要求は,最終的にはこれら強大国によって何らかの「処理」,ないし黙殺までもされうるものでもあった。

　これまで南北問題についてのさまざまな評価がなされてきたのであるが,それらは,そこでの問題提起を,一方では現実の世界経済構成の変革を迫る大問題とみなす極端な過大評価をするものから,他方では帝国主義的支配の本質をなんら変えることができるものではないといった過小評価までにいた

第5章　世界政治における南北交渉　147

るまでのものが出されたのであったが，どちらの評価も相互にほとんどかみ合うことのないようなかなり「原理」的な抽象レベルで問題を取り上げられてきたことによるものであるように思われるのである。これらは，本来，世界政治経済の全体的構造の複雑な歴史的関連のなかで，この問題の具体的展開のなかに南北双方の利害関係が相互に矛盾しつつ対応しあっている諸側面を現実的にどう評価するかという問題なのである。

　それにしても第5に問題となるのは，「北」に対抗した「団体交渉」のために，多くの「南」の諸国が排他的な相互間の利害の面を乗り越え，「77カ国グループ」と呼ばれたように大きく団結できた根拠についてである。

　それは，根本的には，資本主義世界経済の最底辺に歴史的に規制されてきた「南」の諸地域と先進国地域との間の巨大な「格差」が，先進国相互間のそれなどとは比較できないほどのものであることを基盤としているからであるといえるのであろうが，ここで取り上げた歴史的時代においては，20世紀前半の危機と荒廃をくぐり抜けて再編されていく先進国中心の世界体制に下からいわば割り込んでいって，ほとんどの途上国がようやく独立を達成したばかりであって，経済開発のいわばスタートラインに立ったという点での，かなりの高さのイデオロギー的なトーンをもった政治的等質性とでもいうものによるといえるのではなかろうか。

　しかも高度成長の過程で急進展した技術革新により，一次産品生産がしだいに斜陽化していくことへの危機感の共有がその団結した対抗性をより強めていったことであろう。また，とくに70年代にその要求が強められたことに関しては，直接的には石油の浪費化による需給逼迫が産油国に有利に作用していたことを背景としていたのであろうが，しかしその反面，当時既に戦後高度成長の国際秩序が崩壊の局面にさしかかってきていたことを考慮すると，それに代わる新しい国際秩序形成に一定の位置を占めるための団結した要求ともみうるのである。しかしこの最後の要因は，将来的にはともかく，現実的には，この団結がその最先進部分のナショナルな利害によって分解させられていくことと裏腹のものであったことを意味しているのである。

第6に，そのことに関係して当然触れねばならないことは，この南北「交渉」が，国連における国家間の交渉であったことからくる限界についてである。とりわけ，もともと外部から帝国主義的に区切られただけの政治領域の範囲で独立しただけ，国内での「国民的統合」も殆ど進んでいない多くの新興途上諸国では，国家主権をもつにいたった不安定な特権的階級の利害でのみ交渉するという限界があった。その際，独立したばかりで激しい矛盾に満ち溢れているであろう国内の問題の解決の政策や国際交渉との関連などは「内政干渉」になるとして，不問にしたままになっていくことである。したがって，交渉は，対外的利害のみに限ることになる。
　しかも先進国との歴史的関係は，各国，地域の現実に即して本来的に多くの違いがあるものの，全体としては多数の国の統一された要求となるとどうしても先進国との間に圧倒的差別の存在する共通事項の是正要求に限られていき，先進国中心に構築された現実の世界経済秩序へ対抗する方向に，しだいに集約されていく傾向をもつことはさけられなかったものであろう。
　そしてさらに当然触れねばならないのは，南北交渉を主導した南の国際政治運動が，1970年代に世界政治上の生命力を急速に低下させてしまった理由についてである。この点に関しては多くの論点があろうが，ここでは「南」をめぐる経済内的側面といわば世界経済構造上の側面とを見なくてはなるまい。そこで第6の問題として取り上げるのは，上述の出発点における政治的等質性は，各国別の国家的開発の推進によりその経済的根底から崩れていくものであることについてである。まず，各種の政治的努力によって途上国が推進する国家的開発計画が，経済的には如何なる意義を持つものなのであろうかということについてみよう。一般にそれは，国民的規模での近代的技術水準の獲得であるものとみなされていて，その1つの重要な方策として「技術移転」がとりあげられている。つまり大きく見て，「国民経済」形成のための物的基盤として客観的な現代的生産力水準を外部から意図的に獲得することが重視されているのである。
　しかし「国民経済」にしろ「生産力」にしろ，きわめて広範な，それもイ

デオロギー的内容までも含まれるような漠然としたものであって，なかなか捉えどころがはっきりしないものである。また技術移転については，そもそもある技術がある社会に「移転」され，定着するとは如何なる事か，その社会的，文化的なさまざまな要因の検討が必要なものであろう。しかしここで問題にしたいことは，これらすべての根底になっていることについてである。大きくみて「生産力」を構成する要因は，自然におおきく依存することが大きい側面と，人間，したがって社会的側面とに分けることができるであろうが，しかし今日の世界経済を前提にした途上国が国家的に獲得していこうとしている近代的生産力というのは，それを現実化するためにはそのどちらの面においても，かつてよりはるかに大きな社会経済的努力が必要とされていることである。

　前者に関しては，道路，港湾，通信，電力など国家的に建設せねばならない各種インフラストラクチュアも今日の生産力水準に対応した高度のものが必要とされるのは当然であろうし，また後者に関しては，同じくかなり高水準の技術的，社会的能力の必要に対応した一定水準の国民的教育が必要とされるであろうからである。しかもこのどちらも，これまでさまざまに抑圧されつつも地域的に狭く，いわば自然発生的な緊密さで結合してきていた自然（土地）と人間，相互の人間関係をいわば「近代的」に分離してしまうことがその前提となっているのであって，このような「分解」の結果として生じた，孤立して無機能化した個々の要因を国家的に錬成する過程なのである。つまりこれらの全体は，本源的蓄積過程を国家的に，社会的に推進することの主要な内容を意味しているのであって，ここでの「国民経済の形成」過程とは，経済学的には，旧来の非近代的社会を貧富の両極へと分解することを根底とした，いわゆる本源的蓄積過程の進行とそのうえでの工業化過程とを，独立した国家権力による「近代化」として多面的かつ強力に推進していくことなのである。

　ここでの問題にとって重要なことは，国家的開発計画を展開することによって経済構造の根本的変革を必然的に進行させざるをえない本源的蓄積の過

程は，その問題の性格上，さまざまな歴史的，地域的諸要因の多様性によって不均等な出発をせざるをえないものであったことである。しかもこの過程が歴史的に進行すればするほど，地域的，歴史的に，自然と人間，人間相互の社会関係など，質的に多様な組み合わせの上に展開する以外にない以上は，それらの発展の不均等も激化せざるをえないのである。このような「発展」が統一的南北交渉を，ついには歴史的に分解させてしまった根底にあるものである。

しかもいうまでもなくこの不均等の結果，「離陸」に一番前進していた地域にこそ「北」の援助が集中的に投下されたのであって，このことはこの不均等をはるかに大きなものへと押し上げることとなったのである。

第7に，この政治的団結の解体を規定したと思われる，世界経済のいわば歴史的構造上の側面についてである。南北間の不均衡是正を目指した運動の根本的意義という視点よりみると，先進国の高度成長を動力とした世界経済の拡張基調は，少なくともその当初においては，南の全体までをも何らかの仕方で包摂しうるような方向性を指向していたものと見うるのである。しかし高度成長の進行に伴ってしだいに激化していった一次産品問題によって途上国がしだいにその傘の外に置かれてきていた。そればかりか，高度成長の中心をなした技術革新が，人間生活の向上の必要から生じたのではなく，むしろ高度な資本蓄積の国家政策的推進に主導されたことによるものであろうか，それらのための原料の変化が急速に進行し，従来の途上国輸出品市場は相対的に狭められていく傾向をもつことになっていったのであるが，さらについには構造的不況下の巨大な世界的不均衡への転落によって，この方向性がついに閉塞されてしまったということがその根底にあると思われるのである。つまりそれは，南の「国民経済」の直接的な自立を目指す開発方式の「全般的」進行を基盤として南北格差の是正を実現しうる可能性は，世界経済的基盤変動のなかでは喪失されていったことを意味するものであった。

それに代わって，上述の不均等に展開した開発により「離陸」に必要な諸要因を最も集積できたラテンアメリカ，アジアの一部地域は，先進国多国籍

企業が大きく拡大させてきた世界的蓄積様式に直接包摂されはじめていって，新興工業諸国 NICs 化し，その他の途上国との違いを拡大していったのであった。

3　世界開発と南北問題——高度成長と経済開発計画との歴史的意義

さて世界政治上での南北交渉によって調整されるまでにいたった先進国の高度成長と発展途上国の経済開発計画とは，20世紀世界経済の課題という観点からみて，どのような相互の関連と意義とを持っているものなのかについてまとめてみることにしよう。

20世紀前半に相互に関連しあった二つの世界大戦を爆発させるまでに至った資本主義世界体制全体の危機が進行するなかで，20世紀初頭以来の「植民地問題」はしだいに，19世紀的後発工業国による自己経済領域拡大要求の「ヨコ」の問題と，旧植民地体制内部での「タテ」の問題とに大きく二分化されて展開してきたのであったが，第2次大戦を契機として進行したこの両面での再編・発展過程においても，それぞれに別個の問題として進行していくことになったのである。たしかにもともとこの帝国主義的植民地問題を構成する先進国体制と途上国体制との両側面は，それぞれの内在的基盤における支配的蓄積様式はそれぞれ，おおよそ本来的蓄積と本源的蓄積という異質の水準を中心としたものでありながら，20世紀世界経済における不可分の諸側面として相互に関係をもたざるをえないものとなってきていたものである。したがってまたそれぞれの歴史的再編の性格も異なり，またその再編の進行も一定の時間的ずれをともなったものであったので，その結果として生じた体制もそれぞれ，戦後の先進国体制と発展途上国体制というまったく異なった体制であるものとして戦後世界に出現してくることになったのである。

しかし戦後世界経済の発展過程においては，先進国の高度成長と発展途上国の経済開発計画の進行との間には，相互に多様な問題を孕みつつも，20世紀世界経済を構成する一環をなすものとして密接に関連しあっていく以外になかったのである。

そもそもほぼ19世紀から20世紀への歴史的転換の時期において，全世界にわたった列強による「領土的分割支配が完了」してしまったことは，資本主義全体としては，資本主義列強全体の国家的支配領域が外延的に拡大する余地はそれ以後になくなってしまっていることを意味するものであった。したがって次第にさしせまってくる総体としての資本主義的世界市場の拡大，発展の必要は，すでに列強によって国家的に分割支配されてしまった領域全体の枠内における市場の内部的発展による以外になくなってきていたのである。それは19世紀における世界市場の拡大が，一方では内部的市場の不断の拡大を中心としつつも，列強がその領土，領域を不断に外部に拡大することを「前提」としてその市場がいわば「自然発生的に」外部的に拡大していくことができたいわば「19世紀的な世界市場拡大方式」とでも言えるものは，いまや列強全体としては不可能になってしまったことを意味するものであろう。そこでは，列強が独占的に支配する領域枠の範囲内で世界市場を拡大させるための圧力が増大していくのであって，このしだいに累増していく拡大圧力はもはや何らかの仕方で人為的に追求されることによる以外に「解決」しえないものとなってきていたものである。20世紀の当初は，不均等に発展した強国が差し迫った自国の外部領域を排他的に拡大すること，つまり他の「持てる」国家の領域を直接的に「再分割」することによって，個々に自己の市場問題を解決せんとすることから問題がはじまったのであるが，そのような個別的な「解決」の方向性では，もちろん資本主義列強全体にとっては「世界市場」の拡大を可能とするものとはならなかったのである。つまるところ世界的範囲において可能なところから何処ででも経済開発を推進すること，つまり「世界の開発 world development」によって世界市場の内部的拡大を作り出し，それを基盤とする以外に，巨大な規模にまで発展した資本蓄積をいわば「均衡的に」展開しうる可能性はなくなってきていたものであると言わねばならない。

しかし現実の歴史においてこの「世界の開発」を可能としたものは，二つの世界大戦にわたる危機の展開とその再編成としての第2次大戦と植民地体

制崩壊とを待つ以外になかったのである。これを転機として20世紀中葉から世界史に登場した先進国の「高度成長」と発展途上国の「経済開発計画」こそは，「世界の開発（world development）」による世界市場の未曾有の内部的拡大を齎すことを歴史上初めて現実に可能にしたものであって，その意味でこの両者は，本来一対のものとされねばならないものである。その規模についてはさまざまな指摘がなされてはいるが，まず20世紀全体の経済成長についてその前半と後半とを比較したマディソンによれば，1980年時点で世界のGDPの85％をしめている，OECD諸国，アジア，ラテンアメリカ及びソ連など32カ国のGDPは，1900年から1987年まで年率3％で成長しているのであるが，そのなかでも，20世紀後半における成長は，そのあらゆる地域で加速されていて，1950年までは年率2.1％であるのに対して，それ以降は年率4.1％になっているという。ここでの1987年という比較時点には先進国高度成長以降の低成長期も含まれているのではあるが，それでも20世紀前半期との差がはっきりと示されている。

　しかしこの世界市場拡大の中心は，いうまでもなく，先進国市場の拡大であった。第2次大戦後の先進国世界体制の特徴は，一方ではドルのもとに管理され人為的に創出された自由主義的通貨，通商体制と，他方では，主要先進国を包含する統合の方向を追及することの，この二つの大枠の下に管理されたことである。ここに歴史上はじめて成立した，広大で「自由な経済領域」のもとでのみ，20世紀特有の，国家的に推進された，先進国全体を包含する「高度成長」体制――技術革新を先導とした未曾有の規模での「市場の内包的発展」――がほぼ四半世紀にも亘って展開され，「完全雇用」と「福祉国家」が実現されたのであった。

　他方で，この先進国市場の拡大と並んでまた，客観的にこの過程との密接な関連のもとで展開する以外にない発展途上諸国の「国内市場の形成」過程を挙げることが必要である。たしかに政治的主体の水準で問題を立てると，発展途上諸国が開発計画を開始した当初は，当時の有利な国際政治的環境を利用して，先進国の「帝国主義体制」とは別個に，自らの生存と自立のため

の反帝中立的な「第三勢力」を目指すことができたのであった。しかし相次ぐ開発計画の進行が，世界市場における「一次産品問題」に直面して苦境におちいることとなって，「北」に対する要求を強めてきたのである。この事態を契機として，ほぼ1950年代後半，「北」が自らの北南問題として受けとめる体制をとるにいたったのである。このことは，この苦境にある南の主体的要求を，「北」自らの必要としてうけとめること，つまり客観的には20世紀初頭以来必要とされていながらも歴史的に全面的に現実化させることができずに推移してくる以外になかった「世界開発」を現実の世界経済において展開しうる客体の登場として受け止めることの主体的な意志表明を意味するものである。

さてこの20世紀後半にいまや一般化するにいたったところの，「開発援助」を軸とする，途上国包摂の新たな国際体制の性格を独占資本主義の国際的支配の側面から捉えると，20世紀前半における帝国主義的植民地制度と比較してみて，たしかに形態面からみた独占支配の点では，直接の全面的政治的支配という完全独占の状態から，従属の過度的形態へと後退したものということになる。しかしそれは，途上国の内在的な「民族」経済発展の要求に第一義的に基づいていて，その展開として生じてきた体制なのであるということが，この変化の意味を理解するうえで，何よりも重要な点なのである。市場の内的発展を必要としながらもその独自の全面的発展を阻止もする外在的な「植民地的従属」体制から，政治上はいまやそれ自体で国家権力を把握するまでに主体的に成長していて，自らの経済的発展を国家的に推進するにいたったばかりか，その内的発展を外部からも推進する──一定の規制を伴ってではあるが──という体制へと移行したことである。ここで展開されていく発展途上国の本源的蓄積過程と何らかの産業的発展の新たな推進とは，独立した国家権力自体によっても，また財政金融を中心として世界的規模で組織された国家的力能によっても，つまり重層化された構造での国際国家的力能によって強力に推進されてきているのであるから，植民地時代よりもはるかに大規模かつ深刻にこの過程は急進させられてきているのである。こうし

て世界周辺部の果てにいたるまでこれまで最底辺の生存維持経済と強固に結合され残存してきた現物経済を破壊して,これを「市場経済社会」へと転化せんとする過程が,歴史上はじめて国家的に計画された強力な開発の意図のもとに推進されてきているのである。それはいうまでもなく,従来の残存する現物経済はもちろんのこと,多様なあらゆる「非資本制経済」を破壊していって,客観的には,市場経済社会を「創設」せんとする方向へと政治的に推転させられていく——たしかに内在的な自生的基盤での弱点をもつ地域が多いのにも拘わらず——過程なのである。それは,歴史的にはこれら(周辺)地域が資本主義世界市場の形成,発展過程に包摂されていくなかで展開されてきた本源的蓄積過程の多様な展開を引き継いできているものであるが,いまやこの変革過程が国際的,国家権力的にも促進される事態にまでいたったことを意味するものである。

しかし国家的独立後にその経済的基盤を形成するものとして主体的に推進される「開発計画」とそのもとで推進される市場経済の発展が,本来,従前よりもはるかに進んだ,いわば近代的な技術体系を中心とした推進力によって強力に進行されてきているという側面が主導的であるものと捉えることができる限りでは,この過程も基本的には,市場の内包的発展を中心とした拡大過程であるものということができるものである。

しかし,20世紀の独占資本主義的蓄積にとって不可欠な「世界市場の内部的拡大」の量的規模の観点からすればもちろん,たしかにGNPや貿易量に示される先進国での高度成長の大きさは,圧倒的なものであろう。しかし本源的蓄積過程の特質である,あらゆる暴力的,破壊的諸力によって旧体制を破壊し市場化を推進する体制転換過程においては,官僚機構によって捉えられる公的な統計ないし推計にはとうてい示されえない深刻な質をもった「市場化」水準の問題であることを考慮されねばなるまい。本来,私的所有に基づくだけの自然発生的な「市場」それ自体としては何らの社会的規制を内包するものではない以上,その無政府的な拡大の一般化は社会生活に対する徹

底した破壊，侵食を広範に展開する傾向をもつものであろう。市場関係が人間社会を内在的に捉えるために必要な社会的慣習や諸制度，インフラストラクチュアなどがほとんど形成されてきてはいない歴史的転換期において，このように人間社会の破壊，改変を展開する市場経済の規模とその質的意義を基準としてみると，発展途上地域における変革の規模のほうがはるかに大きいという以外にないのである。しかしこのようにこの二つの過程のそれぞれの人間社会生活のあり方の「質的な」特徴を基準としてみると，一方での先進国「高度成長」の歴史的特質は，すでに近代市場に包摂されてからの長い歴史的過程を経ることによってすでに高度な水準に達している「近代的」社会生活自体が，更に高度な社会諸制度やインフラの公的な構築の上に深化されていく更なる市場化は，安易な欲望への一方的な不断の社会的刺激によって著しく深化させられてきていることを意味するものである。また他方で発展途上国「経済開発計画」の歴史的特質は，先進地域の資本主義体制に歴史的にしだいに包摂されてきていた全人類人口の圧倒的部分の社会的生活過程がいまや市場経済に決定的に捕捉されるにいたっていて，いまだそのための基礎的なインフラや諸制度も不十分なままこれに翻弄されていく「自由な」生活様式へと引き摺り出されたことを意味しているのである。そのどちらも社会的実態からみるとそれぞれに，このようにきわめて深刻な事態になってきていることを意味するものである。

　しかしともあれここで強調したいことは，このように深刻な「質的な」社会的内実をもつことによってはじめて達成されたこの世界市場の内部的な（量的）発展が，先進国国家，発展途上国国家が相対応しつつ，強力に推進した，全世界的な規模での国家的な「World Development 世界の開発」とよばれるにふさわしい過程によってのみ可能となったものなのであるということである。

　この南北「国家間」の世界経済政策上対応しあう両面の問題として見てみると，まず南は独立した国家権力をテコとした「開発」により抑圧されてきた「従属経済」を「国民経済」として自立させるための要求を展開した（こ

の側面のみを取り上げたのは，森田桐郎「南北問題」，木下悦二氏など)。これに対して北は，これを支援しつつ，北の成長に再編，包摂せんとする。(この面のみでとらえるのは，新植民地主義派)。実はこの両面の主張の間における巨大なギャップにこそ，南北関係問題の本来的な困難性があるのである。しかし，前者の必要は国家的に推進される本源的蓄積過程を基盤とした「初期産業資本」的蓄積の推進であり，後者の必要は独占的蓄積の進展に対応して必要とされる広大で「高度な」市場基盤と市場関係とが国家的に開発されることなのであって，そのどちらも（それぞれ異なった次元の資本蓄積様式の必要に基づいて展開される）国家的開発によって内外にわたって市場関係の拡大を図っていくことを追求する以外にないものである。しかし20世紀世界経済が列強による「領土的分割の完了」から始まったものである以上は，既存の分割されている国家的支配領域の外部に市場関係を拡大していく余地がはじめから限定されているのである。そうである以上は，この南北問題の両面の矛盾を「解決」する方向は相互間に生じているインバランスを何らかの仕方で是正（＝right relations）をしていく方向を探る以外にないものなのである。つまりその相互間の矛盾は，この国家的に推進された World Development という，現代資本主義が世界的規模での国家政策的な市場拡大の必要に歴史的に直面してきていることを客観的な前提とした上での，いわばブルジョア的な対立，妥協の問題なのであったということになるのである。その際独占的蓄積にとって本来必要であった地球的規模の経済開発の一部分である発展途上地域の開発は，主体的にこの開発を推進する発展途上国にとってはもちろんのこと，それを「援助」しつつ「包摂」せんとする先進国にとっても，相互間に矛盾しあった大きな係争点をかかえるものではあったが，しかしそれは，相互にそれぞれ相手の今までになかった高水準のブルジョア的発展を必要とし，それを大前提としなければならないことにも拘らず，それを達成することが困難であるような相互調整の問題なのである。

　そして，この歴史的過程に対応して世界政治上の重要課題の1つとして，主に「開発援助」と「南北交渉」との二形態をもって歴史的に登場した「南

北関係問題」とは，この次元の視点から客観的に見ると，相互にこの問題を「解決」して「南北のバランス」「適正な関係」を保つことによって，全体としての20世紀資本主義の前に提起されたこの「市場の内部的拡大」という現代共通のブルジョア的課題に応えようとしたという歴史的意義をもつものなのであったということができる。「南北交渉」が現実に「解決」に到達することは，このような展開によってのみ可能となったものであったろう。

しかしながら他方では，先進国において現実に推し進められた未曾有の規模での「市場の内包的発展」は，つぎつぎと急展開していく技術革新と化石燃料を基盤とした多様な産業構造への展開を中心としたものとなっていったのであって，この側面からみると，従来からの農産原料を主とした一次産品にいまだ依存せざるをえない水準にあった途上国経済開発を突き放して，そのレベルでのバランスを著しく崩していく方向をとっていく以外になかったのであった。この側面から見ても，当時の南北交渉が長期的に継続されていく基盤はしだいに崩されてきていたのであった。かくして，70年代には，先進国の高度成長によって巨大な規模での蓄積の結果として必然的に生じた過剰資本が，圧倒的な規模で対外的に進出を展開していくのである。こうして新たな規模で「南」を再編成していって，それに対応した新たな質をもったバランスを作り出していこうとする局面が展開されていくことへと繋がっていったのである。

(1) 外務省情報文化局編集『新訂南北問題関係資料集』外交時報社，1983年，3-37ページ，参照。
(2) 1974年の NIEO の意義については，当時，戦後世界秩序たる IMF, GATT 体制に対して原理的にその修正を迫ったものであるとする評価が多かったのである。しかしニクソンショックは1971年であり，73年には変動相場制へと移行してしまっているのであって，明らかに IMF 体制は崩壊したあとのものであるから，主観的にはともかくとして客観的には，この要求は戦後世界秩序に向けられたものではなく，来るべき現実妥当的な世界経済秩序の再編に向けての南の要求と評価されるべきものであろう。それは，その後変動相場制下での国際的資本移動の投機性が政治問題となる度

に提案される公的な国際金融システム安定化構想のなかで部分的に具体化されてきているものであろう。
(3) Maddison, A., The World Economy in the 20th Century, OECD, 1989, p. 16.
(4) 森田桐郎『南北問題』日本評論社，1967年。
(5) 岡倉古志郎『新植民地主義』岩波書店，1964年。
(6) フランクスが North South Problem という問題提起をしたとき，このような政策的意図を端的にこう表現したものであろう。

第3編　世界開発体制の南北問題への「覆い被さり」

第6章　世界開発体制の全面的展開
　　　　――新帝国主義の世界体制――

1　構造的不況への転回と地域的分極化

　1970年代が進行していくにつれて，南北国家間の直接の政治的な「集団交渉」というそれまでの交渉形態はしだいに機能しなくなっていった。世界政治上での南北間の「交渉」は，それまでの直接の集団交渉に代わって，今や世界政治の中心的問題として登場してきた環境問題，人口問題や，通商，貿易自由化の問題，国際通貨問題等の個別的な問題領域における検討のなかで南北利害が食い違っている諸問題として，それぞれに展開されていくようになっていくのである。このような政治上の変化を根底から規定していったものは，ほぼ70年代全般にわたり多面的な激変を通じて進行した世界政治経済構造の大きな転換である。
　その中心的変化は，戦後体制の中心であった先進国高度成長が遂に「構造的不況」へと転落しはじめたことである。それは資本主義史上未曾有の規模に拡大した先進国の高度成長体制が，これまた未曾有の規模と特質をもつに至ったその内在的矛盾の発展により，その発展を支えてきた基本的枠組のいくつかのものを必然的に崩壊させたことによるものであった。この転回における中心的転換点は，1971年8月のニクソン新経済政策による金ドル交換停止を転機として，国際通貨面において戦後自由貿易体制を支えた中軸の「IMF固定相場制」が崩壊させられ，ついに「変動相場制へと移行」してしまったことである。これを契機として，いまや何らかの歯止めさえをも取り払われてしまったドルは國際的に大量に流出しだしたのである。その結果，71年半ばから73年半ばまでの間に，ドルはマルク，ポンド，フランなど他の4SDR通貨との相対的価値で約25％も低下し，それとともにドル表示の工業

製品価格が30.4%も上昇した。このドル価値の急落により，石油輸出代金をドルに大きく依存してきていた産油国は急激な収入減に見舞われたのであった。そして，73年中東戦争を契機として，OPECによる一挙4倍もの原油価格引き上げ戦略が発動されたのである。

　このオイルショックの急襲により，その長期的価格低下によって高度成長体制全体を下支えしてきていた国際的石油価格は急騰し，これを契機として，それまでマイルドインフレーションの下でなんとかバランスを取ってきていた価格体系は一挙に破壊されてしまって，74, 75年にわたる戦後初の世界経済恐慌，それもスタグフレーションという特殊な形態での恐慌へと落ちていったのであった。この物価騰貴に関しては，一方ではたしかにそれまでにも，60年代末に需給逼迫から石油を含めた一次産品価格や賃金などがしだいに上昇しはじめてきていたという景気過熱期本来の上昇があったのではあるが，しかし他方ではそれまでのように通貨投入が直ちには成長へと繋がらないというようなこのスタグフレーションに特徴的な関係へとしだいに変化し始めてきてもいたのであった。しかしその展開のうえで高度成長体制に対して最後にとどめをさしたものは，単純な過剰生産恐慌としてではなく，このしだいに圧力を高めてきていたインフレーションが金ドル交換停止により急進したことによって産業部門間の価格体系に急激な不均衡を生じさせたことによるものであり，これに対応した石油急騰がそのバランスを一挙に崩す契機となったものである。

　かくして先進国に生じた競争条件の激変のもとで，「重厚長大」と俗称される高度成長の中心的部門とそれをめぐっていわば拡大均衡的に構築されてきた経済構造全体に生じてきてしまった未曾有の規模での資本過剰化の圧力のもとで，その新たな投資分野を求める動きが急激にはじまったのである。一方ではいまや巨大なコスト要因と化した石油への依存を減少させる対策の模索とそれを可能とする新たな省エネルギー部門の開拓とともに，他方では，国際的な資本移動を新たな規模で展開せんとする動きが始まることになった。このようにして，高度成長過程ですでに先進国体制内を中心として一般化し

拡大されてきていた独占的巨大企業による「世界的蓄積様式」の新たな地域への急展開と，それに促迫された新たな規模での世界経済的不均衡の急拡大，といったまったく新しい客観的経済情勢へと急転回するにいたった。

　世界経済をリードする米，独，日などの先進諸国政府は，70年代後半において，スタグフレーションの克服にむけて大量の国家資金投入による景気浮揚への努力を続けたのではあるが，かえってインフレと通貨危機を激化させていく以外になかったのである。このような過程のなかで，これまで戦後世界の均衡的拡大を主導してきたケインズ的国家主導の開発政策に対する疑問と反発が生じてきたのであって，ここに市場への国家的規制反対，私的資本の自由への規制反対の思潮はしだいに大きくなっていき，ついに80年代初頭からは，サプライサイダーとマネタリストをその理論的武器としたレーガノミックスによる「新自由主義」政策へと転換していき，これ以後の主要な政策的主潮を形成していくことになったのである。そこでの中心的政策は，これまで社会経済全体の均衡的発展のために必要とされてきていた，資本の自由な移動に関する従来のさまざまな規制をしだいに緩和してゆく「資本の自由化」であり，それは個々の部門間の移動に関してはもとより，国際的な移動に関しても拡大されていくことになったことである。この大きく転換された政策のもとで，いまや巨大な規模での過剰資本を抱える独占資本は，その蓄積様式を世界的な規模で以前よりははるかに「自由に」展開し相互間での巨大な競争を繰り広げていくことに，世界経済全体を大きく巻き込んでいくことになったのである。

　世界経済のこの新たな情勢への展開により，先進国の高度成長を中心とした「世界経済の均衡的拡大」を曲がりなりにもそのベースとしてきたそれまでの南北交渉は，その客観的基盤も主体的条件も分解され，ばらばらにされてしまう以外になかったのである。その過程を途上国の内部的側面から見ると，60年代の「開発の10年」を経るうちに，そもそもの出発点から地域的，国家的に本来的に有していた異質性の上に進行してきた，度重なる「開発計画」によって，地域別にも，国別にも発展の不均等がかなりの開きを見せる

にまでになったことが，この分解の内在的な客観的基礎としてとらえることができるのである。

かくして第二次大戦後，南北それぞれに国家的に再編成されたその政治的枠組みの下で大きく「世界の開発」を推進してきた世界経済は，いまやこの戦後体制のもとで達成された高度に社会化された水準を基盤としつつも，それを支えた国家的枠組みを大きく乗り越えてこれまでにない新たな質と規模をもった不均衡を拡大し，多面的な不均等発展を展開する局面へと入っていくことになったのである。

一方では，戦後統合的に再編成された先進国体制は，構造的不況下において，総体としての「世界的統合」の枠は何とか維持しつつも，各地域別の「地域的統合」に大きく，いわば「分化」していく様相がしだいに現実化してきていたのであった。それは一方で，「変動相場制」下においてアメリカ政府は対外債務を一方的，無制限に激増させていくことができるという異常な「基軸通貨国」として，恣意的な支配力を振るい始めたうえに，他方でそれに依存するアメリカ独占の世界市場における一方的で自由な行動が展開されてきていたからである。とりわけアメリカ政府は，貿易収支の悪化に対応するために，これまで戦後世界市場の均衡化のために対先進国，ついで対途上国と展開してきた「対外援助」の編成を転換しはじめ，その重要な構成部分を削減し，これを民間による直接の輸出拡大へと転換させていく。その大きな項目の1つは，従来アメリカの「援助」の重要な部分の1つであった余剰農産物を，通常の輸出品に転換させて世界農産物市場に大きく乗り出してきたことであり，いわゆるアグリビジネスの世界市場支配力を強める方向を明確にしてきたことである。もう1つは，アメリカ軍産複合体に支えられている強力な武器製造の民間産業からの武器輸出が，途上国，とりわけ民族的緊張の高まってきていたアジア，中東地域を中心として増大してきたことである。このような世界最大の競争力をもっている食料と武器に代表されるアメリカの世界市場への進出に対して，他の先進各国，各地域でもそれぞれの排他的な市場や利権の確保など，差し迫った個別的な利害を押し出すことと

なってきたのであった。こうしてすでに高度成長過程で形成されてきつつあった，それぞれの排他的な地域的経済協力，統合関係をしだいに強化する方向が必要とされてきたのである。

かくして一方では，世界経済は大きく，米，欧，日（東アジア）を中心としたそれぞれの周辺諸地域との地域的統合化を進めることによってこの三極に分化していき，形態としては1930年代の「ブロック」化と類似した傾向が出てくることとなったのである。このような三極のうちでも，独仏中心の大陸ヨーロッパは，戦後危機を克服する過程で，52年ECSCから58年EEC，67年ECへと，60-70年代までは，EC枠組みの「保護貿易」によって内部での高水準の社会福祉を創出，維持するとともに，この大陸欧州から始まった地域的統合の漸次的拡大，深化によって，しだいにEFTAなどの対抗的な周辺諸国への吸引力を高めていった。こうして構造的不況下での世界的競争において米，日に大きく立ち遅れた内部競争条件を強化（＝福祉削減）するための梃子として，この経済統合を更に一層前進させていくことになった。内的にはさらに，93年11月発効のマーストリヒト条約で推進される，物価，長期金利，財政，通貨安定の厳しい4条件をクリアして可能となる通貨統合，それに政治統合へと多面的統合への深化をめざしていくとともに，外的にも欧州内の周辺諸国へと拡大させていく方向を強めてきている。とりわけ東西ドイツの統一，ソ連の崩壊を転機として，オーストリアを始めとした中欧，それに「移行経済」過程にあるポーランド，チェコなどの東欧諸国へと急速にその加盟国を拡大しつつある。

他方，EUは，その加盟諸国のアジア，太平洋，カリブ海にわたる旧植民地であるACP諸国との間に，これら途上諸国の実状にあっている極めて有利な経済援助や協力が供与される「ロメ協定」を締結してきている。その主な内容は，APC諸国の輸出農畜産物など（のちに鉱産物も加えて）の価格の変動による輸出収入減少への救済措置として発足したスタベックス（STABEX）だが，しかしとくに80年代はじめには実際の価格下落の激しさで予定どおりの機能ははたしてきてはいない。また，EEC基金によって

APC 諸国の開発プロジェクトに資金援助を与えることをも定めた。1976年発効の第2次ロメ協定は、投資保護・移民労働・漁業・海上輸送・エネルギー政策・農業開発について新しい規定をも設け、また82年には、APC 開発銀行（APC Development Bank）の設立について合意し、85年からの5カ年間に、75億 ECU の援助が64APC 諸国に供与され、さらにヨーロッパ投資銀行からは、総計11億 ECU の融資がなされている。

　もともとその内部に強大化していくドイツとフランスとの対抗、独仏対イギリス（背後にアングロ・アメリカン）の対抗、アメリカ対独仏の対抗などを内包しつつも、ヒト、モノ、カネ、サービスの流れの制限を除去して経済領域を拡大することの不可避的な必要から「深化と拡大」を推進してきたのであって、いまやこの拡大 EU の規模は、2004年5月には一挙に10カ国が加盟して25カ国、人口4億5000万人、GDP 8兆9500億ドル（US は10兆4100億ドル）の規模にまでなってきているのである。

　このように EU は、東方への拡大と、途上地域（といってももともと「発展」度の低い諸国）への支持と援助を展開してきているのであるが、これは、IMF、世銀などの途上国への新たな包摂が画一的な性格をもっているのに対して、たしかにこの地域的統合態からの包摂はそれぞれの地域と歴史的関係とを基礎としたものであるから、諸地域の多様性に対してより適合的な接近形態となっているのである。そのことによってまた、その中心諸国からの工場移転による空洞化（とくにドイツでは、2004年現在、すでに企業の25％が生産拠点の25％を中東欧などに移している）や、新加入国や APC 諸国からの労働者の大量流入などの規模をはるかに容易に展開させることができているものである（これに対抗して、EU は、2004年に、中東欧8カ国からの労働力受け入れを7年間制限することを規定した）。

　いまやユーラシア大陸のなかばへと大きく接近しつつあるこの欧州統合の拡大強化に対して、アメリカはアメリカ大陸全体の包摂に向けて、NAFTA の結成で対抗し、さらに FTAA の方向を追及するとともに、ひるがえって、石油資源の分割をめざして中東地域へ、さらに膨大な人口を基礎に広大な市

場へと急成長しつつあるアジア地域へと，世界大での独自の勢力圏を拡大せんとして対抗してきている。

　この先進国体制の地域的な分化傾向に対応して，他方では北に対抗する政治的統一を分解させてしまった南の諸国は，この先進国側からの新たな動向に対応してそれぞれに包摂され，再編されていく方向に向かうことになったのであるが，しかしそれはかつてのような一方的屈従としてではなかったのである。

　「南」は今や，不均等，不均質ないくつかのグループに分類されてくるようになった。

　その第1のグループは，高度成長体制のもとでとりわけて重要な産業基盤の一つとなってしまった原油資源を保有してその供給を独占しうる地位にのし上がった石油産出諸国，OPECである。このグループは，第2次大戦後，石油メージャーから自国内油田の所有権を次々に取り上げていき，その特殊な資源に対する国際的な「土地独占」を基盤として，北との対応においてもかなり強力な国際的交渉を展開できるようになってきていたのである。しかし二度にわたって引き上げられた原油価格による膨大なオイルダラーによっては，一時的に外資による国内投資ブームを沸き起こすこともできたのではあるが，国内的に近代産業を構築する社会内的基盤がはじめから圧倒的に欠如していることから，その後の蓄積はあまり進んでいない（この点は7章で展開する）。南の世界における特殊な土地独占の突出した原料支配の特徴というべきものであろう。それどころか，この原油値上げは，その世界的な流通，精製過程を独占してきているメージャーに「予期せぬ」巨万の富を蓄積させたばかりか，それをテコにしてアメリカなど先進国の低迷してきた石油をはじめとするエネルギー産業の再編成が有利に展開することをも可能とさせたのである[1]。

　また70年代，このOPECによる急激な原油値上げにより，貿易収支のマイナスの急増で甚大な影響を受けることとなった途上諸国は，当時MSAC

として分類されたが，OPEC諸国との利害が対立的となることによって南の対北交渉体制の統一が崩れてしまって，「南南問題」発生の端緒となったものである。

　第2のグループは，いわゆる「新興工業諸国」の発展がみられたことである。この工業化は，相次ぐ開発計画を推進してきた途上国のなかから，この局面でようやく，戦後世界経済編成に新たな重要な変化を齎す新勢力が登場しはじめたことを意味するものである。1979年，OECDの"The Impact of the Newly Industrializing Countries on Production and Trade in Manufactures"は，70年代，先進国における高度成長が終焉に向かっていく過程のなかで，これに反比例する形で，「南」のなかから，outward‐looking growth policyを進めてきているいくつかの諸国が急速に工業製品の生産と輸出のシェアを拡大してきていることが世界経済に急激な変動を齎しつつあることをリポートしたのであった。(2) 以後，「南」におけるこれらの新興工業化現象はNewly Industrializing Countries（略してNICs）とよばれるようになったのである。このOECDリポートによると，それは，南欧で，ギリシャ，ポルトガル，スペイン，ユーゴスラビアの4カ国，ラテンアメリカで，ブラジル，メキシコの2カ国，アジアで，韓国，台湾，香港，シンガポールの4カ国の計10カ国が挙げられていたのである。しかし未曾有の規模に拡大した「高度成長」の崩壊＝構造的不況への激変による不安定性のもとでは，これら新興工業諸国の運命はきわめて多難なものであって，80年代に差し掛かる頃には，南米とアジアとの数カ国だけが新興工業化国として取り上げられるようになってしまっていたのである。

　これら70年代以降の構造的不況下で躍動しだしたこれらいくつかのグループ以外で，アフリカを主とした他の多くの諸国では，この不況下のしわ寄せを一方的に押し付けられて最貧状態をさらに悪化させられていき，「最貧国」least less developed countries.（略してLLDC）と分類されるにいたった。

　かくして，世界経済における中心的な地域的インバランス構造を基盤とした「南北関係問題」自体は，世界経済の変動のなかで南と北，それぞれの内

部にも不均等を構造化させつつ、世界的な再編成のなかに巻き込まれていくのであるが、この再編過程では、その範囲においても、その内容においても、さらに深刻な展開を遂げてくることになったのである。

　まず何よりも、この70年代以降の局面への展開において決定的に変化したことは、南北関係問題を世界政治経済的におしすすめる主導権は、「北」によって主導される方向へと逆転されてきたことである。そこでの特徴は、以前には、國際政治上、国連での団体「交渉」で、「南」という国際的弱者のナショナルな要求が中心的にクローズアップされてきていたのとは対照的に、「北」という政治経済上の強者からの政治経済的規制の直接の強化──国家による政治的「規制」と資本による経済的「支配」とが、ともに関連しあいつつ南に対する圧倒的な圧力を展開してくるのであって、ここに戦後南北それぞれに再編されて対立と交渉によって相互に適切な関係を模索しつつも大きく発展してきた世界経済は、新たな局面へと展開するにいたったのである。

　しかし、もともと「南北問題」「北南問題」とを区別した上で相互関連を探っていくという捉えかたのメリットの1つは、一方からだけが必要とする観点から見るのではなく、双方向の多面的関係として問題を幅広く関連させて捉えることができるという、この現実の問題がもっている本来の特徴に適合している観点であることにあったのである。先述からのこの問題をめぐるイデオロギーに合わせて云えば、南北関係問題は、「南北問題」として、民族解放運動が主導した、いわば世界的弱者による政治闘争が中心となって、国際政治の場にまでも直接展開されるまでになっていたところの局面から、逆に先進国側からの、国家と独占的大企業とが国際的に提携、融合しあった世界最強の勢力による直接の政治経済過程で展開されてくるところの、(世界的規模では)「新帝国主義」主導、(北－南関係の範囲では)新たな積極的体制「新植民地主義」主導といわざるをえないような局面へと展開するにいたったものである。ここでの新たな支配体制は、当初「脱植民地化」という、途上地域に関してはむしろ消極的な側面でしか規定する以外にないように見えた帝国主義が、実はこの旧植民地支配の領域においても、歴史的に新たな、

積極的な支配の実態をもったものとして展開されるに至ったものとして理解するべきものであろう。ここでのテーマに即していえば，それは独占資本の必要とする World Development が先導する「北南問題」が，不十分とはいえようやく一定の前進を展開してきた「南北問題」の上に大きく覆い被さり，圧倒的な包摂を展開して，自らの必要とする内容へと変容させんとする側面が支配的になっていく局面へと展開していくことになったということができるものであろう。このような世界政治経済過程における最大の強者の「自由な」活動の強化は，とりわけ富者の私的な活動を自由に拡大することこそが社会を発展させるものであるという「新自由主義」によってイデオロギー的にも合理化，正当化されて急展開していくのである。こうして，それまで戦後全世界的範囲にわたって統合形態枠のもとに再編成され，地球的規模での国家的「開発」の大規模な推進によって，いまや巨大な規模にまで達した世界経済は，そのなかでもとりわけ巨大化した私的資本の自由な無制限の活動によって，深刻な貧富格差の拡大，不平等化を，自由と民主主義の名であからさまに正当化されつつ，激烈に進行させていくこととなったのである。

しかもこの激変していく圧力のもとで，歴史的にしだいに弱体化してきていた「社会主義体制」は，80年代末には大きく挫折してしまうことになり，ついにはソ連の解体で，20世紀資本主義世界全体を大きく外部から規制してきた国際環境そのものが消滅してしまったのである。このことが南北関係問題の展開にとって持つ意味は，これまでは南北問題を「解決」するための政治上の外的促進条件であったものが，いまや逆転してその外的抑制条件へと転化した，ないしは多様に重層化されてきている「南」「北」関係のほぼ中間的な位置に新たな諸地域が組み込まれ，それぞれに配置，包摂されてきて，全体の交錯しあった再編構造を更に複雑なものに展開させていくことになってきているものであろう。

2　国際的国家規制の再編強化——累積債務問題と構造調整

「構造的不況」下における北南問題の新たな展開を最初に大きくリードし

第6章　世界開発体制の全面的展開

ていく契機となったものは，途上国累積債務の急増が世界的な政治問題化したことであった。この問題を契機として，先進的な途上国の開発体制に対する先進国の政府，国際機関と主要銀行とによる，いわば多重化された国際的管理体制が大きく強化されていくことになったのである。

ここでは，この問題が最初に，そして最も典型的に展開されるに至ったラテンアメリカ NICs を中心として見ることにしたい。

もともと植民地体制崩壊後に推進されてきた開発計画の方向は，歴史的な農，鉱業中心の従属的な産業構造を自律的工業を中心としたものへと転換せんとするいわゆる「輸入代替工業化戦略」を採用したものであった。しかしこの開発戦略は，一方では，広範な範囲のインフラストラクチュアの整備から巨大な設備投資を要する重工業建設などかなり長期的資金投入を必要としていたし，また他方では，一次産品問題の深刻化による資金不足によって，国際収支の悪化，深刻な外貨不足に直面していき，その一般的な打開の方向はしだいに先進国からの資金導入に依存していく以外になかったのであった。その上，60年代における開発援助は，一方では，贈与からしだいに借款の比率を増大させていったので，その条件は，「ひも付き」も含めてしだいにハード化していき，債務残高は次第に累積してきていたのである。その結果としてこれら債務累増諸国の開発計画は，国際的な債権国団によって，各国別の定期的な指導や規制を受けることとなってきていたのであった。

しかし構造的不況下になるや，この途上国債務の累増は加速していき，世界経済上の新たな危険要因として注目されるようになってきたのである。まず最初に，すでに先進国高度成長が60年代末からしだいに過熱状態となってきていて資本の過剰が潜在的に一般化してきていた上に，1973年のオイルショックで生じた膨大なオイルマネーの圧倒的部分が先進国銀行に還流したことを契機として貨幣資本の過多は急拡大し，ついに国際融資競争がひきおこされた。そしてかなり危険度は高くとも，うまくいくとその発展の可能性もあるとみなされた諸国，のちに NICs と称された主要国に集中的に融資されたのである。

そのような対象に選ばれたのは，それまでに，集中的に「開発援助」を受けたことも加わって，とりわけ不均等に展開した相次ぐ開発計画により「離陸」に必要な地域的諸要因を最も集積できていたものと評価された，いわば先進的な途上地域であった。そしてアジア，アフリカ諸国の「独立」を受けた1950，60年代，新たな世界的規模での「民族的」工業化を推し進めてきた発展途上地域開発計画のなかでも，ラテンアメリカ地域はとりわけ50年代末以来，先進国，とくにアメリカからの「援助」を梃子とした「近代化」を推し進めることによって，その先導的，中心的位置を占めてきていたのであった。ブラジルでは，55年から61年にかけてのクビチェク政権によって開始された初期重工業化政策のもとで工業成長率は年率10.1％もの高成長を遂げ，更に68年から74年にかけての重化学工業化計画における工業成長率は実に年率12.9％にも達して「ブラジルの奇跡」と呼ばれていた。またメキシコでは，40年代に引き続いて50年代で5.6％，60年代で7.0％という安定したGDP年平均成長率を続けて，「メキシコの奇跡」と呼ばれたのであった。これらラテンアメリカ諸国は，たしかにこのようにかなり急速に一定の工業化水準に達してきてはいたのであったが，しかし他方では，国家主導で粗放な開発計画の相次ぐ展開は頻繁に悪性のインフレを惹起することに帰着して中断，調整期を必要とすることが多く，高成長と挫折との交代が繰り返されてきたものであった。しかしそれにもかかわらず，発展途上諸地域のなかでは最も「離陸」に近い状態にあり，もっとも有望で大きな将来性を持った地域であると見なされるにいたったのである。

　こうしてこれらラテンアメリカ新興工業諸国は，70年代初頭には一次産品と資源との国際価格がしだいに高騰し始めてきたことを背景として，再びナショナリスティックで野心的，積極的ではあっても依然としてかなり杜撰な工業化政策へ再び転じたのであるが，実はそれを可能にした資金は，すでに高度成長末期からの世界的な過剰流動性の下で，大量の資本過多に悩まされつつあった先述の先進国の多国籍銀行からの積極的融資──國際的公的機関の協調融資と結合された──に依存したものであった。この直接の契機とな

ったものは，73年の第1次オイルショック後のオイルダラー還流による貨幣資本の急激な拡大なのであって，これを契機として以後，この民間銀行からの大量の融資と大規模な途上国開発計画とが相関連して促進しあう構図が創出されていったのである。しかし他方では，この同じ石油価格の急騰はすでに進行してきていたスタグフレーションを急進化させる契機にもなったのであって，それはこれら非産油新興工業化国の国際収支をも直撃して融資への依存度を高めたのであった。

そして以後時間を経るごとにこの構図による債務増加は巨大なものへと膨れ上がっていった。60年代の10年間で3.5倍となった途上国債務残高は，70年から76年までの5年間で3倍に増大し，1400億ドルとなっている。かくして70年代から80年代初めにかけての途上国開発「問題」は，ラテンアメリカ開発中心の展開となっていたのであるが，第2次オイルショックを契機とした通貨危機を経ることによって情勢は急迫する。80，81年の融資急増を受けてさらに巨大化した累積債務は今や世界政治上の大問題となってしまったのである。IMFの推計によると，82年末には，中，長期の債務残高だけでも5052億ドルとなっている。

しかも他方，80年代にはいるや，レーガノミックスによる高金利，ドル高政策の展開の下で，世界的に開発援助，貸付による債務が急速に巨大化していくことになったのである。途上国政府の保証する中長期の公的債務は，70年の690億ドルから85年末には7080億ドルへと10倍以上に急膨張したばかりか，その元利返済額も，70年の37億ドルから84年には357億ドル（その半分は利子の返済分）となるにいたっている（この公的債務の65％は民間金融機関より供給されたものである）。

しかもこれら全債務の6割は，中高所得の主要債務国（84年で160億ドル以上），ブラジル，メキシコ，アルゼンチン，チリ，ヴェネズエラ，エジプト，ユーゴスラヴィア，イスラエル，トルコ，インド，インドネシア，韓国の12カ国に集中して生じたものである。とりわけブラジル，メキシコなど有力資源と工業力のある特定国に圧倒的に集中して生じている。82年のBIS

報告では，70年代に激増した銀行債務3475億ドルのうち，ラテンアメリカ8カ国でその58％をしめており，しかもその4割は9大銀行を中心としたアメリカ銀行からのものであるが，それら銀行の自己資本と融資との比が50％をこえているものが多いというのである。こうして途上国の金融危機がアメリカ大銀行の経営危機と表裏一体のものとなる構造が急速にできあがっていったのである。こうして返済繰り延べ件数は増大していったのであるが，この債務累積問題はとりわけ第2次オイルショックを契機に深刻化していったのであった。リスケデュールは79年に4件（49億ドル），80年に6件（45億ドル），81年に14件（108億ドル），82年には7月までに20件（279億ドル）と急増していき，ついに82年メキシコ金融危機に始まるラテンアメリカNICsを中心とした深刻な「累積債務問題」が発生してきて，当時の世界経済を揺るがすにいたったのである。[4]

　すでに開発援助が本格化した60年代から，主要な援助対象国に対する債権者諸国と国際的債権諸機関とによるConsortium（国際借款団）が結成されてきていて，援助を受けた当該途上国の経済開発政策に対する間接的管理，規制を行ってきていたのであったが，その対象国の範囲も歴史的にしだいに拡大されてきていたのであった。70年代以降，とりわけ80年代に入るや，市場経済主義と民営化をおしすすめるレーガノミックスが支配的なものとなっていくとともに，一挙に急拡大していくこととなった。その際，とりわけこのコンソーシアムを中心的に推進したのはIMFであった。IMFは，すでに固定相場制維持という本来の設立目的が崩壊してしまった以上，70年代からは，国際収支赤字国への融資のための短期的な管理規制が中心的業務となっていたのである。したがって，そのConditionalityは各国の具体的事情を前提とせずにきわめて厳しく画一化された基準を当てはめていくもので，リスケデュールの条件としては，緊縮財政，賃金抑制，歳出カット，それにインフレ抑制，輸入抑制，変動相場制への移行，資本自由化などを課し，その進捗状況に応じて，融資を行なうというものである。その狙いは，直接的に

は滞った借金，少なくともその利子を返済しうるような条件を短期的に作り出すことにあるが，しかし長期的にはこのことをテコとして，資本の自由化，つまり当該債務国を『自由市場』体制に包摂し，外資の自由な進出を可能とすることを目指すものであった。

こうして80年代には，国際収支危機への緊縮的な対策を中心とするIMFと，他方でサプライサイド型構造調整を中心とする世銀とが協調しあいつつ主導していくStructural Adjustment（構造調整）政策が創出，拡大されていったのである。この政策の本質は，一方でいまやかつてよりもはるかに大きな規模と高度な水準において世界的に「組織化」されるにいたった先進諸国の資本と国家との世界的な金融的結合体が，他方でこれもまたはるかに大きく国家主導の開発を推進してきて，地域的にも中心的な地位を占めるまでにもなっている先進的な途上諸国の開発計画という国民経済ないし地域経済の管制高地自体の基本的政策，方針を直接リモートコントロールするものであって，いわば国際的に統合化された財政金融的規制が展開されてきているものであるということができよう。

さてラテンアメリカを中心として問題化した「累積債務問題」の「解決」にむけて，様々な検討がなされたのであったが，当初，その全体としての論調の中心問題は，債務危機に陥った途上国を救済することよりも，むしろ当該途上国へ矛盾をしわ寄せした形で，不良債権を抱えて危機に陥った主要先進国銀行をいかにして救済するのかが中心的問題とされていたのであった。その解決の方向を模索していたアメリカは，85年にベーカー提案を行ない，こうした債務問題の解決には，短期的な返済可能性を追求する規制のみに頼るのではなく，途上国の「成長」が必要であるとする方向へと政策を転換し，そのための新規融資を途上国に対して行なうという方向を打ち出すにいたったのである。こうして民間銀行の不良債権は，公的資金で代替される方向へと転換されていき，これら途上国の開発は民間銀行融資中心のものから，先進国，とりわけアメリカ政府と国際機関とに主導されたものへとしだいに転換されていくこととなったのである。なお80年代半ば以降，世界経済は，ア

メリカが主導して「金融の自由化・国際化」の枠組みへと大きく移行していくことによって，国際金融市場は異常な急拡大をとげていくのであるが，以上のような途上国累積債務問題の解決の方向は，この世界的な金融自由化の過程を促迫する重要な要因となったものであるといえよう。

しかしこのような主要銀行救済措置が展開されていった反面で，そのしわ寄せを受けた重債務途上国では依然としてその経済発展が規制されて経済社会状態は極めて悪化していったのであって，こんどはこの側面に対して多くの批判が生じてきたのであった。ついに89年にアメリカは，債務削減と金利軽減とを実施し，その残額についてはIMFと世銀とがその返済を保障するという方向を打ち出したブレイディ提案を行ない，しかもそれらの債務は証券化，債権化する方向で処理することを選択するにいたった。かくして資本自由化のもとで可能となった多様な金融技術の組み合わせによって金融の証券化が大きく進行してきたことを背景として，国際金融市場はさらに急拡大をとげていくのである。しかも80年代末の冷戦崩壊を受けて，途上国における国有企業の民営化と証券市場の育成が推進されていくことになり，それ以後の途上国開発に向っては，短期の流動性証券中心の投資も大きく拡大されていったのである。こうして国際金融市場の急拡大を主導した短期資金移動の投機的動きは，94年末，メキシコペソ暴落を引き起こしたことからはじまり，97年のアジア通貨危機，98年8月のロシア経済危機，それを引き継いだ98年9月のヘッジファンドの危機，そして99年の中南米経済危機といった展開を相次いで引き起こしていくことになったのである。[6]

ともあれラテンアメリカNICsは，既に見たように，そもそも19世紀初頭の独立以来ほぼ1世紀に亘って，自由貿易帝国主義下で世界市場から規制される典型的なモノカルチュア経済として発展してきたものであった。しかし20世紀入ってようやく形成されはじめてきた「国民的」産業基盤の創出，開発が第2次大戦を転機として大きく前進できたものであったが，この過程の進行のうえに，戦後先進国体制からの「援助」を梃としてしだいに強化されていくアメリカ独占体の圧倒的進出とその影響が強められていくことによっ

て，アメリカ単独の圧倒的な，いわば「自然発生的」な勢力圏化の程度を深化させてきていたのであった。それが，いまや「累積債務問題」を通じて，大きく工業化を展開してきて，いまや地域的な先進国的な地位にまでなるに至った途上地域大国の「国民経済的発展の中枢」に対して，先進国アメリカと国際的金融機構とによる新たな形態での「国家的，金融的な従属的包摂」が強化されてきているものというべきであろう。この過程は，国家権力的に推進されていく途上国の（いわば民族的な）「国民経済の発展，拡大の過程」を，20世紀特有の独占的「世界開発」の一環として大きく包摂支配せんとするものとして，最も典型的な先進的過程を示しているものであろう。

以上のような金融的な「国家的従属」とともに，他方では，とりわけ70年代以降，この体制のもとにおける途上地域での貧困や荒廃の拡大が大きく問題化してきて，国際的にもそれへの対応が迫られることになってきたのであった。その際，70年代以降におけるIT分野での急速な技術革新の進行によって，新しく登場してきた知的，サービス的側面の急拡大に対応して，南北問題の大きな柱である援助体制自体も大きく再検討されはじめていくのである。60年代には国連におしつけてきていた開発の基礎的で，広く社会的な分野にわたるきわめて複雑でかなり長期的な営為を必要とする食料援助，社会政策，環境問題などの分野は，新たに「人道援助」なる名称を与えられ，また基礎的な教育，技術，技能の修得への援助の問題は，主に南で深刻な格差が生じてきているディジタルディバイドへの対策に狭めて，新たに長寿，教育，一人当たり所得などの数量化された指標上の「格差」を是正することを目指す「人間開発」なる思考と対策がクローズアップされてくることになったのである。

3　国際独占体の世界的蓄積様式

第2次大戦後の世界経済に登場してきた「多国籍企業」と言われているものは，一般的には，本来，独占資本の世界的集積体，「国際独占体」である。

しかし戦後世界政治経済的秩序の全面的再編成とその歴史的展開のもとで広範に発展してくることによってこれまでのものとは大きく異なった特徴を持つに至ったものである。その最大の歴史的特質は、従来、国際経済関係を問題とするばあいに、一般的には「国民経済」の枠内にあることが当然の常識として前提されてきていた産業資本の「生産過程」までもが国境を跨いで世界的に展開する、つまり「多国籍」化することがいまや広範に一般化するに至ったことであり、それが巨大独占体の支配的な蓄積様式の一つとなるにいたったことに求められる。そしてこの特徴的な蓄積様式がいまや世界経済全体においてもしだいに圧倒的、支配的なものとなってきているのである。

　このような蓄積様式を必然的に展開させたものは、一方では、戦後先進国体制での高度成長過程における独占的資本の集積、集中が、とりわけ多様な地域的特質からなる広大で自由な経済領域を基盤とすることによって、未曾有の規模のものへと展開してきたことであり、そのことによってついには未曾有の規模での資本の過剰問題にしだいに直面していくことによって、国際競争がこれまでとは違った世界大の規模で激化されてきたことによるものである。このような独占資本の多国籍企業形態への展開は、当初、先進国高度成長過程において、その中心的産業部門であった製造業部門を中心として、その広大な先進国経済領域の内部において、国境を超えて大きく形成、展開されてきたものであった。はじめはアメリカ独占体が高度成長し続けるヨーロッパを中心とした先進国内への進出が主なものであったが、後には、日欧の独占体も加わってきて「相互乗り入れ」に変化してきたものとして議論されてきていたのであった。しかしその過程においても、しだいにその展開範囲を発展途上諸国をも含めた世界的規模のものへと拡大してきていたのであった。そして構造的不況への転化による資本過剰問題の急迫によって、すでに広範に開発された途上地域に対して大きく進出するにいたったものである。

　こうして今や一般化してきている今日の国際独占体の多国籍的蓄積様式については、いくつかの顕著な特徴をもっていることが指摘されてきている。まず第1に、単一企業における在外生産の増大がその輸出を凌駕しはじめた

ことから始まって，単なる在外生産から，本社の統括下で，どの部分的工程にも，世界的に最も有利な箇所で生産するように配置できる「世界生産」へと展開するにいたっていることが指摘されていて，この部分工程の間を結んでいる「企業内国際分業」にもとづく「企業内貿易」が世界貿易全体のなかで圧倒的なものとなってきていることが，さまざまな実態調査によって明らかにされてきている。第2に指摘されてきているのは，国際的に展開されている同一企業内部での中間財の移動が，形式上多国籍の別法人相互間の取引として国際貿易上に現われることを利用して，その際の「価格設定」が恣意的に行なわれうるという Transfer Pricing（振替価格）の問題である。これは，当該企業の競争や税金対策上などで国際間でのあらゆる格差を利用して，国際的な超過利潤の取得や利潤の隠蔽を恣意的に図ることができるようになっているものであり，これら巨大企業の都合によって一国の貿易や国際収支をもかく乱できるものであることが指摘されている。

第3に，世界的なあらゆる情報管理は本社へ集中されるとともに，資金調達は世界化され，利益は本社に吸収される。第5に，世界的に競争が激化している条件のもとで，企業活動の重点は，研究開発（R.&D.）に置かれ，開発されたあらゆる技術は直ちに特許をかけるなど，「技術独占」が著しく強化されていて，競争を勝ち進んでいる多国籍企業は，このように技術を独占できているものと，世界的なマーケティング力をもっているものに多いのである。

このような独占体の多国籍企業形態による蓄積の動態についても，いくつかの特徴が明らかになってきている。ここで第6に挙げられるのは，世界的な資源配分戦略に基づく「国際的下請け生産（International Subcontracting）」である。これは，部品や部分工程の客観化の進行によりその部分工程コストが世界中で最も安い国でその部品の製造をすることを可能としたことをはじめとして，国家間，地域間のあらゆる格差や諸条件の相違（賃金，地代，金利，環境規制，隣接市場の確保などなど）を利用できるところの，「企業内の国際的な寄生的蓄積構造」が著しく拡大してきていることである。

更に，R.&D. による急激な技術進歩の進行を基盤として，この新技術の導入期から製品の標準化による成熟期への移行が当該製造部門の国内生産からその対外移転と結合しているとして，多国籍企業における対外直接投資と貿易との時系列的関連を説くヴァーノンや，多国籍企業が自らの労働集約工程，部品を低賃金の途上国において生産している実態を解明したヘライナーなどの Product Life Cycle 論が第7に挙げられる。

　またこのような多国籍企業が主導する世界市場の特徴を，資本主義本来の世界市場の特徴である農工の国際分業に対して，「新国際分業」であると主張するのはフレーベルである。この国際分業を可能にしたものは，1つは途上国での大量の労働力の存在であり，2つには，技術と労働組織との高度化により複雑な生産工程が単純なユニットへと分解できるようになったことであり，3つには，情報機器の革新によって如何なる土地に立地された工場での生産管理でも遠隔管理が可能となったことなどがあげられている[7]。

　このように独占体の多国籍蓄積様式の今日的特徴として指摘されてきたいくつかの論点を概観しただけでも，この蓄積様式の論者が無意識のうちに当然のこととして前提されている興味ある諸特徴が指摘できる。一方ではそのなかでは途上国における工業の発展や低賃金労働力の広範な存在などを前提として説明していることから分かるように，この蓄積様式の全面的展開は，はじめから途上国における一定の「発展」を前提としているものなのである。こうして問題は，このような多国籍企業の途上国進出を可能とさせている基盤にある，途上国の発展水準が問題となるのである。従来この問題は，すでにレーニンによって「資本輸出の可能性」として論じられていた問題なのである。「一連の後進国がすでに世界資本主義の軌道のなかにひきいれられ，鉄道幹線が開通するかまたは敷設されはじめ，工業の発展の基本的諸条件がすでに保証されていることなどによって，つくりだされている」[8]。

　しかしいまやこれは歴史的に発展具体化させた次元で規定される必要があろう。20世紀後半における歴史的な相次ぐ途上国開発計画を中心として国家的に推進されてきた本源的蓄積過程の進行によって，いまや世界大の範囲に

第6章　世界開発体制の全面的展開　183

亘って市場経済的な基盤の国家的な整備が一定の水準にまで押し上げられるにいたったことが，1970年代以降の構造的不況のもとで，巨大独占体の多国籍的蓄積様式が世界的規模にまで一般化できる可能性をつくりだしている歴史的基盤なのであるとされねばならないであろう。もちろんこれら途上諸地域の発展過程は，歴史的，地域的にそれぞれまったく異なった水準から始まり，まったく不均等に展開してきているのであって，世界的に同質，同水準のものとして論ずるわけにはいかないのではあるが，途上国開発の先進的，支配的地域における特徴としてみることが出来るであろう。

　それは一方では，開発計画によって，途上国国民経済の基盤とされる道路，港湾，電気，通信施設などのいわゆるインフラストラクチュアといわれる，土地と結合された膨大な固定資本の投下が途上国「国民」の負担において投下されていることである。他方ではいまや多国籍的蓄積様式に重心を移してきた資本にとって必要な労働力の圧倒的部分は，進出先の国家による諸階級制握に依存することになる。労働力の近代的育成や社会的安定など人間社会を近代的に包括支配するためのあらゆる努力，コストは進出先の当該国が担当し，その成果である労働能力を外部から利用するだけなのである。更にこれら基盤の国家的創出のうえに各種の国家的支持を背景として叢生してくる大小の地場資本がその地域特有の社会関係に密着した労働慣行や経営方式を作り上げてきて，その地域社会での公認の体制がしだいにできてきていることなどを前提としたものである。

　もちろんこのようなこと自体は，資本輸出に一般的なことではある。しかしいまや一方では進出先の途上国経済によっては，その国民経済の圧倒的部分がこの多国籍企業本社の国外からの私的な管理のもとに置かれるようになってきていることであり，他方では多国籍企業にとっては，その生産過程，とりわけ労働集約的工程の支配的部分が本国の外部に展開されるまでになってきていることである。もちろん今日的水準のITを中心とした高度な科学技術，経営管理技術が，この本国中心の世界的生産過程に対する集中管理を可能としたものなのである。この世界諸地域の生産（労働）過程に対する高

度な技術での直接的，私的な管理体制が深化している事態は，産業資本に本来的な蓄積様式に対する管理が世界的に拡大するにいたったという抽象次元での問題としてではなく，より具体的次元で，金融資本（ないし独占資本）に特有な寄生的蓄積様式がその生産工程を世界的な規模にまで展開させるに至っているという，新たな局面での特徴を示しているものというべきであろう。もちろん多国籍企業によるこのような外部からの「安定」した利用を可能とさせるものは，個別にはこれら独占企業と国家的諸機関との多面的癒合関係であり，社会的には先述来の「統合」された形での先進国国家連合による国際的支援，規制の体制なのである。

　多国籍企業による「世界資源の効率的利用」とは，世界大での利益の収奪であるが，それは，個々には，他国の国家主権を規制し，逆用して主権国家内の自然，労働を直接的に支配，収奪する体制なのである。こうして，いまや資本による直接の世界的寄生体制を世界経済において支配的なものに作り上げるまでになったものであるといえよう。進出した企業は，その世界企業の変動的世界戦略に従うものであるのに対して，それを受け入れる途上国の国民にとっては，本来，その地域内での相互に関連しあった市場の発展を目指すものなのである。したがって，進出先地域の経済活動の圧倒的部分がこの巨大な多国籍企業によって占められることになれば，逆にこの地域経済の発展自体が，この企業の世界的経営戦略の変動により，それに依存した不安定，ないしなんらかの従属的状態ないし歪んだものとなるおそれがあることになるのである。

（1）　Raffer, K. & Singer, H. W. *The Economic North-South Divide*, EDWARD ELGAR, 2001, p. 120.
（2）　OECD, "*The Impact of the Newly Industrializing Countries on Production and Trade in Manufactures*", p. 120, 1979（『新興工業国の挑戦：OECDレポート』東洋経済新報社，1980年）.
（3）　堀坂浩太郎『転換期のブラジル：民主化と経済再建』サイマル出版会，1987年。細野昭雄『ラテンアメリカの経済』東大出版会，1983年，参照。

（4） 前田正裕他編『ラテン・アメリカ累積債務とその政治社会的影響』ラテン・アメリカ協会，1976年。松岡潔『発展途上国の債務累積問題』アジア経済研究所，1982年，参照。
（5） 毛利良一『グローバリゼーションとIMF・世界銀行』大月書店，2001年，63ページ。
（6） 毛利，前掲書，参照。
（7） 最新の多国籍企業論については，関下稔『現代多国籍企業のグローバルな構造』文眞堂，2002年，参照。
（8） レーニン『帝国主義論』第4章。

第7章 世界開発体制対南北問題

I アジアの開発と工業化

　1980年代から1990年代にかけて他の諸地域の後退を尻目にして急速な発展を遂げてきた東アジア諸国の経済については、さまざまな角度から問題にされてきているのであるが、そのほとんどの論考の関心は、この地域の発展が成功した要因は何かをめぐって論じられてきているのである。

　高度成長体制の崩壊以降における南北関係の新たな展開局面において、東アジア地域は、一方では、「工業的北」からの新たな展開が、とりわけ民間資本（いわゆる「多国籍企業」）の急展開が支配的なものとなってきているのであるが、しかしまた他方において、この多国籍企業的蓄積様式の展開と関係しているのではあるが、「発展途上の南」のなかの他の諸地域と比較してもとりわけ、その本源的蓄積の過程はいわば質的に先進的な展開を遂げてきているのであった。この東アジアではこの地域の内部から、資本の蓄積とこれを支える社会的諸条件との歴史的発展が大きく進行してきていたのであった。ここで東アジア地域を取り上げて特に問題としたいことは、この双方が、この歴史的局面において、もっとも積極的に関係しあってきていることの歴史的意味は何か、である。つまりこの歴史的時点での南北、北南問題の相互関係が新たな展開をみせている、その先進的、代表的な地域として取り上げることにする。その際どうしても取り上げて問題とせざるをえないのは、このアジア地域の圧倒的な人口と領域とを占めている中国とインドとがそれぞれ約半世紀にもわたる特殊な近代化への展開を潜り抜けて、いまやアジア

全体のなかで大きな存在となりつつあることであって，これをこの全体的過程のなかで捉えてみたい。もう一つは，西アジアであるが，とくにアラブ世界として西欧帝国主義と直接，過酷に対応してこざるをえなかった過程を追加的に見ておくことにしたい。この両面の関連を通じて，この20世紀後半の世界経済とそのなかでの発展途上国工業化との歴史的特質の問題に接近することにしたい。

1 輸出主導工業化から地域統合へ——東アジア

戦後東アジアにおける途上国工業化の開始は，これまでの途上国開発問題の対象としてはほとんど主要な問題地域とは見なされてこなかった極めて特殊な小地域から歴史的に展開されてきたのであった。このアジア工業化の歴史的嚆矢となったのは，アジアNICs＝韓国　台湾　香港　シンガポールの4 Dragonと俗称されるものである。ここでは人口（とりわけ香港は530万人，シンガポールは250万人，1982年），資源，面積も極めて小さくて，これまでの資本主義体制の歴史的経験からは，（韓国を除き）本来の「国民経済」とみなしうるのには，あまりにも小規模の地域を主としたものであり，この点ではラテンアメリカNICsと好対照をなしている。それに加えて，それらは，分裂国家や，海運上の拠点たる都市国家など，従来，資本主義体制で通常，多様な諸階級，諸階層を「国民に統合」することの必要性に不断に努力することのうえに成り立つ「近代国家」の観点からすれば，その性格がきわめて過渡的，ないし「特殊」なもので，いわば国際情勢，ないし世界市場の変遷によって其の基盤が大きく転変する可能性が小さくないものである。しかしその人口密度が大きいうえに，その人口構成においてきわめて均質な社会をなしていて，投下される資本にとってとりわけ良質で安価な労働力が豊富に存在している点においても発展途上世界のなかで極めて特殊先進的な地域であって，当然，この点でも自然，資源が豊富で人口密度の小さい広大な領域をもつラテンアメリカNICsと好対照をなすものであった。このような諸事情もあって，後には，「国家」という表現を避けて，アジアNIEsと呼

ばれるようになったのである。このように目に付く特異な点に着目して今日でも依然として，超歴史的な地域的タイプ論で論ぜられることが多いのであるが，それは，この地域の歴史的な社会経済発展の特質を基盤として捉えられねばならないものであろう。

　東アジアの工業化の歴史的背景は，第1にこの地域内での側面からみれば，第1章で見たように，華僑，華人，印僑などを中心としたこの地域全般にわたる多様な諸階層が数百年にわたって歴史的に発展してきている地域市場経済圏を支えてきたということが根底にあることである。そのうえ第2に，世界的関連の側面からみれば，とりわけ世界政治経済編成上でこの地域がもっている特筆すべき重要な特殊性は，すでに第1次大戦後からアジア太平洋地域を経済的に大きく包摂しはじめてきていたアメリカが，第2次大戦と朝鮮戦争期を通じて，占領，従属下の日本を基盤にして台湾海峡から朝鮮半島にいたるまでのアジア大陸の直接周辺部までをもその直接の軍事的な「勢力圏」に編入するまでになったことである。

　それとともに第3に，19世紀末から列強のアジア進出に対抗して急速に工業化した日本が，戦前の東アジア周辺部に対する帝國主義支配と戦後の急速な先進的工業化をなしとげたばかりか，この戦後高度成長過程では，先進国で最大の年率10％近くにも上るGDP成長率をもって工業を急拡大できたのであって，このことがその東アジア周辺部を多様に巻き込んでいって，その域内工業化においても中心的役割を担うようになってきたことである。この米・日2大先進経済からの規定性の大きさがこの地域工業化の歴史的特殊性の一番大きな特徴である。

　しかし第4に注目されねばならぬことは，この地域内経済発展を基盤とした政治運動が，世界からの，上からの帝国主義支配体制への反抗としてその当初から強力に展開されてきていたことである。第2次大戦に直接継続して展開されてきた世界的民族解放運動の急成長，急拡大をリードしたその中心勢力もこの東アジアであったのである。そこでの強力な民族解放運動のなか

では，インド，インドシナ，インドネシア，中国をはじめとして社会主義をめざす革命的な勢力がしだいに強力な指導力を発揮するようになっていたのであった。とりわけ広大な領域と人口をもつ中華帝国における中国革命が，戦後中国共産党の優勢へと大きく展開し，1949年，遂に中華人民共和国が成立したうえで，国内の旧体制勢力が一掃される「革命」が展開したことの意義はきわめて大きかったのである（このこと自体の展開は後述）。このような発展の影響は大きく，上海などを中心とした大陸各地の中間層，民族資本家層のかなりのものは，すでに華僑，華人などによる歴史的な広大な地域経済圏が発展してきていた周辺地域，とりわけ台湾や香港などの特定周辺地域に避難したものが多かったのであった。これらの地域においては従来からの繊維や日用雑貨品製造をはじめとした雑工業が発達し始めてきていたのであった。

しかもこれに対して第5に，すでに第1次大戦を契機としてアジアに大きく進出してきていたアメリカは，第2次大戦後，冷戦体制下でこれらの革命的民族解放勢力と直接の軍事対決に入ることになり，1950年からの朝鮮戦争と台湾海峡封鎖，それにフランスのインドシナ戦争での敗北の後を受け継いで展開されたベトナム戦争と続いていく米軍のこの地域への直接軍事介入のもとで，軍事援助を始めとする多面的な軍事的，産業経済的関係の支配が長期にわたって展開することになった。しかしそこでは，たんなる軍事的支配にとどまるものではなかったのである。つまりそこでの工業化の特徴は，なによりもその地域市場的基盤からみると，「開発援助」による側面よりも，むしろ長期にわたって展開した革命的民族運動への対抗と米軍の軍事支配，軍事援助を中心とした展開が，一方では，この地域の従来の社会経済構造を激動に巻き込んで大きく破壊することによって，他方では，その後においてアメリカに大きく囲い込まれて復興させることによって社会的に「安定」させようとしたという特殊な歴史的過程を通じて，この地域社会生活の市場経済化が大きく深化していく基盤が多様に作り出された側面が大きいものなのである。

アジア途上国ではじめての工業化たるアジア NIEs は，以上に見たようなこの東アジア地域全体の大きな歴史的変遷過程のなかで形成されたものであるが，しかしそれにしてもこの4ドラゴンは東アジアでの特殊な小地域における特殊な「国家」なのである。

当初，このアジアの特殊な諸小国を中心とした「工業化」は，これら政権の歴史地政学的位置からみて不安定でとても将来性のある地域とは見なされていなかったのである。一方では，50年代を通じて発展を続けてきた北朝鮮とは対照的に腐敗と混乱との末にクーデターによる軍事独裁体制を取っていく南朝鮮（韓国）と，中国革命の圧倒的進行から逃れた蒋介石率いる国民党政権が強権的に支配している台湾とがあり，他方では，19世紀以来イギリスの東アジア植民地支配の要として中継貿易と貿易金融の拠点都市となってきた香港，それにブミプトラ政策を強力に推し進めるマレーシアから分離独立して孤島としての生存の道を求めるシンガポール，──こう見て分かるように，これら諸「国」の状態は，アジアを席捲していた植民地民族解放運動の進行に伴ういわば周辺地域諸現象なのであった。したがって韓国のように，大衆的民主化運動の高揚に対抗して軍事クーデターによって成立した軍事独裁政権が，自らの命運をかけて経済開発による「近代化」に挑戦する以外になかったことに典型的に示されているように，いわゆる「開発独裁」体制が一般化することから始まっていったのであった。

これらアジア NIES のなかでも，韓国と台湾とについては，とくに問題として取り上げることが必要である。この両者は，香港とシンガポールとが19世紀前半からイギリスのアジア支配における拠点港湾都市であったことからくる特殊性の展開上にあるのに対して，20世紀前半から数十年間における日本の植民地経営がその発展の前段をなしていることである。それは，一般的には，すでに見たように，大きく中華文化圏を中心としたこの東アジア地域社会ではもともと勤勉と貯蓄とを大きな一般的特性として持っていることがその基盤にある。しかしその中でも，その古典的大陸沿岸部での技術，文化をかなり早くから先進的に継承，発展させた日本が，19世紀後半，西欧か

らの対アジア「外圧」で促進された「近代国家」への転身を軸に，急速な「脱亜入欧」的近代化を推進しつつ，直接の周辺域たる朝鮮，台湾の植民地化を基盤とした日本帝国へと急成長したことの意義は大きい。この両地域における日本の「内鮮一体」という特有の強圧的「同化」をめざす植民地政策は教育や各種の近代的諸制度を導入し，また一定の農地改革を実施したうえに，土着資本の形成も促進したことによって，そこでの近代化が開始されてきていたことである。[2] この農地改革については，その後更に，韓国では朝鮮動乱直前のほぼ一年間に，また台湾では少しおくれて1951年までに改革が推進されたのであった。そのうえに，戦後この両国をその直接の軍事的な勢力圏に組み入れることになったアメリカが，この両地域の復興，安定のために大量の「援助」を投入し，またその民主化の一環として実施した教育，訓練などが積み重ねられてきたという特殊性のうえにあることから，識字率や就学率が例外的に高く（香港も含め），そこで開始された成長過程でも例外的に公正な所得分配を伴うこととなってきているのである。こうして，東アジアにおける層の厚い人的資本依存の成長を歴史的に開始する役割を果たしたのである。[3]

しかし一方における台湾の支配体制は，日本の植民地支配からの遺産を中華民国政府とともに移動してきた資本家，技術者，官僚など，各種支配層へと連続的に引き継ぐことができたのであって，このことを基礎とした工業化は，東アジア各地の華僑からの支援と米軍の援助も加わって，早くも1950年から経済開発計画を開始することができたのである。当初，輸入代替工業化政策と農地改革による自作農の増加とを基盤としたこの工業化は，軽工業分野での中小企業による国内市場向け生産から開始されたが，早急に国内市場の限界に達してしまったのであるが，65年アメリカの援助打ち切り，66年高雄に「輸出加工区」を創設したのを契機に，主にアメリカの電気，電子産業の労働集約工程を中心とした多国籍企業の進出が始まり，工業品輸出が伸長していくのである。こうして72年からは，貿易収支が黒字に転化しはじめ，80年代には膨大な外貨を蓄積するにいたったものである。[4]

これに対して，韓国の工業化は，日本植民地からの解放が米軍による占領統治と南北分断，朝鮮戦争を経た後の社会不安と革命的情勢を経た後，1960年の軍事クーデターで成立した軍事政権が開始した1962年からの第1次5カ年計画が，1965年の「日韓基本条約」の締結，有償無償5億ドルの援助供与によって，ようやく軌道に乗せることが出来てからのことであった。すでに植民地時代から形成され，米軍行政下での援助物資流通などで蓄財してきていた財閥，民族資本が中心になって政治権力的に推進された工業化は，知識技能集団の徹底した育成，登用と広範な農村地帯からの労働力を都市部に動員することによって進行した。(5) 1960年代から70年代にかけては，繊維関係と電気，電子などの労働集約的分野など，国際競争激化のもとでの先進国比較劣位部門の直接投資か国際下請けが主なものであったが，70年に設置した「輸出加工区」が成功したのを機に，70年代には，当初冒険的ではないかとさえ見られていた鉄鋼，造船，石油化学など，重工業化投資へと政府主導のもとで進出するにいたったのである。ついで80年代後半からは，電子機器や精密機械などの技術，資本集約的部門という従来先進国だけが可能であるとみなされてきていた分野での世界的競争の前面に躍り出るようになったのである。

　さて，このアジア NIEs という特殊な狭い地域での工業化は，その軌道に乗るとともに，直ちにその狭小な地域的限界につきあたってそこでの労質は上昇していくことになった。これを契機に，この工業化をリードしてきた先進国多国籍企業や現地で成長してきた民族資本（NIEs 資本）もともに，新たな規模で ASEAN 諸国へと資本進出を展開していくことになったのである。タイ，マレーシア，インドネシアなどは，たしかに，アジア NIES が抱えている特殊な国家的，民族的に未確定な問題などを基盤としているものではなく，その土地領域，人口ともに本来の「国民経済」たりうる規模をもったものであるばかりか，東アジア大陸の南部諸地域として中国大陸と直接関連しあってきているところなのであって，そこに進出していく多国籍企業は，広範で貧困な農村地帯における旧社会の急速な分解という本源的蓄積過

程に本来的な根本問題，今日の途上国に一般化している社会経済問題との関連に直接入っていくことになったのである。

　しかも日本が先進的に展開したように，諸資本がアジア内に多国籍化していったあとのANIEs諸国内では，更なる急速な産業構造の高度化を図っていき，進出先産業との間の国際分業関係もしだいに拡大していくことによって，ここにいわゆる「雁行的発展」と評価される現象が展開されるにいたったのである。

　こうしてこれら多国籍企業群は，ASEANからさらには，ベトナム（ドイモイ），中国（改革開放）など沿海部の「解放経済」へ進出していくことになる。

　その際，このように東アジアの隣接地域に対する新たな資本の進出に際して，従来のそれとは大きく異なった特徴が見られてきているのである。従来の欧米，日本の独占資本が展開する多国籍的企業的進出と並んで，これらアジアNIEsの急成長した諸資本が同時に進出を展開し始めてきたことである。しかも先進国系の多国籍企業群が巨大な規模のものでせいぜい数百社ばかりであるのに対して，このアジアNIEsやASEAN，それに他の途上地域からのものも加わって，中国やこれら東アジア地域相互間にその直接投資を展開している資本は何千，何万社にも達することである。そしてその背景には，古くからこの東南アジアに広く移住を展開してきていた，華僑，華人の国境を越えた人的な結合関係に基づく強力な社会経済的ネットワークがあったのである。この国境を越えて広範に展開され，したがってまた国家的な規制や保護に依存しないで出来上がってきているそのネットワークは，すでに16世紀以来展開されてきた中国の南方沿海部からの海外移民が19世紀初頭以来の西欧列強のアジア進出に伴って激増していったものであるが，とりわけ98年時点で世界的に5500万人と推定されるうちの，実に8割が東南アジアに在住しているといわれていて，今日の東南アジアのほとんどの国の経済の中枢を担ってきていることである。この組織は，中国をはじめとしたアジア各地の原地における社会慣習に密着しているとともに，他方での欧米からの商人と

も接触していて，経済的にはその中間的流通網を形成していることが多く，この網の目のように張り巡らされている人脈を通ずる資金や情報などの急速な流通は，ほとんど統計などの表面には捉えることができないものだと言われている。ともあれアメリカ，西欧，日本の多国籍企業や韓国の財閥資本とともに，この特徴的なルートをベースとした華僑，華人系のアジア資本の対外進出が，ASEAN 各国に展開し始めてきたのである。

かくして東アジア地域の支配的部分は，停滞，低下傾向にあった他の途上地域とは対照的に，年代を重ねるごとに世界経済の成長を規定する主要な地域政治経済勢力の一つとなるにいたったのである。1970年代－1980年代－1990年代それぞれの平均で見た GDP 実質成長率は，低中所得国全体では，5.2％－3.2％－1.9％と低下が著しいなかで，中南米では，5.4％－1.7％－3.6％と累積債務問題の影を落しつつもしだいに回復傾向を示しているのに対して，太平洋，アジア地域では，6.9％－7.9％－9.4％と尻上がりに上昇してきている。

しかしこの東アジアの地域的に関連しあった工業化の急進行には，この地域特有のいくつかの問題点が指摘できるのである。第1には，たしかにこの地域的な経済的関連の急進展は，ヨーロッパの EU，米州での NAFTA と並んで，構造的不況下にしだいに明確な形をとってきていた三極での広域の「地域的統合」の一角を構成してきているものと言うことが出来るものではあるが，しかしこのアジアでの「地域統合」には，他の二つのものとはかなり異なったものであることに留意する必要がある。

一方では長らく権力的な合従連衡を繰り返しつつも世界的な基準からすれば西欧文明という地域共通の基盤の上になりたってきている欧州と，他方ではアメリカが20世紀を通じて強大化してくるに伴っていわば当然の結果としてその勢力圏と化してきていた米州という，それぞれの歴史性を基盤としていることである。しかもこの双方は，後者は前者から移住，展開したものが主たるものであって，西欧に始まった近代社会特有の文明的な共通の基盤を持ち，世界政治経済的にも「欧米先進諸国」としてグルーピングされるもの

であって，第2次大戦後，国家的に再編された世界経済の「統合」においてもはじめから一定の政治的，制度的な枠組みの一環を構成してきていたものであった。そうしていまや世界経済全体の再編成の一環を構成するものとして歴史的に登場してきているものなのである。これに対して，東アジアにおいて今日問題となってきている「地域統合」は，もともと人口，領域ともに，世界経済における圧倒的部分を占めてはいるが，これまでの資本主義世界経済の展開のなかでは，列強に従属化されつつも抵抗と革命とのまさに動乱の過程をようやく抜け出てきて急拡大を遂げつつあるものであるが，歴史的にその中心をなしてきた中華帝国の崩壊から，社会主義勢力による独立後，試行錯誤の特殊な展開をしてきていたこともあって，その今日的な中心がいまだに不明確，ないし多極化されたままになってきていたことである。たしかにこの地域が膨大な人口を持つ多様な諸文明と異質の政治体制など，経済的統合の基盤としての社会的諸側面での多様性があまりにも多いということは何らかの統一的な基準からする「統合」を進行させることを困難とさせているものと言われてきているのであるが，しかし世界経済過程の急進はこのような地域でも，より古くからの広大なアジア交易圏の歴史をふまえて，現代的な「統合」への方向を取らざるをえなくさせてきていることが重要な点なのである。

　そこで進行しているものは第2に，貿易構造上の問題がある。この地域工業化過程全体の国際的関連のはじめからの歴史的な特徴は，一方では，アジアNIEs形成の経過からも明らかなように，一方では，先端技術，資本財を日本資本の進出，日本からの輸入に依存している上に，他方では，製品の輸出先は先進国，とくにアメリカ市場であるし，其の構造上にアメリカ多国籍企業の労働集約的部門の進出があるというものであって，この構造全体がアメリカの国内市場を膨大なアブソーバーとするという，日米アジアのトライアングル国際体制の一環として形成されてきたものであった。したがってこのアジア工業化はこの強力な両大国との国際関連に直接依存する以外にない成長であるとみなされていたのであった。しかしこの側面からの規定性がい

つまでも圧倒的であり続けたのではなかったのである。

　他方では，80年代が進行していくにつれ，この地域の貿易は，アメリカ市場への依存度を相対的に低下させ，アジア域内経済の相互依存度が高まってきているからである。そもそも日米アジアのトライアングル体制はもともと戦後再編体制の特質によって，アメリカ市場が世界経済に対してその国内市場を大きく開放する，いわゆるアブソーバーとしての役割を歴史的に果たしてきたということに依存することから始まったものであったが，アメリカ市場の開放というこの世界経済的役割は80年代後半の時点でようやくその一面的な限界を見せてきたのである。一方では，貿易収支の持続的悪化と世界最大の債務国となるにいたったアメリカ経済が，88年9月の「包括貿易法」の成立などで示されるように，しだいに保護貿易の傾向を強めてきていたし，また政治的にも台湾，韓国などの急成長NICsに対して国内市場開放の要求や通貨切り上げの要求，さらには一般特恵関税（GSP）の停止など，その優遇政策を撤廃し始めてきたのである。[8]

　しかしこれに対して他方では，その地域的発展のうちに，しだいにアジアNIEsからASEANへ，さらには中国「市場社会主義」などへと連鎖的にその地域を拡大してきたこの工業化が，上述の日米アジアのトライアングル体制とは別個に，しかしはじめから明確な形をとって展開されてきていたものであるが，主に日本多国籍企業に主導されていくところの，アジア域内で相互に依存しあった部品を生産する国際分業体制を基礎とした域内貿易を拡大してきていることが一方で進行してきたことである。このアジア域内相互依存はとくに機械，輸送機械などの輸出入において躍進していて，日本を除く東アジア域内貿易は，96年には総輸出9037億ドルの38.2％に達した（これに対してアメリカへの輸出は1772億ドル）。しかもこの変化の中には，単に日本多国籍企業主導の地域内国際分業体制が展開しただけのものではないものが進行してきているのである。一方では，たしかにこの日本独占中心の国際分業体制拡大の圧倒的な影響下にはあることから，域内各地において富裕化した階層向けの中高級品需要の拡大がみられるのではあるが，しかし他方で

は広範な地場の大衆的消費市場むけの域内生産の割合も拡大してきているからである。この地域内大衆を基盤とした発展については，すでに第1章で見たように，アジアがもともと歴史的にもってきていた地場独自の内在的基盤からの発展が歴史的に底深く進行してきていることが，ここでの上からの発展と何らかの相互促進的関係の進行を示唆するものなのである。

しかしさらに第2の問題は，アジア地域全体が依然としてドル圏となってきていることからくる問題である。日本が圧倒的なドル依存国であることもあるが，多くのアジア諸国は，ドルに偏重した通貨バスケット制を取っていて，事実上の対ドル固定制をとってきていることである。これは世界経済的にみると，基軸通貨国アメリカがいまや，不断に貿易収支の赤字を出し続け，世界中から資本の流入を続けてきて，いまや世界最大規模の債務累増を続けている状態が恒常化し，ドルの地位が不安定化している状況下において，ドルに依存することの問題なのである。したがって次第に地域独自の通貨圏を形成せんとする志向が生じてくるのは不可避のことであろう。

このことと関係して第3に，97年5月から始まったアジア通貨危機が示したものは，これまで数十年にわたってこの地域の成長を支えてきた華人，華僑などと官僚資本などの少数の大家族やその知人に頼ってきた内部資金的基盤自体が，いまやグローバル化した世界経済の中で，大きく成長するにいたった経済のもとでは弱点に転化してきていたことが明らかとなったことである。しかも，そのことが今日巨大な規模をもって世界を駆け巡っている巨大な資本の短期的な投機的攻撃によって白日に晒されたことであった。1996年末，東アジアでの上場会社における大家族経営企業への所有，支配の集中度は，50％から60-70％にのぼっているうえに，株式の市場価値で見た少数の国有企業の支配集中度は20-40％となっている。[9] 資本市場や金融市場の未発展の状態で何らかの必要な規制もなしに，大量の資金を導入し過ぎることに依存したことが「資本収支危機」を招き，その成長の成果を国際金融資本の暴力的な収奪のもとに曝す危険性を意味したのである。アジア諸国の「開発独裁」下でのドルペッグ制下では，たしかに輸出の促進と外資導入が容易に

なる効果が大きいのではあるが，しかし目先の成長予測だけで流入した短資が対外債務残高のなかで大きなウエイトを占め，しかもそれが外貨準備高を上回った状態にまでなった状態で，目先の不安定予測への転化によってこの短資の大量逃避が生じたことが，この通貨危機を招いたのであった。こうしてタイ，フィリッピン，インドネシア，マレーシア，そして韓国などが金融危機におちいり，IMF，先進国に支援を要請するところまで追い込まれたのである。こうしてタイは172億ドル，インドネシアは400億ドル，韓国は570億ドル超の国際的公的救済を受けることになったのであるが，もちろんこれにはIMFによる厳しいコンディショナリティによって各国の実情を無視した画一的な規制をかけられたのであって，不況はかえって深刻化したのであった。このことの意味するものは，短期的投機資本による特有の国際金融資本的な収奪を自由に展開できるようになった今日の自由経済のもとでは，アジア開発独裁的な発展にとっても，いまや何らかの国家的，地域的な制度的構築なしには，その成果を最大の規模で金融的に収奪されうることばかりか，構造調整政策の規制の下で欧米的多国籍企業の自由な支配の下に翻弄されていく可能性を意味しているものであろう。

　このような世界的機構に枠付けされた金融的な収奪の方向に対して，この地域内部からの自立的な対応が見られてきた。一つは，東アジア経済グループ（EAEC）構想を打ち出してきているマレーシアのマハティール首相であるが，変動相場制への移行をせまる国際的圧力に抗してマレーシア通貨リンギを一時取引停止したうえで，対ドル固定相場への移行を断行したのであった。もう一つは，このマハティールの抵抗とは対照的に，日本はアメリカを取り込みつつ，アジア独自のアジア通貨基金構想をはかったが，それがアメリカの拒否に遭って「新宮沢構想」の方向を打ち出すなど，いわば修正主義的なアジア太平洋地域連合を模索してきている。

2　中国における社会主義的「原蓄」過程

　さて，この東アジア全体の発展においては，すでに以上の展開が前提とし

てきた大陸中国の展開を取り上げねばなるまい。そもそも歴史的な中華帝国を構成して中華文化圏の中心をなしてきた大陸部中国自体が，1949年の中華人民共和国の成立以来，特徴的な政治闘争の四半世紀を展開した後に，ようやく「社会主義的市場経済」として世界市場に復帰してきつつあるばかりか，その急激な工業化によっていまや政治経済的にも東アジアの中心的存在となってきつつあるようにみえる。ここでは今日の本源的蓄積過程という視点から，この過程全体を「社会主義的源蓄」という特殊な過程の側面をもつ問題としてみてみることにしたい。

近代国家化 1949年の中華人民共和国の成立においてまず注目されるべきことは，辛亥革命以降も内戦と列強の介入により未達成であった近代国家として当然の基本的政治要件を実現したことである。行政権力の支配が国内全体に浸透，確立できたこと，主な国境線を1960年代初めまでに画定できたことと，国民的に統一した通貨「元」を確定したことなどがあげられる。しかもそれは単なる行政上の統一だけではなく，社会的実態の上でも，開放当初6割もの人口が飢餓状態にあった最底辺層の社会的解放を急速に達成したことと，開放当初には12歳以上の非識字者が人口の9割を占めていた社会全体に初中等教育を驚くべき短期間に普及させたことなどは，この国家権力を底辺から構築してきた「人民革命」としての特質によるものであって，この政治革命が近代ブルジョア革命を超える水準のものであることを明示している。

農地改革 戦後の新たな解放区で45年末から「減租減息」と漢奸，悪質地主の「清算闘争」を進めていた中国共産党は，46年5月，地主からの土地没収とその農民への分配を指示していた。1949年当時，中国共産党の土地改革は，地主から無償で取り上げた土地を（孫文の教義により）農民の所有としたものである。しかもこの土地の分配は，村単位で老若男女の区別なしに徹底的な均分主義によって一律に人頭割りしたものであった。この土地改革によって，国民の9割を占めた農民（その6割は飢餓線上にあったという）は自作農となってその生活水準は一気に上昇し，また人口も年率で2-2.5%

に急増しはじめた。

重工業優先の強蓄積政策　この条件のもとでの本格的な経済建設は，国家主導の重工業優先の強蓄積政策として開始されたのであるが，この重工業部分は当初からソ連依存の（156の大型工業プロジェクトの供与をうけた）もので，それはこれまでの中国社会とは無関係の独立社会を飛び地的に建設したものであった。それが，その後の中ソ対立によって，59年6月にはソ連による国防新技術協定破棄，60年7月のソ連から派遣の技術者全員引き上げによる建設中プロジェクトのストップと，石油，部品の供給停止で，一転して大きな困難に直面していく。

この「米ソ二大超大国との国際緊張」のもと，重点産業基盤，兵器工場を奥地内陸部の西北，西南地方へ建設せんとする65年からの「三線建設」は，ゼロからはじめた高負担となったが，その後80年代末からの奥地内陸の「西部大開発」開始における基盤をあらかじめ創設したものとなった。

工業化蓄積資金の農村からの収集　しかし他方では，この工業化によって増大していく都市人口への食料供給不足への対応と，工業化資金の確保のために，53年，食糧を，ついで経済作物を政府統制下に組み入れ（強制供出），さらに農業生産資材販売を政府独占とした。このような農村への負担転化によって農村経済は疲弊していき，地方町場における手工業の倒産（54年には全国で半減）が激増していった。さらに56年には，「大衆路線」によって自作農，私企業，手工業などの「資本主義的」要素をもつものは「公私合営化」され，こうして私企業や個人営業は一気に消滅したのである。その結果，政府，合作社が農民の収穫物を最初に取得し，その残りがはじめて農民に分配されるかたちとなって，農民の貧窮化が進行した。

人口移動制限と自力更生　こうして貧窮化した農民の都市への流出が加速していったのであるが，この自然発生的な動きに対しては，52年から都市流入阻止の通達が出された。それとともに解放都市の失業者と旧地主2000万人，さらに農家の主婦の解放などで，仕事に就けない過剰な人口は，辺境への入植促進などによって処理されていったが，これは辺境地域の少数民族地

域への圧迫ともなっていったのである。

　56年からは在来技術による総合産業と商業，民兵，福祉などを一体化して，水利への動員，植林，「土法製鉄」運動などを展開して「地域自給圏」の形成をめざした人民公社化（高級合作社と行政の統合）と，そのもとで57年秋からの「大躍進運動」とは，農業労働力がこの運動に動員され過ぎたことによる収穫不足が原因で，食糧を生産する農村自体でもっとも大きな凶作，餓死が発生，早死者約1500万人に達し（都市は配給米で大丈夫），挫折したのであった。

　58年には「戸籍登記条例」で，農村居住者が許可なしに都市戸籍へ移転できないという人口移動制限が実施され，こうして遂に食糧も職業も閉鎖された。さらに67年からは農村への「下放青年」政策が実施されて，年当たり100-300万規模に拡大された。これは都市の就職難を農村にいわば押し付けたばかりか，かれらの都市戸籍が抹消された。

　もちろんこのような運動は，その反面として，57年からの農村社会主義教育運動の展開や，家庭からの女性解放を大きく促進し，また初等，中等教育の急拡大（農村の非識字率は50年の50％──59年の40％へ激減）をも齎したのであった。

　その後，1966-76年の10年間の長きにわたった「文化大革命」は，この人口重圧のもとでの近代的工業化を，肉体労働と精神労働，都市と農村，工業と農業という「人民内部」の矛盾の解消と自給生産での「自力更生」による「平均主義の貫徹」で急進的に克服せんとしたものであったが，低水準の生産力のもとでは如何とも出来なかったのである。

　こうして資本主義世界経済における先進国高度成長過程とほぼ同時代に並行して（1949-76年），四半世紀以上にわたって進行した中国の社会主義革命の追求は，その主観的意図とはかなり変質した紆余曲折の展開を遂げざるをえなかったものであって，大戦間期におけるソ連の「一国社会主義」時代のそれときわめて類似した国際条件のもとでの「自力更生」など，いわゆる社

会主義的「原蓄」の前半部を展開したものということができるようである。しかもここまでの「本源的蓄積」が，客観的には，古い体制からの人民の解放と平等な極貧小経営の創出と維持，収奪することを基盤として近代的体制を創出せんとしたものであるという，極めてラディカルで特殊な過程であるということができる。

改革開放の二側面　1978年における改革開放政策への転換の意味は，確立された近代国家枠のなかで，ほぼ4半世紀に亘った低生産力水準での急進的平均主義から，これまでに創出された水準の労働力，インフラ，国有工業などの工業体系の形成を基盤として，基本的な二側面での市場経済化へと急旋回したことである。一方では規制緩和によって，まず農村から自然発生的な市場化が進行して，窮迫化する農村民の都市出稼ぎが恒常化してきている。他方では，この出稼ぎ労働者の極端な低賃金を基礎として，東アジア地域に展開していた華僑資本を沿海部へと誘導するとともに，世界市場における巨大な多国籍企業を直接導入することによって，沿海部産業における資本不足の直接的な解消と産業の高度化を可能なところから段階的に実現させる政策へと大転換したものであるといえよう。

一方の農村においては，79年，農産物の政府買上げ価格の引上げが行なわれ，さらに自由市場を拡大したことから，統制価格は数年のうちに崩壊して，自由市場価格に置き換わった。それは生産面に波及していって，土地利用権を主に人口割によって配分し，それに応じて穀物の義務供出と農業税を課す「農家請負制」へと転換していく（但し，農地所有権は村民委員会ないし村民小組のもとに維持されたのである）。こうして個人農の生産は増加していき，85年には強制供出制は契約制に転換されていくとともに，「人民公社」も消滅してゆく。

その結果，労働力統制もなくなったことで，人民公社時代の社隊企業を基礎とする「郷鎮企業」が急増し，84年に5200万人，以後89年まで毎年1000万人の新規参入が相次いだのである。

出稼ぎ　78年以後，下放青年の都市帰還が始まったことをきっかけとし

て，都市流入の制限は無許可のまま拡大していき，87年からは恒常化した農民の「出稼ぎ」は90年代には毎年6000〜8000万人にのぼっている。こうして不法（暫定居住証，就業許可証が必要で，医療，年金，住宅，入学などの保証なし）だが自由に都市に流入する労働力市場が出来ていった。こうして都市と農村との分断は，都市内部での断層へと展開した。

　また80年代末に農家人口割で平均主義的に細分化された土地利用権のもとで，90年代に入ってしだいに農業経営の零細化が進み，農工間所得格差が毎年拡大してきている。これに対して，出稼ぎしている間の利用を，村の指導により篤農家に耕作させて規模拡大をはかる道が模索されているが，大きな成果はない。これに対し，農産物の市場対応や付加価値の増大を目的として，「竜頭企業」や農業合作社などによる農村の組織化をはかる「農業産業化」がすすめられてきている。

　他方すでに70年代でのアジア NIEs の急成長過程においてそこでの華僑華人資本が商業活動から産業資本へと大量にシフトしてきているのに注目して，これを大陸内投資へと誘導する方向をはじめた。79年7月にはこれまでに例のない外資の出資比率を「25％以上上限なし」という大胆な政策を打ち出したことを転機に，歴史的なアジア貿易圏に直結する沿海部の広範な開放による外資の導入政策を展開していくのである。こうして初めは，広東，福建の開放で，「華南経済圏」が形成されて，香港（台湾を含む），タイ，マレーシアなどの華人，華僑資本の投資がはじまり，アジア間直接投資の嚆矢となるにいたったのである。80年5月には深圳など四経済特区の設置，84年4月にはさらに14都市（天津，上海など）と海南島を開放区に指定していく。つづいて1985年2月には，三つのデルタ地帯（長江デルタ圏，南デルタ区，珠江デルタ区）を外資投資区域に指定したが，しかし1989年の天安門事件で一時，外部からの投資は停滞するが，1992年1月〜2月，登小平の「南巡講和」と10月の「社会主義的市場経済体制の確立」を目標と明示したことを契機に，1992年からは投資が再開されていく。1992年7月に，長江沿岸の5都市，内陸15省都の沿空都市，4辺境都市を開放都市化し，環渤海経済圏（北京，天

津，大連）が指定されるや，これに対して，日米欧台湾韓国のエレクトロニクス，自動車多国籍企業が大挙進出していくのである。しかもこれ以後，「留美」学生の帰国が増加していき，97年以降は毎年，7000人以上もが帰国するようになる。そして，2000年3月，「西部大開発」プロジェクトを決定して，これまでの沿海部開発から一転して，内陸部の開発へ転ずる。そして，2001年11月，WTO加盟による国内経済全体の対外開放を展開していくとともに，ASEANと「自由貿易協定（FTAA）」の協議を開始するなど，積極的に「アジア経済圏」の形成へと乗り出してきている。[10]

この間，初期「離陸」過程に特徴的な年率8％以上にものぼる高成長を続けてきているのであるが，しかしそこでの労働力の圧倒的部分は，農村での戸籍に緊縛されたままで遠隔の都市に仕事をもとめる以外にない低賃金の出稼ぎ労働者に依存したものであって，たとえ内陸部の開発が展開されたとしても，都市部と農村部とにおける貧富の経済格差は大きく広がってきているのである。[11] ほぼ13億人という人口規模での[12]「国民的」近代化という，資本主義史上初めての巨大な規模で現在進行中の急速な拡大過程は，すでに周辺諸国経済にこれまでにない規模での各種の需要の拡大，原料高騰を引き起こすなどその規模からくる新たな問題を展開してきている。

はじめはアジアNIEsよりもはるかに安い賃金の労働力での加工による輸出工業化をめざして進出してきた多国籍企業も，高成長で急速に拡大する中間層からはじまった国内販売市場向け生産の拡大へと向かっていきつつある。もちろん多国籍企業においては，どこの進出先でも同じことであるが，その末端で直接の労働者に対する管理，経営を担当するのは圧倒的に現地での中間層に依存する以外にないのであって，以上に見てきた歴史的な華僑，華人の動向によっても加速されつつ，いまや中国では広範な技能，経営の力能をもった中間層が広範に形成，発展，集積されてきているのである。

3　インド——計画経済から自由化へ

この東アジア地域の急展開にたいしてもう一つの発展の核をなすものは，

パキスタンと分離せざるをえなかったとはいえ，1947年に独立を達成したインドである。独立インドは，一方では，国民的な蓄積率向上の中心に自立的生産財部門の創設をおき，これを長期にわたる5カ年計画という統一的な計画経済により建設していき，他方で，その膨大な人口が多様な民族，言語や膨大な貧困層，それに特有のカースト制など，あまりにも多くの社会的分裂的要因を抱えたところから近代的な国民的統合を目指す以外になかったインドは，この多様な社会的諸要因の急速な分解を阻止しつつも漸進的農地改革を中心とした多様な社会的改良政策を展開していくことなどによってその漸次的な改革をめざしたのである。そしてこの両面からの規制により狭められた困難な進路を強力かつ漸進的な改革により粘り強く推し進めるという事業の推進を可能にしたのは，多様な諸民族からなるインド帝国の統治を中央集権的かつ地方分権的にも編成変えしてきた強力で有能なイギリスの植民地帝国官僚制度であって，これは国民会議派が独立に際してイギリスから受け継いだ最良の遺産であった。

しかし1951年から1965年にかけて相次いで展開していった三つの5カ年計画は，しだいに対外援助依存を深めつつも，公的生産財部門の構築を中心とし，公・私企業の計画的な部門別配置を特徴とした「輸入代替工業化」を一定水準までなしとげたものであった。しかし60年代中葉の政治経済危機は，この国家統制により世界市場から相体的に隔離された自立的工業化路線の一面的限界に逢着したことを意味するものであって，以後3年にわたるプランホリデーと70年代中葉までのほぼ10年間にわたる経済停滞を経るのである。その間，世銀借款打ち切りをめぐる反発による統制強化，商業銀行国有化などの紆余曲折を経つつも，70年代初頭の経済危機を契機として，しだいに規制緩和の方向がとられはじめてきていた。また70年代後半には，緑の革命の成果で，米，小麦などの食料自給がようやく達成された上に，国内貯蓄率の上昇，外貨準備高の増大など，経済回復のきざしがでてきた。こうして80年代には，産業政策や貿易政策などで経済自由化が本格的にはじまってくる（80年代の年平均のGDPは年5-6％，工業生産は7-8％）が，しかしまだ統制

経済の基本は維持されたままであった。89-91年にかけての世界政治の激変期には，インド政治にとっても，とりわけ湾岸戦争による深刻な外貨危機，ガンジー暗殺など内憂外患の過程であったが，これを転機として，91年成立したラオ政権は，財政赤字の削減，経常収支赤字の削減，金利引上げ，為替レートの切り下げなど，緊急の債務危機対策を実施し，そのことによる直接の減速を乗り越えて，経済自由化の流れを一挙に推進してきたのである。

すでにプランホリデー以後の経済停滞過程の持つ意味は，三つの開発計画による工業化の基本的な「輸入代替」の過程が順調に達成されたがゆえに，これを可能とさせた官僚主導の産業政策を，この達成された水準に対応して急速かつ柔軟に変更していくことを困難にさせたことによるものであろう。それにも関わらずこうした漸次的な工業化の進行と近代的中産層とがしだいに累積されてきて，グローバリゼーションの急進する1990年代からはしだいに世界市場へ向けたその自由化を拡大してきているものである[13]。とりわけ従来の国家統制外に新たに生じてきたITなどの新規部門が，直接世界市場と接触しつつ，この自由化を大きく索引してきているのである。すでにアメリカでの先端的なIT市場で，低賃金のインド人技術者の地位が上昇してきていることなどが見られるのである。

この独立インドの「混合経済」とか「社会主義型」経済などと言われてきている過程は，ここでの「本源的蓄積」過程という視角からすると，一方では，すでに植民地体制下で極度に進行させられてきた農民の分解をはじめ諸階層の貧困化という「本源的蓄積過程」の基底的進行については，漸次的，改良的な土地改革の進行にその典型をみるように，これを国家的な一定の抑制により漸次的な改良を展開しつつあることを意味しており，他方で，それら諸階層からの税徴収と援助とに依存した重工業化政策は，本来的蓄積基盤の国家的創出を意味するものであろう。こうしてこの両面の両立はきわめて困難な長期の過程が必要であったことを意味するものといえるであろう。しかし，その広大な領土と人口とをもった一国的経済内部において，いまや「本来的蓄積」が一定程度まで達成されたものと言うことが出来るものであ

ろうが，この長期間にわたる世界市場からの閉鎖はそれを遂行させるための代償とみうるのである。

　ユーラシア大陸枢要部における，双方あわせて20数億にのぼる人口の中印両国は，それぞれに多くの少数民族をその内部に抱えるところの本来的に帝国的な国家体制のものなのであるが，一方の中国は，数千年来の「官」と「吏」による伝統的な支配とそれに馴致された大衆感覚との間に慣習化された絶妙なバランスをとっていく強靱な中央集権的官僚制のもとで，また他方のインドは，イギリスから受け継いだ強力な帝国植民地官僚制のもとで，ともに多様な少数民族を内包したままの圧倒的人口全体を近代的な「国民」へと「統合」せんという，世界史上未経験の「発展」をしてきているものである。20世紀中葉での独立後，ともに半世紀にわたる革命と計画経済の紆余曲折を経ることで，ともに「本来的蓄積」が一定の社会的規模で創出され，経済的階級的基盤の一定の国家的整備を経た後に，ようやく世界市場に参入してきつつあるものといえよう。

　この巨大な政治経済体制の登場が，他方の日本，朝鮮，ASEANとの関連のなかで，アジア経済圏の今後の動向を大きく規定していくものとなるであろうし，またそのことによってこれからの世界市場が大きく再編成されていくであろうことは，たしかになってきつつあるようにみえるのである。
　しかも大きくみてここに展開してくるものは，一方での世界的に無差別な普遍的市場関連が支配するか，それとも単なるアジアの地域独自の市場的関連に限られてくるかということなのではない。アジア諸地域の「本源的蓄積過程」は，西欧社会でほぼ2世紀半にわたっていわば典型的に進行した本源的蓄積の過程と相並んで進行しつつも，西欧における資本主義体制の確立に規定された世界市場の圧倒的影響のもとに大きく従属されてくることによって，一方では，旧体制の崩壊はそのことによって大きく促進されたのであった。だが他方では，地域内での本来的蓄積を促進すべき体制の創出について

は，長期にわたる西欧的支配によって大きく規制されるという，極めて特殊な展開を遂げざるをえなかったのであって，それに対する抵抗過程から始まった多様な展開を通じて強化されてきた国家的体制がつくりあげられたのであった。このきわめて特殊な展開をしてきている「本源的蓄積過程」を基盤とした工業化の延長上に今日の急展開があるものである。こうしてこのアジア地域発展の基盤にあるものは，この地域においてかなり古くから歴史的に形成されてきていた内在的発展なのであって，それらは，文化的歴史的伝統を持つ他のどの地域とも同じように，この地域的特性を基礎とした特有の社会的生活様式，社会的慣習とそれに対応する社会的生産様式，それらを多様に編成する社会諸秩序などと不可分に結合されてきているものである。それらは，西欧社会の長い歴史のなかで形成されてきた，近代的個人の自由と私有財産権，営業自由の原則，契約自由の原則などを社会的に纏った労働生産性至上主義の社会的意識構造を中心として築き上げられてきた社会経済的制度や慣行とはかなり異なった様相のものであろう。東アジアの成長経済がクローニイキャピタリズムとか開発独裁とか言われているものは，この東西両面の結合関係における初期的な特殊なあり方の偏りを一方での視角から示しているもののように思われる。この相互に拮抗しあっていて，どちらが圧倒的な主導権を発揮しているとはいまだいえない社会文化的な地域的特性の間での闘争と融合との矛盾しあった相互関連の発展が，東アジア地域の今後の発展をどのように規定していくのかが問題であろう。

4 中東アラブ世界

　この地域での特徴は，すでに旧オスマン帝国領域に対する英仏の露骨な分割闘争の結果，諸部族長懐柔を目論む駆け引きによって区切られた「独立」諸国政権の不安定な動揺が第1次大戦前後からの数十年間にわたって展開しつづけてきたことであった。この間アラブイスラム社会内からの運動の方は，その先進的文化による自尊心を大きく傷つけられて内省化した精神運動を推し進めていって，いわゆる原理主義的思考が多様につくられていったのであ

る。

　戦後48年のイスラエル建国とパレスチナ戦争の開始，パレスチナ難民の発生，それに対する大国，国連，アラブ旧政権とその連盟といった枠組みで問題が処理されてきたのに対して，今や中東油田開発に本腰を入れるアメリカはしだいにアラブ，イスラエル等距離政策へと向かい，55年，トルコ，イラクによるバグダッド条約機構が成立してくる。しかし，アラブ民族主義の急進化に対応して，57年には「アイゼンハワードクトリン」を発表して，世界共産主義の脅威という口実のもとに，中東全域の憲兵たらんとするところまで踏み込んでいくことになる。

　これに対して，52年，エジプトにおける旧体制の崩壊，共和制への移行からはじまった急進的なイデオロギー「アラブ民族主義」は，ナセルの主導する非同盟中立主義とソ連の支持のもとに，一面では，イラク革命政権がバグダード条約機構から脱退するなど，アメリカの政治介入とは厳しく対立しながらも，他面で経済的には，協調の方向を探っていたのである。その背景にあったものは，アラブ諸政権にとって産業構造改革のための必要であった。それは，一方で，世界的な最大の石油消費国と，巨大な石油企業の存在に依存するものだからであり，他方では，東西両陣営からの援助競争を有利に利用することにあったからである。

　この間，56年のスエズ運河国有化に端を発したスエズ危機を転機として，一方では中東諸地域での原油産出地の拡大と原油収入の急拡大をめぐる利権闘争，他方では経済開発推進の必要とが，激しく交錯しつつ世界政治上の大問題として登場してきたことが，「新植民地主義」的再編を余儀なくされ，すでに序文で見た植民地問題から南北問題へと転換していく契機ともなったのである。

　アラブ諸国における産業構造改革の先駆は，1952年，エジプトの第1次農地改革からである。この第1次改革は土地所有の上限をほぼ200エーカーとしそれを超える部分は有償収用して同額で農民に配分する，61年の第2次農地改革では上限を100エーカーとして農地配分をし，1969年の第3次農地改

革ではその上限を50エーカーとしたものである。こうしてエジプトの大土地所有制は解体され（1964年には自作地が全農地の52％，小作地が48％），中小自作農民とその農業協同組合を中心としたものにかわっていった。これに続いて，1958年にはシリア（農地の13％を収用，配分）とイラク（農地の16％を収用，配分）で，68年にはイエメン（55％を収用，配分）などで農地改革が実施された。しかし結果としては，官僚と旧地主層の農協支配を存続させ，下層農の切り捨て，上中層農の育成ということになっていくのである。

その上に各国で推進された開発計画には，従来からの官僚機構と軍部の肥大化，テクノクラートの不足，資金の石油収入と援助への依存，国際機関の指示に左右される傾向など，さまざまな弱点があったにもかかわらず，70年代からは工業部門の上昇，サービス部門の急上昇と農業部門の低下がみられたのである。しかしそれは同時に，過度の都市化現象とサービス労働者の膨張と都市貧民層の増大とスラムの拡大，暴動化してくる社会不安などを伴っていた。しかもこの産業構造の改革は，国内市場を拡大する方向にではなく，基本的に大量の石油収入に依存したことから始まる特殊な産業構造と特殊な人口構成をもった経済の特徴を示す方向へと向かっていったのである。そこで特徴的なことは，アラブ地域内からだけでなく，とくにアジア系を主とした外国人労働力の大量の流入によって産油国経済が維持されるようになっていたことである。こうして1990年の推計で湾岸6カ国の被雇用者650万人の69％が外国人で，それも管理，専門職，高度技術者の分野で多くなっている。これに対して自国民労働力は事務職や経営管理職などに過度に集中している。こうしてアラブの非産油国もこれら出稼ぎ者によって潤っている面をももっているのである。[14]

67年の第3次中東戦争の惨敗を契機に，この歪で複合的な社会構造への変化を基盤とした保守派と官僚資本家層が伸長してきて，1970年代からは「イスラムの再興」が政治に大きく登場してくる。それは世俗的な政治と宗教との分離を当然の近代的，進歩的体制だと見る「外部世界」にとっては極めて異様な「原理主義」への接近としか見えないものではあるが，西欧文化の浸

透による価値観の激変と金銭万能主義に反発して，社会政治経済宗教などを不可分のものとするイスラム特有の積極的で鋭い問題提起をしてきているものなのである。しかし他方では，アラブ「民族」の特質は多様な基層文化の異なる広大な地域にわたった「地方主義」民族なのであって，これらの多様な伝統的な家父長的権威，族長的権威，名門閥的権威，イスラム的権威などの伝統的支配構造が支配的であるエスニック集団と現実の国家との間には，多様に交錯しあった関係となる以外になく，こうして「国民意識」の形成は最も困難なものとなるのであって，西欧的支配の圧力に有効に対処しえていないのが現実でもある。

　79年，イランのイスラム革命を転機として，1980年から88年にまで及んだイラン，イラク戦争，その間にアメリカの支援で軍事大国化したイラクのクエート侵攻にはじまる1990年の湾岸戦争へと，いまや中東イスラム圏のほぼ全域を巻き込んで展開している激動の基底にあるものは，一方では，この権威主義的，地域主義的なイスラム諸社会の圧倒的存在と，その上級支配層が支配してきている諸国家との特殊な関係であり，他方では，これを自らと同質の「自由と民主主義」社会へと強制的に転換させようとするアメリカの介入の進行が見られる。しかし2001年，「同時多発テロ」を転機としてフセイン政権を打倒した英米のイラク侵入後の展開は，この分化した諸社会からの反発の強力さを実証してもいるのであって，膨大な石油利権をその大地に内包しているこのアラブ地域諸社会への対応を巡って，英米の大西洋列強と仏独露など，大陸欧州列強とのあいだに新たな形をとった分割闘争の進行を孕んでいるものであろう。

II　環境＋人口問題
――サハラ以南アフリカ生存維持経済の崩壊――

　70年代以降の急展開のなかでは，世界的な南北の地域的編成においても，それぞれの地域的格差の性格においても，いわば質的に拡大された展開がみ

られるようになってきている。この格差の拡大における新たな規模で資本が集中的に投下されてきたアジア，ラテンアメリカなどの新興工業地域ではその内部での貧富の格差が拡大してきているのに対して，これとは対照的に，それ以外の地域，とりわけサハラ以南アフリカの主要な地域などでは最貧の窮迫地域へ転落していく地域が新たに拡大しているのである。1981年以降の20年間で，1日1ドル未満で生活する「極貧人口」の当該地域の全人口比が，世界全体では39.5％から21.3％へと半減しているなかで，(この間に一人当たりGDPが5倍化した) 中国での極貧人口が6億600万人 (約50％) から2億1200万人 (約17％) へと急減してきているのをはじめ，インドを中心とした南アジアでも51.5％から31.1％へと減少してきている。それに対して，人口の急増しているアフリカ (サハラ以南) では，1億6400万人 (41.6％) から3億1400万人 (46.5％) へとその比率を増加させているだけでなく，その絶対数でもほぼ倍増しているのをはじめとして，中南米や東欧，中央アジアなどの多くの諸地域でも増加しているのである。[15]

　しかもこの歴史的時点から新たな規模で世界的に拡大しつつあるこの貧富の格差については，これまでの歴史的なそれとはいわば質的に異なった水準の問題を孕んで登場してきているのである。それは政策的に対応を迫られてきている問題の違いに現われてきている。70年代以前の南北関係において問題化されてきていた課題の中心が，南北政府間での関税，商品協定などをはじめ，国際経済秩序 (国家間の政治経済関係) をめぐって展開されてきていたことから分るように，大きく見れば「世界的開発」が国家的に推進されるその政策のありかたをめぐって対立し，問題が展開されてきていたと言えるものである。これに対して，70年代以降の「南北問題」においては，しだいにこの国家的に推進される「世界開発」の結果として生じた諸矛盾が問題となってきているのである。それも直接の地球的規模での社会矛盾である環境問題と人口問題とが相関連しつつ進行する地域が生じてきているという新現象が進行してきていることである。それは人間社会生活が維持されるための自然的，社会的基盤自体が侵害され不安定化してきているという深刻な形の

諸矛盾の出現を根底としているものである。そのことを齎してきている元凶は市場経済化の進行なのであるが，とりわけ，70年代以降，開発や貿易などが世界的に自由化されてきていることの矛盾の深刻さが今や明らかになってきているのである。つまり自然的，社会的生活基盤の破壊が今や政治的にさえも無視し得ないほどの社会問題にまでなったことが，南北問題の一つの新たな重要な基礎となってきていることである。

　もちろん世界経済における環境問題についても人口問題についても，それらの社会問題は，前者については，自然界と人間社会生活との関係全体のなかで，後者については人間社会の歴史的地域的な総体的関係のなかで関連してくる多様な諸要因が問題とされるものであろうから，ここでその総体としての膨大な問題を取り上げるうるものではもちろんないのであるが，しかしそれらの問題が，今日の南北間できわめて深刻な，いわば質的な格差を拡大してきているという，この側面の問題についてだけは取り上げることにしたい。

　環境問題　工業化を中心とした近代社会では，産業革命の当初から産業が立地した地方全体に広く「公害」が齎されてきて，そのたびに地域的に政治問題化してきていたのであったが，それが，いまやほぼ1970年代頃から地球的な規模での「環境問題」として世界政治上に問題提起されるまでにいたったのである。[16]この問題は，現代の社会経済上の矛盾から発生しながらも，オゾン層破壊や気候変動などの直接に大気に関する問題，森林破壊や砂漠化，それに生物の多様性など地面上での問題と水の汚染問題など，はじめから地球的規模での，人間社会に共通する自然的基盤自体が破壊されていくというところまで展開してしまったという特質をもった問題なのであるから，これら地球環境と人間社会生活とを基盤とする以外にない資本蓄積にとってもその全体的な限界の出現を意味するものなのである。たしかに市場の不断の拡大を保証するための世界的な「開発問題」とここに生じてきた「環境問題」とは，どちらも資本蓄積にとってはその制限的要因である点については同じ

ものではある。しかし一方での市場拡大の必要性は、そのための開発によっても、市場の拡大自体によっても、社会の内外にわたって大きな社会問題を直接引き起こしてしか進行しないものである。これに対して、他方の公害問題、環境問題にあっては、もともと一般的には、生産を中心とした今日の経済過程における資源浪費と排出物の増大を主とするものである以上、技術の向上、改善によってかなりの程度に克服する可能性を直接持っているものである[17]。したがって競争しあっている資本にとっても、資本活動全体の共通した自然的、社会的基盤崩壊を阻止するための「社会的共通コスト」として、強制的に負担させることが可能なものなのである。

しかしこの今日の「国境」なるものとに関わりなく拡大されていく全世界共通のこの環境問題においてさえも、南と北とでは、問題の出方が大きく異なっているのである。

一方では、この大気、水、土地といった人間生存の本来的な基礎条件自体を地球的規模で直接的に汚染、劣悪化させてきている主要な原因の一つが、いまや世界大の競争を展開している近代的工業の資源浪費とその排出物、その生産物に依存する近代的生活様式からの排出物によるものであることが明白である以上は、その主要な原因が主に先進工業国地域の側にあり、ついでその世界的蓄積と関連しあって急進しつつある新興工業諸地域の側にある。したがって、この環境問題に対する共通のコストをこの地域が負担することは当然のことであろう[18]。

しかし他方では、南で広範に進行している緑地減少とその砂漠化などの環境問題が、南の人口激増の問題とも関連しつつ加速されてきていることが指摘されているのである。

人口問題　北と南とでもっともはっきりとした相違が生じてきているものの一つは、人口問題における巨大な不均衡であろう。もともと人口全体が急拡大しはじめてきたのは、一般的にみても近代への展開の過程からのものであって、近代化が達成された後では緩和されてきているのである。したがって地域的に見ると、世界的には資本主義的世界市場の外的拡大に伴って、

第7章　世界開発体制対南北問題

古くからの現物経済を基本として「安定的に」推移してきた社会の根底を解体したうえで市場経済関係が浸透していく過程での特徴となっているのであって，今日の途上国がその時期にあたる。全世界の人口は，20世紀はじめに15億，1960年には30億，1987年には50億，1999年には60億と累増してきているのであるが，1999年世界総人口の8割を占める48億人は途上国にあり，その時点での世界人口増加の実に98％は途上国のものであるとみられている。

　北の主要国における人口動向の特徴は，一般に晩婚化，婚姻率の低下，離婚率の増大などを其の直接の要因として，すでに1880年代から低下し始めて来た人口出生率が1960年代には更に大きく低下してきていて，70年代以降，とりわけ日本ではさらに深刻な減少という傾向に歯止めがかからない状態となってきている。これらの人口停滞ないし減少は経済成長の継続を困難としていくものと認識されてきていて，戦後高度成長によって達成された社会的生活水準をこれ以上低下させないためだけにも，最下層の肉体労働分野をはじめとして，途上地域からの何らかの労働力の移入に頼らざるをえない状態が普通となってきていることである。其の主要な理由の1つが，長期的な視角からみると，旧来の人間束縛的な社会体制から人間を自由に解放させた「近代的」体制は，いまや人為的に急進させられていく技術革新に主導されることによってその発展の社会的な限度を超えてきていることである。それに対応して，直接の肉体労働から切り離されてきた精神労働に必要な「高度な」水準にまで育成されるべき労働力の神経消耗的な練磨とそのコストが，すでに安楽に慣れ親しんできている人間の本性への負担となり，またその社会的費用を巨大なものにしてきていることと，それにもとづく「近代的」生活様式がとりわけ人間の心身が自然に持ってきているリズムと能力とをいちじるしく劣化させてきてしまっていて，それに受動的に対応せざるをえない水準にまで展開してきているのであって，この心身消耗的で高度な重圧によって，人間社会が自然に持ってきていた社会的な活力が急速に衰弱しつつあることであろう。

　これに対して，今日の南における人口問題は，やはり国家的に推進されて

きた市場経済化の拡大を起点とするものということができるであろうが，その地域が「後進的」，「低開発」であるほど，その地域内の「環境問題」と密接に関連して展開してきているのである。

　一般的にみて，近代社会以前の「伝統社会」における社会的人口が維持されてきた基盤は，歴史的，地域的に多様に変化していく社会的諸事情に適応していける多様な共同体的な社会文化的諸規制の形成，維持，変容が展開されてきているものであろう。それは，一方では主に自然的諸条件の厳しさによる飢饉，流行病など不確実な自然的脅威を前提にしている死亡率，とりわけ幼児の高死亡率への対応によるものであろうし，これに対抗して他方では，早婚，女性の多産力などでの高い出生率を維持しうるような文化的，社会的な伝統的構造が作り出されるとともに，この社会構造を安定的に維持しうるようなさまざまな人口抑制の「慣習」や，可能な場合には生活圏の拡大なども含んださまざまな共同体的な慣習や拘束などによって社会文化的に構築されてきているものであろう。(19)それは不安定で，激変さえもしていく自然環境に対して，人間社会が柔軟に対応して生存し続けていくための多様な共同体的人口政策の体系であると要約しうるものであろう。

　このような「低開発」度の高い南における「環境」と共同体的社会体系との密接な関連については，サハラ以南のアフリカがもっとも典型的な様相を近年にいたるまでもってきている地域の1つと見ることができる。すでに見たように，他の地域よりもはるかに遅れて，19世紀後半から進行したアフリカの植民地化は，それぞれの自然条件に多様に適応してきた伝統的な共同体的諸規制に組み込まれた農民の生存維持経済に対しては直接手をふれることなく，外部からの間接支配を展開していったのである。しかしそのうえに導入されたモノカルチュア経済化のもとで，しだいに共同体的関係は希薄化され，農地劣化や植生の悪化が進行していたのであった。

　20世紀中葉での独立とその後の経済開発の開始は，これらのしだいに流動化してきていた伝統的社会を，国家的な開発の強行によって急激に破壊していくこととなったのである。とくに国際機関による市場経済化の規制は，こ

うした事態を極度に悪化させたのである。とりわけ，70年代以降，多くの途上諸国が開発計画のための外貨不足を契機として重債務国へと転落するものが増加してきていて，IMF，世銀の協調融資によってマクロ，ミクロにわたる多様な構造調整のもとにおかれてきているのであった。87年から94年までの構造調整をうけた133の途上諸国のうちに，アフリカだけで53もの国が入っているが，しかもその64％の国が毎年一回以上という他地域よりはるかに多い頻度で構造調整をうけているのである。[20] このことの意味しているものは，商業的な農業にはほど遠いところの自給的な農業生産を基礎とした社会生活は，人口希薄な広大な地域を植民地として小さく分割された領域のままで独立したという経過も加わって，国際機関で画一的に作成した処方箋によって近代的に動員できるような「国民」がそもそもまったく形成されるにいたっていないことを意味するものであって，この対応はあまりにも現地の実態からかけ離れたものであることを示している。

　アフリカの農村では，この市場経済化，農村人口の増大が伝統的な自給生産中心の農業を土地収奪的なものに変えて，環境破壊を進めていき，その結果としてこの自給的農業自体が崩壊していくという，その典型を見ることができる。

　一方では，導入された商品作物栽培，余剰生産指向の高まりによる農地不足と人口増加による農地造成の拡大圧力とによって，土地の劣化や休閑期間の短縮が進行する。このような形での農業拡大は，伝統的な焼畑，移動耕作が森林のさらなる奥地への進出を拡大していき，その結果，微妙なバランスで維持されてきていた森林，ブッシュ，草地などの植生の回復を不可能なものにしていくのである。

　他方では，植民地期以来，西欧向けの用材採取中心の林業には，はじめから収奪的であって森林破壊の傾向をもったものなのであったが，独立後も，同様の林業が農業開発の一環として継続的に拡大推進されていくことによって，森林破壊傾向がさらに拡大していく。

　また　人口増加による自給生産の拡大が，薪炭採取を増大させてき，また

放牧の飼育頭数が増加して植生が破壊されていって，結局，この自然環境との微妙なバランスに依存してきていた農村の住民生活自体が崩壊してしまうのである。[21]

こうして本来，私的な利己心を起点として不均等に侵入する市場経済の急進行は，それが農地の開発によるものであれ，森林の伐採によるものであれ，一方においては，直接に自然環境を一方的に回復不能なものに破壊していくものである。しかし他方では，古い身分的な規制とともに，もともと多様な地域的諸条件に適応した共同体的な規制によって成員間で何とか維持されてきていた多様なバランスの上に成り立ってきた平等な関係をも破壊していく。しかしこの破壊的過程の内部からそれを乗り越えて（例えば小経営の自立的発展のような）私的に生産力を発展させていけるような社会的可能性がその内部に形成されていない場合には，そのような自然的生産力水準を旧守したままの「生存維持経済」のうえに展開される「自由」化は，大抵は自然の破壊の進行とともに生存維持経済自体の全層的な崩壊過程へと発展していかざるをえない。こうして共同体的規制が弱体化し社会的規範が崩壊してきている状態で，貧窮と孤独，不安から逃れて生き延びようとする生存，生殖の欲求ととりあえず生存のための働き手の必要とが，社会的規制なしの多産を作り出し，無政府的な「人口爆発」を引き起こしているものといえよう。とりわけ，「アフリカの独立」といわれた1960年以降，サハラ以南アフリカでは，一方で，経済状況の悪化と疫病の蔓延とを背景とした死亡率の上昇はあるものの，総体としての人口は爆発的に増加してきていて，1995年からの5年間でも2.6％という，世界最高の人口増加率がいぜん継続しているのである。今日の途上地域の底辺において進行している急激で広範な社会崩壊のなかでは，このような近代への過渡期特有の圧倒的な人口の増加もこれまでの歴史に見たことがないほどの規模で急激に進行してきているものであろう。こうして僻地にいたるまでの広範な市場経済化と人口拡大が，さらなる自然と社会の破壊を進行させていき，自足的な生存を可能としてきていた自然の植物相の喪失と土壌の消滅によって食料生産が不可能化した結果，農村社

会生活の崩壊が進んできているものといえるであろう。

　こうした地方（農村）社会の荒廃，僻地化から押し出されてくる「環境難民」は，もっとも典型的な事態が進行しているサブサハラだけでなく，ラテンアメリカでも，アジアでも，とりわけ，インドネシアなどでも何百万人もの人が居住地を離れざるをえなくなっている。この巨大な規模で流民化していく人口移動は，その周辺地域との間に社会政治的な緊張を引き起こしていき，「種族」的な紛争を展開していくことにもなってくるのである[22]。更に農村からの難民の流れは都市への「移住」を引き起こすことによって，多くの南の主要都市の周辺部には圧倒的規模のスラム街が例外なく形成されてきているのであって，いまや世界有数の人口規模をもつ巨大都市が途上地域のいたるところに数多く出現してきているのである。ほぼ先進国高度成長と途上国開発計画とが始まってからの20世紀後半の過程で，途上地域の都市人口，とりわけメキシコシティー，サンパウロ，ラゴス，ムンバイなどをはじめとした大都市人口が数倍から数十倍にまでも急膨張してきていて，いまや先進諸国でも増大しつつある巨大都市の人口規模を急速に追い抜いて，世界最大の人口集積所として急増してきている。

　そればかりか，更にそれを乗り越え先進地域に向かって，移民と難民との区別が不鮮明な移住の増加となって現われてきているのである。

　このような「農村」という通称で代表される地方地域の過疎化と都市の過密化との世界的規模での対極的なインバランス構造の進行という情況のもとで進行してきている南から北への移住は，20世紀帝国主義体制に特徴的な「後進地域から先進地域へ」という移住問題が単に歴史的に展開してきているというだけの範囲を超えつつある深刻な問題として捉えられる必要があろう。すでに低成長下で貧富の格差が急速に拡大してきて，失業の恒常化と低下した生活水準の下層社会を広範に沈殿させてきている先進諸国では，例外なく社会不安が広がってきている。この事態を悪化させないために，移民を阻止するための措置がとられているにも拘らず，移民，難民の流入が依然と

して進行してきているという事態の深刻さである。そこでの移（難）民はその地域に同化せんとするよりは，排出された地域からの自らのアイデンティティーを固守していこうとする傾向がみられる。それは，一方における帝国主義的な支配の地球的展開が，他方における世界的規模での荒廃に曝されてきている南からの「跳ね返り」を受けることによって，これまで対外的な寄生性を深化させることによって維持されていた先進国の「国民的統合」体制自体が，いまや全体として急速に不安定化させられていく以外にない状態へとしだいに接近していかざるをえないものであろう。

このように見てくると，20世紀末に近づくにつれて深刻な世界問題として登場した人口問題と環境問題とは，20世紀のはじめに植民地問題として提起されてきた独占的蓄積の帝国主義的展開が，20世紀中葉からの国家的な再編開発によって新たな規模での世界的なインバランス構造を作り出していったその必然的結果であるという以外にないのである。そしてこの相互に関連しあったグローバルな総体としての人口，環境の両問題は，其の内部で南北の地域的に多様な格差と関連とを拡大させつつ，これまでとは異なった，地球総体としての新たな水準での新たな対応を迫っているものといえよう。

（1） Vogel, E. F., *The Four Little Dragons. The Spread of Industrialization in East Asia*, Harvard Univ. Press, 1991.
（2） ウェード『東アジア資本主義の政治経済学』同文舘，1990年。
　　　エッカート『日本帝国の申し子』草思社，2004年，参照。
（3） ウェード，前掲書，58ページ参照。
（4） しかし90年代，大陸中国の改革解放の急進のなかで，この大陸への資本移動による空洞化の問題が進行してきている。石田浩『台湾経済の構造と展開』大月書店，1999年，参照。
（5） 申熙九『朝鮮経済論序説』大阪経済法科大学出版部，2004年。多くのアジア経済発展の研究が，アジアの工業化の特質を「開発独裁」と規定してきたのは，工業化を至上目的とし国家をそのための「経済的手段」として有効であるか否かという矮小化された捉え方から取上げているものなのであるが，申氏の分析視角は，従来，客観的には本来一体として「民族

第7章　世界開発体制対南北問題　221

の近代化問題に直面してきていた朝鮮半島地域が，20世紀中葉の特殊な歴史的展開により南と北とに分割されたままそれぞれ別個に展開して来ざるをえなかったという異常な事態が，2000年の南北共同宣言を契機として，本来相互に関連しあった一体の問題として捉え直すべきものになったという基本的視角から，あらためてその全史を捉え直さんとする注目すべき好著である。

(6) 　中川信義『イントラ・アジア貿易と新工業化』東京大学出版会，1997年，2ページ参照。
(7) 　游仲勲『華僑は中国をどう変えるか』PHP研究所，1993年。
　　　Yu Chuukung, The *Ethnic Chinese*, The Japan Times, 2000.
(8) 　涂照彦『東洋資本主義』講談社，1990年，26ページ参照。
(9) 　吉冨勝『アジア経済の真実』東洋経済新報社，2003年，166ページ，参照。
(10) 　中川信義「アジア新工業化とアジア共同市場」『季刊経済研究』（大阪市立大学）第25巻第4号，2003年，小島麗逸『現代中国の経済』岩波書店，1997年。中村哲『東アジア資本主義の形成』青木書店，1994年。小島晋治『中国近現代史』岩波書店，1986年。石原亮一編『中国経済の国際化とアジア』アジア経済研究所，1997年。小島朋之『中国現代史』中央公論社，1999年。
(11) 　今日，中国の「貧困人口」は，最低限の生活水準「温飽問題」を解決できない平均年純収入625元以下の人が2820万人（その94.1%は中西部），625－865元の人が5800万人であり，計8600万人に達している。主に自然条件の厳しい中西部が多いが，とくに西部のうちでも，西南部では耕地の不足が深刻であり，甘粛，新疆，寧夏などの西北部では水不足が深刻で，砂漠化の進行が見られる所もある。貧困村はすべての地方にみられるが，とりわけ1997年以後，農産物市場が供給不足から過剰へと変わってきたことによって，土地収入だけに依存する貧困層の収入が減少した。政府はこのうち14万8000の重点扶貧村を決めて対策にとりくんでいる（張春橋「貧困問題は楽観できない」）。
(12) 　1982年に計画出産政策（いわゆる一人っ子政策）を実施した結果，人口増加率は激減して，中国の総人口は1982年末に10億1654万人（自然増加率は15.6%）であったのが，その20年後の2001年末には12億7627万人（自然増加率は6.95%）となっている。
(13) 　伊藤正二・絵所秀紀『立ち上がるインド経済』日本経済新聞社，1995年。小島真『インド経済がアジアを変える』PHP研究所，1995年。Stern, R. W., *Changing India*, Cambridge University Press, 1993. 本田毅彦『インド植民地官僚』講談社，2001年。

(14) 中岡三益『アラブ近現代史』岩波書店，2001年。
(15) 「世銀年次報告書」(「日本経済新聞」2004・4・24)。なお，1990年代における世界の地域別な（一日一ドル以下の）「貧困人口比率」を，世銀による所得．消費貧困指標でみると，1990年と1998年との比較では，世界全体としての貧困人口はほぼ6％低下して12億人となっている。そのなかで，貧困人口比率が40％ともっとも高いサブサハラと，人口比はあまり変わらないが貧困人口数では7800万人に増加しているラテンアメリカと，世界の貧困人口の約40％までをも占める南アジアとの3地域の合計では，貧困人口数では10％近く増加して8億9000万人となっている。その南インドでは，貧困人口比率が4％低下してはいるが，大きな人口増加率により貧困人口数は10％も増加して世界最大の5億2200万人になっている（澤田康幸「グローバリゼーションと貧困」『国際経済』第54号，60ページより算出）。
(16) 1972年，ストックホルムでの国連人間環境会議は，環境についての国際協力の始まりを示しているものである。1983年からノルウエーの提案による「環境と開発に関する世界委員会（ブルントラント委員会）」の調査報告書『地球の未来を守るために』(1987年)は，「開発が阻害されるのではないか」という第三世界からの懸念を配慮して，「持続可能な開発」という概念を展開したのであったが，1992年，リオデジャネイロでの国連環境開発会議（UNCED）（地球サミット）が発した「環境と開発に関するリオ宣言」は，「持続可能な開発」を可能とする「開発」と「環境」との多様な側面ごとでの諸国間の利害調整の困難さを反映したものとなっている（エリオット著，太田一男監訳『環境の地球政治学』法律文化社，2001年。ワイツゼッカー『地球環境政策』有斐閣，1994年，参照）。
(17) とりわけ猛烈な資源浪費的生産と浪費生活を重要な特徴として「近代化」されてきた今日の生産，生活体系は，この野蛮に劣化されたまま慣習化されている生産と生活についての意識を，人間として「当然」の「正常な」ものに「進化」させることと，それに対応した技術の改善とによって，現実に改善することが可能なものなのである。シュミット＝ブレーク『ファクター10』シュプリンガー・フェアラーク東京，1997年，参照。
(18) 環境問題のこのような深刻化に対しては，資本とその国家はこれを自らの論理に包摂しうる単なる「社会的共通コスト」として均等に配分するという共通利害の立場に立たせ，実質的に全体の削減効果をあげていくことが可能なのである。例えば1997年の「地球温暖化防止京都会議」で採択された「京都議定書」は，先進国全体で2008-12年の二酸化炭素，メタンなど6種類の温室効果の排出量を1990年基準で5.2％削減することを目標として，EU全体で8％，アメリカ7％，日本6％などの国別目標を決定した（但し，これは55カ国以上の批准と批准国の排出量が全体の55％を超えなけ

れば発効できないことになっている)。しかし全排出量の4分の1を占めるアメリカが離脱したことから，2004年当初現在でまだ発効できていないのである。このように私的利害のみを排他的に追求する立場からの悪用のみならず，サボタージュまでもが展開されてきている。

(19) ハリソン,P.著，濱田徹訳『第三世界 貧困の解剖』三一書房，1995年，210ページ，参照。
(20) 工藤晃『現代帝国主義研究』新日本出版社，1998年，96ページ，参照。
(21) 藤崎成昭『発展途上国の環境問題』アジア経済研究所，1992年。
(22) エリオット著，太田一男監訳『環境の地球政治学』法律文化社，2001年。

終章　グローバリゼーションと南北問題

I　世界統合と地域統合：グローバリゼーション

　既に見たように，戦後重層的構造の統合として再編成された先進国体制は，構造的不況下に入るや，三極地域への「地域的統合」に大きく「分化」していく方向へとしだいに変化し始めてきていたのであったが，しかしこの列強の地域的統合ごとの形態上の「ブロック化」が，実態的にもその「分化」した形態どおりに列強相互間の対立を深めていった大戦間期の場合と大きく異なっている特徴の一つは，世界市場の全体としての拡張が著しく困難化してゼロサム的な競争が激化してきたこの段階以降にいたってもなお，一方ではたしかにこの地域的統合自体の内部では列強相互の間で現実に存在する諸矛盾について何とか相互間で調整しつつ，その範囲についてもその深度についても統合を進行させていくことによってこれを乗り越えていこうという傾向をもってきていることである。また他方では戦後形成された先進国総体としての「世界的統合」の枠は何としても維持せんとする方向が依然として追求されてきていることである。この側面をもっとも政治上で象徴的に現象されているのは，1975年以降毎年，先進諸国首脳の「サミット」や，それと並んでG7などの財政，通貨当局間における政策上の連携が定期的に，問題が生ずるごとに随時，行われるようになってきていることである。このサミットが始められるにいたった当初はオイルショックを契機とした恐慌のダメージをいかに回避できるかということが共通の関心事なのであったが，その後今日まで継続して来ざるを得なくさせているものはもっと深く，戦後体制その

ものの存続の必要に規定されているからであろう。

　第2次大戦後の世界政治経済体制は，アメリカの唯一者的支配の成立を質的転換点として，列強間の関係においては多様な相互間の矛盾しあった関係を内包しつつも，全体として「統合」という大枠が列強間関係の意図的，支配的側面として全面化してきたものである。この諸列強の相互規制のもとに大きく再編成されたこの先進地域の国家的な「結合」関係の形成によって，いまや狭隘となるにいたった旧来の近代国家の専一的経済領域を相互に大きく開放しあいつつ，広大な「経済領域」を形成できたうえに，それを基盤とすることによって，各国のいわばナショナルな社会経済的な拡張の必要は，以前のように明確な対外的な権力的な拡張，支配の形，つまり一方的で排他的な「帝国主義的」的現象を支配的なものとすることもなく，大きく「統合」された枠の中で相互間での市場関係の深化を不断に追求していくことによってほぼ充足しえてきたのであって，そのことが先進国体制全体の安定を作り出してきたものであった。

　しかしいまや構造的不況下では，アメリカの圧倒的支配，主導を軸とした先進国世界の均衡的な拡大過程がすでに過去のものとなってしまったにもかかわらず，この世界経済の安定，成長を何とかして維持せねばならないということに規定されることによって，先進諸国体制全体が大きく枠づけされていることである。そのために戦後ようやく形成されてきた世界経済的規模での自由な経済領域を維持し，できればそのうえで世界市場の拡大を今日的条件の下でもなんとか持続させねばならないという緊急の必要性が，とりわけ「先進諸国」政府の間では共通課題となってきているのであり，遂には各国間で，近代国家本来の「排他的自主権」として当然のものであると思われてきた，財政，金融をはじめとした各種の国内経済政策までをも，相互的に依存しあい，調整せざるをえなくなるというところにまできてしまっていることである。それはすでに，列強間における排他的自主権を相互に認め合うという原則のうえに成り立ってきていたウエストファリア国際体制とは，常時維持されるべき実態としても，かなりの変化をきたしたものと言う以外にな

いものであろう。

　この情勢の上に，80年代後半，とりわけ冷戦の崩壊を契機として，「プライバタイゼーション」を基盤とした「グローバリゼーション」なる事態が急激に世界経済を覆いはじめてきたのである。それはすでに80年代初頭以降，レーガノミックスの「新自由主義」政策によってあらゆる枠を無制限的に乗り越えんとする資本の自由な活動が追求されてきていたのであったが，いまや弱化，倒壊していく社会主義諸国までをも巻き込んで，まさにグローバルな規模での市場の拡大と資本の自由とが圧倒的に世界全体を覆うようになったのである。こうしてこのような現実を基盤としたイデオロギー的反映として，資本主義世界市場が全世界に拡大して，モノ，ヒト，カネ，サービスなどのまさに地球的規模での自由な移動が可能となり，最高に便利で効率的な新しい世界の時代が到来したものとして，「資本主義の勝利」というブルジョア的楽天主義が生じてくるのも当然のことなのであった。しかし資本主義は本来，その成立過程から「世界性」をもっているものであって，この側面から見る限りは，その世界性がこのような規模にまで発展したというだけのことなのである。問題はそれをグローバル（地球的）と言わざるを得ない本質的問題は，このような「普遍性」の側面にあるのではなく，ここまで拡大したことによる「限界性」の側面にあるのであるが，この点は後のⅡで問題としたい。

　もともとアメリカは，古い生産関係の圧殺と近代西欧人の自由な移住という典型的な「本来的植民地」としてその歴史を開始したその資本主義成立過程の歴史的性格から，さまざまな社会歴史的伝統と国際的制約のもとで生成してきた他の諸列強とは比べられないほどの「自由」を無制限的に有する社会的特質をもっているものであって，これがその労働資本関係の特質をも規定してきたものであろう。アメリカ帝国主義の世界的覇権の確立から始まった戦後世界においては，単純率直明快な「自由と民主主義」というこのアメリカ資本主義に特徴的な生活様式とその社会的慣習が世界的に浸透していくことは不可避のことではあったものである。このような観点からすると，今

日の市場主義によるグローバリゼーションの急進というのは，ドルと軍事力の世界的独占をその基盤として蓄積構造の寄生化を急速に強めてくるアメリカが，戦後世界政治経済の中軸として確立された統一的通貨，通商体制への統合という資本主義世界市場の一体性を維持するいわば「公共財」を所有しているというその世界的支配力を利己的に逆用して，アメリカンスタンダード（含英語）と結合した IT と依然として基軸通貨としての機能しているドルを基盤とした自由な「市場主義」を，いまや分解させるわけにはいかなくなっている世界的な協調，統合に際してのグローバルな基準として強制せんとするものと言えるであろう。

　しかし他方での地域的な統合体制にとっても，いまや世界的な市場の拡大自体は至上課題なのであり，そのための世界的な経済統合への方向性が不可避なものであるという一般的水準においては，今日の資本主義体制の運命を共にするものとして，アメリカと同じことなのである。問題は，それぞれの地域ごとの特殊性のうえに積み上げられてきた独自の地域統合を基盤とした基準をもって，したがって自らの社会的規準に基づく統合を世界的に拡大していくことなのである。こうして，アメリカの圧倒的な主導のもとで展開されてくるグローバリゼーションという具体的次元の問題としては，これら第２の「地域的な統合諸勢力」それぞれにとっては，これら諸地域がその長い歴史的発展過程の中でそれぞれの地域の諸事情のもとでしだいに慣習化されてきた地域的特質と地域的基準との間にさまざまな矛盾を生みだしていくばかりか，それらをしだいに喪失させられていくことまでをも意味するものであろう。こうしてその全体がアングロアメリカン金融寡頭支配のもとに強引に再編，再包摂されていくことになることを意味するものである。しかも 80 年代後半以降，国際金融，為替市場での短期的資本の巨額な投機的移動を背景として，世界の各地域において相次いで起こってきている「通貨危機」や「不良債権処理」問題などを通ずる，多様な形での金融的収奪の巨大な展開などの意味するものは，その限りでは戦後世界の覇権的独占者がいわば列強間競争における相対的地位の低下に代わって，金融的支配にその軸足を移し

てきていることの表われといえるものであろう。

　しかしここで今日のこのグローバリゼーション進行の歴史的意義をもっと広い視野で位置づけてみると，それは，第1に20世紀初頭以来の帝国主義支配の歴史的な展開としてみると，かつては「領土」「領域」の権力的な支配を通ずることによってはじめて可能となっていた列強ごとの実質的な支配，包摂体制が，いまや直接の「領土」や権力的な圧力に依存するのではなく，これら全体を大きく「統合」した枠組みの中で各個別領域の枠組みが緩和され，大きく「自由化」されることによって各領域内部の社会経済文化などのあらゆる分野にわたって競争が展開され，その強者による直接的な包摂支配，そして収奪が追求されている，しかもその際に，アメリカが列強全体の「公共財」に対するヘゲモニーを握っているという特殊な政治経済的力能によって全世界的規模において圧倒的支配力を展開されてきているものであろう。しかし更に第2に，第2次大戦後再編された世界経済の歴史的な展開のなかでは，戦後政治経済的枠組みの再編成による各国経済の再建，発展から開始する以外になかったアメリカ帝国主義の世界経済支配を，今や，その再編体制から歴史的に全面的に発展して，変質してきてしまった経済構造の上で再び，（というよりも，それが実現されるならば「初めて」なのではあるが）世界的規模での実質的，経済的な「グローバルな統合」支配を目指しているものといえるであろう。そして第3に全般的に見ると，今日に特徴的な重層化された統合的支配構造の内部で，世界経済の包摂，「統合」の実質的支配のあり方をめぐってその主導権，ヘゲモニーを争う，今日的形態における列強間の闘争とみうるものであろう。

II　南北問題とグローバリゼーション

　覇権帝国主義アメリカによる今日の全世界的なグローバリゼーションの急進は，それ自体としては地域的諸統合体を主導する諸列強間のヘゲモニーをめぐる矛盾，対立の現代的特徴の一面なのであろうが，他方，これら列強に

終章　グローバリゼーションと南北問題　229

よって統合的に再編成されてきている「南」の諸地域にとっては，はるかに激烈な転変の局面への移行を意味している。

　すでに1970年代後半頃から，生産や情報，交通が地球的規模のものに拡大した結果，環境破壊や人口，エネルギー，食料問題などがいまや地球的な規模の問題となってきていることを警告し，これに対しては人類的立場から取り組むことが必要となっているとして，「グローバリズム」という言葉が用いられてきていたのであった。

　この人類的グローバリズムの提起する問題は，いまや冷戦崩壊を契機として一気に加速してきた世界のトップから展開されてくる弱肉強食のグローバリゼーションが展開していく最底辺における矛盾を構成するものとなってきているのである。この両側面は地球的な規模で上からと下からと，大きく対抗し，絡み合いつつも，相互に不可分に一体化されてきているもので，これまでとは異なる新たな様相を帯びた巨大な地球的規模の問題へと展開してきているものであろう。かくしてこの新たなグローバリゼーションのもとで，一方では，南のなかでも，アジアやラテンアメリカでの先進的な地域では，しだいにそれぞれの地域的統合の核に成長しはじめてきていて，弱化してきた（旧）社会主義体制とともに，いまやブラジル，ロシア，インド，中国などはBRICsと俗称されるように，通貨通商，資源問題などでの世界的な経済政策に対して主体的な影響を与えるまでになってきている。

　しかし他方では，開発が進行していく社会経済構造のなかでも極貧に曝されている最下層階級と最底辺地域とにおける貧困化，社会崩壊の進行は，それ自体の基盤は経済開発によって推進される「国民経済」枠内部の問題でありながらも，先進国の「国家と資本」とによる直接のグローバルな支配，収奪が浸透してきている。それはいわば二重化された特殊な構造の上に展開されてくる異常なまでの収奪が進行するものであろう。とりわけ無差別な自由の拡大という特質をもつアメリカンスタンダード主導の「ユニバーサルな」基準による「市場」社会への画一的再編成の進行は，生存維持経済の地域的生活圏がその地域の自然との素朴で絶妙なバランスのうえに成り立ってきて

いた社会の共同体的基準や特性を一方的に破壊していき，地域的人間社会の解体をもたらすものとなってきているのである。こうして全世界的規模での底辺的社会地域の極端な崩壊が進行していかざるをえない。

このように世界最大の強者による自由な政治経済的支配のグローバルな拡大による全世界的規模での貧富の格差拡大の深刻化，不平等化はいまや単なる数量化をすることさえも可能なほどの水準に達してきているのである。例えば国連の資料によっても，1969年から1994年までのほぼ四半世紀の間に，世界総所得の分配格差が30倍から78倍へと拡大しており，また最貧困層20％の人の所得が2.3％から1.1％へ低下しており，最富裕層20％の人の所得が69％から86％へと上昇しているというのである。[1]

しかしまた同時に，世界全体がいまや情報，通信，交通を始めとして緊密な相互依存関係のもとおかれるようになってきているものである以上，そのことからの多様な「撥ね返り」が世界的に拡大していく過程が引き起こされていくのは当然のことであろう。ここにも先述のような南からの「巻き返し」が必然化してくるものであろう。

この点で，90年代後半から，WTOをめぐって，市民グループによって地球環境を犠牲にした貿易自由化の推進や，多国籍企業の利益偏重による貧富格差の拡大に対する批判が出されてきたのは特徴的なことであった。

WTOは，戦後国際通商体制の自由化を推し進めてきたGATTが，61-62年のディロン・ラウンド以来，63-67年のケネディ・ラウンド，非関税障壁問題に踏み込んだ73-79年の東京ラウンド，そして農産物の非関税障壁の全廃や知的所有権問題にまで拡大されたウルグアイ・ラウンドを経て，1995年にGATTから成長，転化したものである。その間，既に見てきた南北交渉の主要な舞台のUNCTADに寄る途上国の貿易保護の要求について，北中心の通商上の運営をしてきたGATTでは，そのルール上の義務免除という形式上の処理で問題が回避されGATT自体は依然として先進国中心の運営が通用してきていたのであった。しかし，95年，多面的で多種多様な諸事情が直接対応しあう以外にない通商問題を「一括受託方式」で処理するとい

う組織原則のWTOへと移行させたことから問題がはじまったのである。そしていまやWTO加盟140カ国以上の多くを占めている途上国政府の側からも、ウルグアイラウンドで利益を得たのは先進国だけであるという批判も出されてきたのである。こうした流れのなかで99年12月の、シアトル閣僚会議は、貿易自由化が環境問題の悪化を招くと反対する市民運動の波のなかで南北の利害対立を調整できずに決裂した。また2001年11月、ドーハ閣僚会議では、農業、サービス、反ダンピングなどのルール領域、貿易と環境や投資などの分野を含んだ「ドーハ開発ラウンド」の立ち上げに成功はしたが、2003年9月のWTOカンクン閣僚会議では、貿易円滑化、政府調達の透明化、投資、競争などで先進国と途上国が激突したばかりか、農業問題でも欧米と途上国が対立するなどで、失敗に終わったのである。その最大の理由は、本来、商品ごとに、地域の諸事情ごとに利害が交錯するのが通商問題なのであるが、今日の問題は、嘗てのように従属的弱者に対して、力で一方的に矛盾を押しつけることを体制化しえずに、いまや世界的規模で明確に利害の対立しあういくつかの有力な諸国、諸勢力の間での対抗しあった関係とまでなってきているものであって、それを上から地球的規模で「多角的に」、とはいえ画一的、形式的に解決させんとする問題の困難性にあるといえよう。

　これに対しては世界的に「無差別な原則」を枠組みとするWTO体制によってはとうてい多様な現実への対応が困難であるということから、その例外として認めざるをえなかった「地域貿易協定」による任意の地域、任意の国ごとの事態適応的な対応によって貿易の自由化を進行させることが一般化してくることになった。この地域的な通商の自由化については、すでに90年代前半のEUとそれに対抗したNAFTAですでに先行してきているものであるが、これをはじめとして以後、世界的に各国間、地域間での自由貿易協定（FTA）の締結により、出来るところから貿易の自由化を追求していく動きが急速に拡大するようになってきたのである。このことの意味するものは、今日のグローバリゼーションの進行は、形式的、一方的に組織化しうるほど容易なものではなく、これまで累積されてきた諸矛盾、諸困難をより高度な

次元で多様に現象化させてくる以外にないものであることを意味するものであろう。それはこのような地域間，各国間での自由貿易協定の進行を契機として，南北問題，諸地域間の問題が世界政治上に新たな歴史的性格を帯びた相互関係としてしだいに現象化しつつあることを示しているものであろう。

III 南北関係問題の位置
――植民地問題からグローバリゼーションへ――

　さて最後に，20世紀世界経済全体の中で，南北関係問題の歴史的位置を捉えてみることにしたい。

　20世紀の世界政治経済が当面した課題は，当初，列強間の帝国主義的世界分割闘争の問題として提起されてきたのであったが，ソ連社会主義の成立，発展，崩壊と相並んで進行した第1次大戦後ほぼ四半世紀の激動を経た後に，いまや新たなグローバリゼーションなる問題に直面してきているのである。

　20世紀初頭の帝国主義体制の中心問題は世界政治上での「植民地問題」であった。そこでは，すでに世紀の境目で世界の「領土的分割が完了」したことを前提とした列強間の（ヨコの）矛盾しあった相互関係が圧倒的，規定的なものであって，その全体の基本的特質は「（列強による）世界の分割」と規定された。その関係のなかでは，列強＝支配国とその従属諸国との間の（いわばタテの）関係は，ほぼ各列強の支配領域内における問題として，いわば副次的な位置に置かれていたものであった。

　第1次大戦を転機として，この「植民地問題」は列強相互間でのヨコの「広域経済」をめぐる問題と，植民地，本国間でのタテの「植民地開発と独立」の問題とに分解していき，第2次大戦を転機としてそれぞれ一方での先進国の「統合」体制（北）と他方での発展途上国の開発体制（南）とに大きく再編成されたのである。こうして先進国の高度成長体制と途上国の開発計画体制とは相並んで進行しつつ，南の要求する「南北問題」とそれを受け止めて展開する北の「北南問題」とのあいだのその巨大なギャップをめぐる

「南北関係問題」が世界政治上に登場したのである。

しかし1970年代を転機として世界経済が構造的不況下に展開するや，新自由主義イデオロギーによって強化された，北からの「構造調整」をテコとする独占資本（多国籍企業）の圧倒的な直接的経済進出が南への新たな直接の経済的包摂を展開してくる。それに対して，南は，北に包摂されつつも独自の方向を模索するアジア，ラテンアメリカなどの先進的な部分と，その底辺で北の直接的経済支配によって大きく挫折させられていく広範な貧困層，貧困地域に大きく分解していくのである。この新たな南北関係問題の延長上に，今日のグローバリゼーションが登場してくるのである。

こうして今日の世界経済の特質とされているグローバリゼーションにおいて，列強相互間のヨコの関係は，大戦間期と同じブロック化の問題を孕みつつも，全体としての世界市場拡大の必要に規定された国際的な統合枠を世界的，地域的な規模で維持，拡大するという共通の大枠に規定されていて，その枠内での実質的な主導権争いとなってきているものであろう。

これに対して今日のタテの関係についてみると，南の諸国は，20世紀前半の民族解放闘争と20世紀後半の独立，開発計画を通じて，大きく上下に不均等な発展を遂げてきているが，その後進的地域にあってはもちろんのこと，その先進的地域にあってもその社会の底辺には膨大な貧困層の累積や社会的崩壊現象を抱えてきているのであって，しかもこれらの人口は世界総人口の圧倒的部分を占めているのである。これらの圧倒的人口は世界開発と世界市場拡張を支持するどころか，この世界市場拡大運動によって引き起こされている貧困問題，環境問題などの直接最大の被害者となっているものである。

こうしてグローバリゼーション下の世界政治経済を根底から規定している最大の問題は，南北問題と北南問題とのあいだにおいて，いたるところで大きな裂け口が広がってきている事態なのである。しかも南の広範な地域に広がっている最底辺の矛盾は，それを外部に転化しうる領域が地球上に存在しない以上，この最底辺社会崩壊の進行と「はねかえり」とを強化していく以外にないものであろう。このはねかえりは，1世紀以上にわたってなんとか

維持しえてきた先進国の「国民的統合」自体を脅かしていくものとなっていくであろう。

それに対して今日における列強間の対立しあった関係は、これら南北間の矛盾を自らの基準と自らの主導する統合枠のなかへどのような方式で包摂し、「解決」せんとするかを巡っての対立となってきているようにみえるのである。

こうして列強間で（ヨコの）対立しあった世界分割闘争から始まった20世紀の世界経済は、南北間で（タテの）矛盾を深めつつもその「解決」を内的に展開する以外にない相互関係に行き着いてきつつあるものであると言えよう。

こんにちの世界経済の最大の課題は、これまでの北の「世界開発」方式を大転換させて、人類の圧倒的人口を占める南の最下層の自立的発展の必要を粘り強くサポートすることを通じて、南北の人類的水準での「適切な関係」を目指すこと以外には抜け道がなくなってきつつあるものであろう。

　（1）　国連資料。

参考文献

アイリフ, J.〔北川勝彦訳〕(1989)『アフリカ資本主義の形成』昭和堂
青木健 (1994)『アジア太平洋経済圏の生成』中央経済社
赤羽裕 (1971)『低開発経済分析序説』岩波書店
アジア開発銀行 (1998)『アジア変革への挑戦』東洋経済新報社
アミン, S.〔西川潤訳〕(1983)『不均等発展』東洋経済新報社
アミン, S.〔野口祐ほか訳〕(1980)『世界資本蓄積論』柘植書房
荒川弘 (1977)『新重商主義の時代』岩波書店
淡路憲治 (1971)『マルクスの後進国革命像』未来社
石田浩 (1999)『台湾経済の構造と展開』大月書店
石原亮一編 (1997)『中国経済の国際化と東アジア』アジア経済研究所
板垣與一編 (1872)『インドネシアの経済社会構造』アジア経済研究所
板垣文夫・岩田勝雄・瀬戸岡紘 (2003)『グローバル時代の貿易と投資』桜井書店
板垣雄三 (1992)『歴史の現在と地域学』岩波書店
伊藤正二・絵所秀紀 (1995)『立ち上がるインド経済』日本経済新聞社
稲田十一・大橋英夫 (2000)『国際開発の地域比較』中央経済社
犬飼一郎 (1976)『アフリカ経済論』大明堂
岩田勝雄 (1998)『反成長政策への転換』新評論
内田勝敏 (1990)『世界経済と南北問題』ミネルヴァ書房
宇野弘蔵・藤井洋〔降旗節雄編〕(1997)『現代資本主義の原型』こぶし書房
ウェード, R.〔長尾伸一ほか訳〕(1990)『東アジア資本主義の政治経済学』同文舘2000年
ウォディス, J.〔アジア・アフリカ研究所訳〕(1970)『新植民地主義』新日本出版社
ウォーラーステイン, I.〔川北稔訳〕(1981)『近代世界システム I, II 農業資本主義と「ヨーロッパ世界経済」の成立』岩波書店
ウォーラーステイン, I.〔川北稔訳〕(1993)『近代世界システム 1600-1750』名古屋大学出版会
ヴッパタール研究所 (編)〔佐々木建ほか訳〕(2002)『地球が生き残るための条件』家の光協会
宇治田富造 (1964)『資本主義成立期の植民地問題』青木書店
エリオット, L.〔太田一男監訳〕(2001)『環境の地球政治学』法律文化社
大野幸一 (1994)『経済統合と発展途上国』アジア経済研究所
岡倉古志郎 (1964)『新植民地主義』岩波書店
奥泉清・佐藤秀夫編著 (1995)『90年代の世界経済』創風社
奥泉清 (2000)「グローバリゼーションとアジア通貨危機に関して」『東日本国際大学研究紀要』第5巻第2号
大島清 (1987)『現代世界経済』東京大学出版会
オーシマ, H.T.〔渡辺利夫・小浜裕久監訳〕(1989)『モンスーンアジアの経済発展』勁草書房
奥村茂次編 (1983)『現代世界経済と新興工業国』東京大学出版会

奥村茂次編（1983）『アジア新工業化の展望』東京大学出版会
尾崎彦朔編（1968）『低開発国政治経済論』ミネルヴァ書房
尾崎彦朔編（1977）『多国籍企業と発展途上国』東京大学出版会
尾崎彦朔編（1980）『第三世界と国家資本主義』東京大学出版会
小野一一郎・吉信粛（1979）『南北問題入門』有斐閣
大阪市立大学経済研究所（1964）『アジアにおける国家資本主義の研究』日本評論社
『OECDレポート　新興工業国の挑戦』（1979）東洋経済新報社
オブライエン, P.〔秋田茂・玉木俊明訳〕（2000）『帝国主義と工業化　1915-1974』ミネルヴァ書房
外務省情報文化局編集（1983）『新訂南北問題関係資料集』外交時報社
ガレアーノ, E.〔大久保光夫訳〕（1986）『収奪された大地』新評論
神戸史雄（1983）『イギリス対外援助政策の展開』アジア経済研究所
河地重蔵・藤本昭・上野秀夫（1998）『中国経済と東アジア圏』世界思想社
川勝平太（1994）『新しいアジアのドラマ』筑摩書房
上川孝夫・新岡智・増田正人（2000）『通貨危機の政治経済学』日本経済評論社
北村かよ子編（1997）『東アジアの産業構造高度化と日本産業』アジア経済研究所
木下悦二（1978）『現代世界経済論』新評論
木下悦二・田中素香（1992）『ポスト冷戦の世界経済』文真堂
ギルピン, R.〔古城佳子訳〕（2000）『グローバル資本主義』東洋経済新報社
工藤晃（1998）『現代帝国主義研究』新日本出版社
久保亨（1991）『中国経済100年の歩み──統計資料で見る近現代中国経済史』創研出版
小林英夫（1975）『大東亜共栄圏の形成と崩壊』御茶の水書房
小島晋治（1986）『中国近現代史』岩波書店
小島真（1995）『インド経済がアジアを変える』PHP研究所
小林和正・加藤壽延編（1993）『第三世界の人口と経済開発』大明堂
環日本海経済研究所（2000）『北東アジア経済白書　2000年版』毎日新聞社
経欧史学会（1999）『世界史にみる工業化の展開』学文社
経済理論学会（1997）『アジア工業化と世界資本主義』青木書店
経済理論学会（1980）『現代資本主義と国家』青木書店
経済理論学会（2001）『グローバリゼーションの政治経済学』青木書店
ケンプ, T.〔寺地孝之訳〕（1983）『非ヨーロッパ世界工業化史論』ありえす書房
国際経済学会（2000）『グローバル経済危機の現状と展望』国際経済学会
国際経済学会（2001）『グローバリゼーションと国民経済』国際経済学会
国際経済学会（2003）『グローバリゼーションの成果と課題』国際経済学会
国際商科大学編（1986）『21世紀と環太平洋圏への展望』東京堂出版
国連開発計画（1999）『グローバリゼーションと人間開発』国際協力出版会
小島麗逸（1997）『現代中国の経済』岩波書店
小島朋之（1999）『中国現代史』中央公論社
小林實（1992）『東アジア産業圏』中央公論社
後藤道夫・伊藤正直（1997）『現代帝国主義と世界秩序の再編』大月書店
さがら邦夫（2000）『新南北問題』藤原書店

佐々木佳代（1998）『地球時代の経済学』ミネルヴァ書房
佐々木隆生（1990）「近代社会の普遍性と国民性」『経済学研究』（北海道大学）40-1
佐々木隆生（1997-2001）「ステイトとネーション(1)(2)(3)(4)(5)(6)」『経済学研究』（北海道大学）47-2,47-3,48-3,50-1,50-2,51-3
佐々木隆生・中村研一編著（1994）『ヨーロッパ統合の脱神話化』ミネルヴァ書房
佐々木隆雄（1997）『アメリカの通商政策』岩波書店
佐藤秀夫（2001）『国際経済の理論と現実』ミネルヴァ書房
澤田貴之（2003）『アジア綿業史論』八朔社
珠玖拓治（1991）『現代世界経済論序説』八朔社
シュナイダー，B.〔田草川弘・日比野正明訳〕（1996）『国際援助の限界』朝日新聞社
シュミット゠ブレーク，F.〔佐々木建訳〕（1994）『ファクター10』シュプリンガー・フェアラーク東京
ダムス，T.・城島国弘編（1979）『経済開発と援助政策』東洋経済新報社
末廣昭（2000）『キャッチアップ型工業化論』名古屋大学出版会
申熙九（2004）『朝鮮経済論序説』大阪経済法科大学出版部
杉本昭七（1968）『現代帝国主義の理論』青木書店
杉本昭七（1993）『現代世界経済の転換と融合』同文舘
スタベンハーゲン，R.〔山崎春成・原田金一郎ほか訳〕（1981）『開発と農民社会』岩波書店
スミス，A.〔水田洋監訳・杉山忠平訳〕（2001）『国富論』岩波書店
世界銀行（1994）『東アジアの奇跡』東洋経済新報社
世界銀行（2002）『世界開発報告2002』世界銀行
関下稔（2002）『現代多国籍企業のグローバルな構造』文眞堂
福井聡（1996）『アフリカの底流を読む』筑摩書房
河村哲二・横内正雄・加藤國彦編（2003）『世界経済の構造と動態』御茶の水書房
高懸雄治（1995）『ドル体制とNAFTA』青木書店
高月紘・佐々木佳代編（1996）『現代環境論』有斐閣
田口富久治・鈴木一人（1997）『グローバリゼーションと国民国家』青木書店
竹内幸雄（1990）『イギリス自由貿易帝国主義』新評論
チョスドフスキー，M.〔郭洋春訳〕（1999）『貧困の世界化』柘植書房新社
寺西重郎（1995）『経済開発と途上国債務』東京大学出版会
涂照彦（1990）『東洋資本主義』講談社
東京大学社会科学研究所（1998）『20世紀システム4　開発主義』東京大学出版会
富野幹雄・住田育法（1990）『ブラジル』啓文社
中岡三益（1991）『アラブ近現代史』岩波書店
中岡三益編（1991）『難民移民出稼ぎ』東洋経済新報社
中川信義編（1990）『アジア新工業化と日米経済』東京大学出版会
中川信義編（1994）『アジア・北米経済圏と新工業化』東京大学出版会
中川信義編（1997）『イントラ・アジア貿易と新工業化』東京大学出版会
中川信義（2003）「アジア新工業化とアジア共同市場」『季刊経済研究』（大阪市立大学）25巻第4号
中村哲（1991）『近代世界史像の再構成』青木書店

中村哲（1994）『東アジア資本主義の形成』青木書店
中村哲（2000）『近代東アジア史像の再構築』桜井書店
西口清勝（1993）『アジア経済発展と開発経済学』法律文化社
西口章雄（1982）『発展途上国経済論』世界思想社
西川潤・村井吉敬（1995）『越境民主主義時代の開発と人権』明石書店
ネーデル, G.・カーティス, P. 編〔川上・住田ほか訳〕（1983）『帝国主義と植民地主義』御茶の水書房
橋本寿朗編（1995）『20世紀資本主義』東京大学出版会
早瀬保子（1999）『アフリカの人口と開発』アジア経済研究所
羽場久浘子（2002）『グローバリゼーションと欧州拡大』御茶の水書房
パニッカル, K.M.〔左久梓訳〕（2000）『西洋の支配とアジア』藤原書店
土生長穂（1991）『21世紀の第三世界』大月書店
浜下武志・川勝平太（2001）『新版アジア交易圏と日本工業化1500-1900』藤原書店
原田三郎（(1949）『イギリス資本主義の研究』日本評論社
原田三郎・庄司哲太（1973）『帝国主義論コンメンタール』ミネルヴァ書房
原田三郎（1975）『資本主義と国家』ミネルヴァ書房
パーンウェル, M.（1996）〔古賀正則訳〕『第三世界と人口移動』古今書院
土生長穂編（2000）『開発とグローバリゼーション』柏書房
ハリソン, P.（1995）〔濱田徹訳〕『第三世界　貧困の解剖』三一書房
坂東慧（1995）『超国家の世紀』日本評論社
平島成望編（1989）『一次産品問題の新展開』アジア経済研究所
ピーティー, M.〔浅野豊美訳〕（1996）『植民地』読売新聞社
深海博明編（1990）『ウルグアイ・ラウンドにおける南北貿易』アジア経済研究所
福島大学国際経済研究会（2004）『21世紀世界経済の展望』八朔社
フランク, A.G.〔大橋正治ほか訳〕（1976）『世界資本主義と低開発』柘植書房
フランク, A.G.〔山下範久訳〕（2000）『リオリエント』藤原書店
ヘライナー, G.K.〔稲葉守満・浦野起央ほか訳〕（1998）『南北問題の政治経済学』学文社
細野昭雄・恒川恵一（1986）『ラテン・アメリカ危機の構図』有斐閣
ホブズボーム, E.〔河合秀和訳〕（1996）『20世紀の歴史』（上・下）三省堂
ホブズボーム, E.〔浜林正夫, 嶋田耕也ほか訳〕（2001）『ナショナリズムの歴史と現在』大月書店
堀坂浩太郎（1987）『転換期のブラジル：民主化と経済再建』サイマル出版会
堀中浩（2001）『グローバリゼーションと東アジア経済』大月書店
本多健吉（1970）『低開発経済論の構造』新評論
本多健吉（1983）『南北問題の現代的構造』日本評論社
本多健吉（1986）『資本主義と南北問題』新評論
本多健吉・小川雄平編（1994）『アジア経済の現代的構造』世界思想社
本多健吉（2001）『世界経済システムと南北関係』新評論
本間雅美（1996）『世界銀行と国際債務問題』同文舘
本間雅美（2000）『世界銀行と南北問題』同文舘
前田正裕ほか編（1976）『ラテン・アメリカ累積債務とその政治社会的影響』ラテン・ア

メリカ協会
松岡潔（1982）『発展途上国野債務累積問題』アジア経済研究所
マグドフ, H.〔小原敬志訳〕（1970）『現代の帝国主義』岩波書店
マサラート, M.〔村岡俊三・佐藤秀夫訳〕（1985）『エネルギーの政治経済学』有斐閣
松井清編（1957）『後進国開発理論の研究』有斐閣
松井清（1967）『低開発国経済論』有信堂
松岡潔編（1983）『発展途上国の債務累積問題』アジア経済研究所
松本俊郎（1988）『侵略と開発』御茶の水書房
松村文武（1988）『債務国アメリカの構造』同文舘
『マルクス＝エンゲルス全集』（1959-81）〔大内兵衛・細川嘉六監訳，マルクス＝エンゲルス全集刊行委員会訳〕大月書店
マンロー, J.F.〔北川勝彦訳〕（1987）『アフリカ経済史』ミネルヴァ書房
峯陽一（1999）『現代アフリカと開発経済学』日本評論社
宮崎犀一（1996）「植民地独立後の帝国主義」『商学論纂』（中央大学）第37巻3,4号
宮崎犀一（1967）「自由帝国主義」『思想』No.515
宮崎犀一（1992）「市場・体制・歴史－マルクス」宮崎犀一・山中隆次編『市場社会　思想史にみる』リブロポート
宮崎犀一（1986）「ナショナリズム――主題としての可能性」『歴史と文化』7
宮崎犀一（1997）「帝国と植民地　マルクス・レーニン」上野・和田・音無編『経済学の知のあり方を問う』新評論
宮崎犀一ほか編（1981）『近代国際経済要覧』東京大学出版会
宮本謙介（1993）『インドネシア経済史研究』ミネルヴァ書房
ミュルダール, G.・キング, S.〔板垣與一監訳〕（1974）『アジアのドラマ』（上・下）東洋経済新報社
村岡俊三（1988）「『世界経済論』有斐閣
村岡俊三・佐々木隆生（1993）『構造変化と世界経済』藤原書店
室井義雄（1997）『南北・南南問題』山川出版社
メドウズ, D.H. ほか〔大来佐武郎監訳〕（1972）『成長の限界』ダイヤモンド社
森井淳吉（1989）『東南アジアの経済発展と農業』ミネルヴァ書房
森野勝好・西口清勝編著（1994）『発展途上国経済論』ミネルヴァ書房
毛利健三（1978）『自由貿易帝国主義』東京大学出版会
毛利良一（1987）『国際債務危機の経済学』東洋経済新報社
毛利良一（2001），『グローバリゼーションとIMF・世界銀行』大月書店
モムゼン, W.〔川鍋正敏・酒井昌美訳〕（2002）『帝国主義と国民統合』未来社
森田桐郎（1967）『南北問題』日本評論社
楊井克巳・石崎昭彦編（1973）『現代世界経済論』東京大学出版会
矢内原勝（1980）『アフリカの経済とその発展』文眞堂
山田秀雄編著（1969）『植民地社会の変容と国際関係』アジア経済研究所
山田秀雄編（1986）『イギリス帝国経済の構造』新評論
山田秀雄（1971）『イギリス植民地経済史研究』岩波書店
游仲勲（1993）『華僑は中国をどう変えるか』PHP研究所

游仲勲（2001）『21世紀の華人・華僑』ジャパンタイムズ
游仲勲・本山美彦・徳永正二郎（1980）『南北問題をみる眼』有斐閣
吉田昌夫（1975）『アフリカの農業と土地保有』アジア経済研究所
吉冨勝（2003）『アジア経済の真実』東洋経済新報社
吉信粛（1997）『国際分業と外国貿易』同文舘
山口博一編（1982）『現代インド政治経済論』アジア経済研究所
山澤逸平・平田章編（1990）『先進諸国の対発展途上国貿易政策』アジア経済研究所
歴史学研究会（1994）『国民国家を問う』青木書店
『レーニン全集』〔マルクス＝レーニン主義研究所訳〕（1953-68）大月書店
ロストウ，W. W.〔木村健康ほか訳〕（1961）『経済発展の諸段階：一つの非共産主義宣言』ダイヤモンド社
ワイツゼッカー，エルンスト・U. フォン（1990）〔宮本憲一・佐々木建ほか監訳〕『地球環境政策』有斐閣1994年
渡辺利夫編（2004）『東アジア市場統合への道』勁草書房
Amsden, A. H. (2001) *The Rise of "THE REST"*, Oxford U.P.
Arrighi, Giovanni (2002) "The African Crisis", *New Left Review*, 15.
Brandt (1980) *NORTH-SOUTH*, MIT Press.（森治樹監訳『南と北　生存のため戦略』日本経済新聞社，1980年）
Brown, M. B. (1963) *After Imperialism*, Heinemann.
Cain, P. J. and Hopkins, A. G. (1993) *British Imperialism: Innovation and Expansion 1688-1914*, Longmann.（竹内幸雄・秋田茂訳『ジェントルマン資本主義の帝国 I 創生と膨張　1688-1914』名古屋大学出版会，1997年）
Cain, P. J. and Hopkins, A. G. (1993) *British Imperialism: Crisis and Deconstruction 1914-1990*, Longmann.（木畑洋一・旦祐介訳『ジェントルマン資本主義の帝国 II 危機と解体　1914-1990』名古屋大学出版会，1997年）
Chandra, R. (1992) *Industrialization and Development in the Third World*, Routledge.
Constantine, S. (1984) *The Makinng of British Colonial Development Policy*, Frank Cass.
Dutt, R. C. (1903) *Economic History of India in the Victorian Age*, K. Paul, Trench, Trübner & Co.
Gadgil (1924) *The Industrial Evolution of India in Recent Times*, Oxford U.P.
Gallagher, J. And Robinson, R. (1953) "The Imperialism of Free Trade", *Economic History Review*, 2nd Ser., VI, 1.
Havinden, M. & Meredith, D. (1993) *Colonialism and Development*, Routledge.
Held, D. (1995) *Democracy and the Global Order*, Policy Press.
Hilferding, R. (1910) Das Finanzkapital, herausgegeben von Adler, M. und Hilferdinng, R., *MARX-STUDIEN* dritter Band. Verlag Detlev Auvermann KG 1971.（林要訳『金融資本論』改訂版，大月書店，1961年）
Hoogvelt, A. (1997) *Globalization and the Postcolonial World*, Macmillan Press LTD.
Kok Peng, Martin Khor (1992) *The Future of North-South Relations*, Third World-Network.

Louis, R. and Robinson, R., (1994) "The Imperialism of Decolonization", *The Journal of Imperial and Commonwealth History*. vol. 22, No. 3.
Luxemburg, Rosa, *DieAkkumulation des Kapitals*, in: Rosa Luxemburg, Gesammelte Werke, Bd. 5, Berlin 1975.（長谷部文雄訳『資本蓄積論』青木書店，1955年）
Maddison, A. (1989) *The World Economy in the 20th Century*, OECD, Paris.（金森久雄監訳『20世紀の世界経済』東洋経済新報社，1990年）
Maddison, A., *Monitering the World Economy*, OECD, Paris.（金森久雄監訳『世界経済の成長史 1820～1992年』東洋経済新報社，2000年）
Morgan, D. J., (1980) *The Official History of Colonial Development*, vol. 1-5, The Macmillan Press Ltd.
OECD (1979) *The Impact of the Newly Industrializing Countries on Production and Trade in Manufactures*, OECD.（大和田悳朗訳『新興工業国の挑戦：OECDレポート』東洋経済新報社，1980年）
Pacific Economic Cooperation Council (1994) *Human Resource Development Outlook 1994-1995*, Times Academic Press.
Raffer, K. &Singer, H.W. (2001) *The Economic North-South Divide*, EDWARD ELGAR.
Rosenberg, J. (1994) *The Empire of Civil Society*, VERSO.
Royal Institute of International Affairs (1937) *The Colonial Problem*, Oxford U.P.
Stewart, F. (1992) *North-South and South-North*, Macmillan.
Strachey, J. (1960) *The End of Empire*, Random House.（関嘉彦訳『帝国主義の終末』東洋経済新報社，1962年）
Vogel, E.. F. (1991) *The Four Little Dragons*, Harvard U.P.
Yu Chunghsung (2000) *Ethnic Chinese*, The Japan Times.
WAITES, BERNARD (1999) *Europe and the Third World*, Macmillan Press LTD.
World Developmennt Report (1991) Oxford U.P.
World Developmennt Report (1995) Oxford U.P.

あとがき

　これまで20世紀における発展途上国の独立，開発，従属などをめぐって多様な論争がなされてきているのであるが，ここで私が企図したものは，これらの多様な問題点について議論せざるをえなかったことの意味を20世紀世界経済の歴史的展開のなかに位置付け，整理することであり，そのことを通じて，今日世界経済が当面してきている問題の歴史的特徴の一面に接近することであった。20世紀の世界経済は圧倒的に独占資本の動向に規定されてきているものであろうから，そのことを中心に説くことは当然のことなのである。しかしその圧倒的支配の最底辺の矛盾しあった関係のなかで，小とはいえ，漸次的に形成，発展してきて，事態を大きく変化させていくまでになる重要な諸側面の歴史的な形成過程については案外鈍感なことが多く，それが政治的に問題化してはじめて騒ぎ立てる傾向がないとはいえないのである。ここで，北の必要とは区別された南の必要の客観的根拠を求めて，資本主義成立過程からの植民地問題の展開のなかに，今日の南北関係の起源を追及したのはそのためなのである。

　このような意図を持っていたので，はじめは先進国自体の問題は前提とした上で南北問題だけを取り上げようとしたのであったが，いかんせん，南に対する先進国からの規定性が圧倒的であるが故に，どうしても北からの展開との対応のなかで捉える以外になく，ほぼ南北をパラレルに取り上げることになってしまったものである。

　その際の大まかな理論的基準としては，先進地域での独占的蓄積，つまり本来的蓄積を基盤とした集中的蓄積に対して，途上地域での「開発計画」的蓄積，つまり本来的蓄積の創出をめざした本源的蓄積との双方が世界史的に対応しあった関係の問題ではないのかという設定のもとに，その前後左右の諸問題を取り上げたつもりである。そして南における本源的蓄積の地域ごとに異なる諸相とその進展度が，独占による支配従属と絡み合った歴史的発展

関係を析出できないであろうかということで意識的に追求したつもりである。したがって，一次資料による歴史上の実態分析を試みたなどというものでは決してなく，南の各地域に関する諸研究を利用してこの観点から捉え直そうとしてみただけのものである。

したがってまた，南北の関係についても，時間を追って歴史的に問題を追跡して分析を試みたものではなく，20世紀初頭，戦間期，高度成長期，構造的不況期というように，歴史的に区切り得る段階ごとの南北関係問題の特徴を取り上げたものなのである。そのうえに，今日の異様な様相をもつまでに展開してきてしまった世界体制がつぎの局面に展開していくときに，各地域内での基盤となるものへと，少しでも接近できればと思うのである。このような意図が果たして成功しているか否かは読者に判断していただく以外にないのである。

このような取り上げ方であっても，ここまで考えてくるまでには，多くの先生方，友人，同僚たちから多くのものを教えられてきたし，支えられてもいただいた。とりわけ学生時代のゼミナールで資本論や帝国主義論の厳密な読み方のイロハから教えていただいた恩師，原田三郎先生には，古典を中心とした勉強の基本と自由に思考することの大切さを骨身にしみて教えていただいたのであって，感謝の言葉もないほどである。また大学院時代からの資本論研究会，国独資研究会において，原田先生や田中菊次氏，服部文男氏をはじめとした諸先生方，それに先輩，同僚，後輩の諸氏との分け隔てのない自由な討論と人間関係から学んだものは大きく，今でも続いているこのような学問を中心に生き生きとした率直な心からの出会いが出来たことを心から感謝しています。

国際経済学会関係でもいちいち名をあげることは出来ないが，多くの先生方から多様でシャープな問題の捉え方を教わった。とりわけ宮崎犀一氏からは，帝国主義から経済史にいたるまでの未開明の広大な領域について教示していただいたし，本書で取り上げた問題についても多くの示唆を頂いた。心から感謝いたします。また村岡俊三氏とは今でもマルクス「後半体系」をめ

ぐる議論で刺激を受けているのであって，本書の議論にはいつも問題を提起していただき多くのことを教えられているのであって，心から感謝します。

　遅筆で迷走しつつ執筆してきた私が本書を書き上げることができたのには，札幌大学経済学会の同僚諸氏の寛大なご支持に支えられたことが大きいのであって，心からのお礼を申し上げます。また札幌大学図書館の諸氏には，面倒な各種文献の収集やコピー，検索など面倒なことをてきぱきと御援助いただいたことを感謝します。

　本書の出版にあたっては，八朔社の片倉和夫氏に大変のご迷惑とご苦労とをおかけしてしまった。心からのお詫びとお礼とを申し上げます。

　なお本書の出版について，札幌大学経済学会の出版助成を受けた。ここに記して感謝の意を表したい。

　　2004年7月

萬　谷　　　迪

[著者略歴]

萬谷 迪（よろずや　すすむ）

1931年　北海道に生まれる
1954年　東北大学経済学部卒業
1962年　東北大学大学院経済学研究科博士課程単位取得退学
　　　　宮城県鼎が浦高校，奥州大学経済学部，札幌大学経済
　　　　学部にて，教鞭を執る
2002年　札幌大学名誉教授

世界開発と南北問題
――20世紀世界経済の課題と発展途上地域――

2004年7月31日　第1刷発行

著　者　　萬　谷　　　迪
発行者　　片　倉　和　夫
発行所　株式会社　八　朔　社
　　　　　　　　　　はっ　さく　しゃ
東京都新宿区神楽坂2-19　銀鈴会館内
〒162-0825　振替口座00120-0-111135番
Tel.03(3235)1553　Fax.03(3235)5910

©萬谷迪，2004　　　　　　　印刷／製本・藤原印刷
ISBN4-86014-022-2

---- 八朔社 ----

是永純弘
経済学と統計的方法
六〇〇〇円

澤田貴之
アジア綿業史論
英領期インドと民国期中国の綿業を中心として
四〇〇〇円

菊池孝美
フランス対外経済関係の研究
資本輸出・貿易・植民地
七五七三円

宮川彰
再生産論の基礎構造
六〇〇〇円

大村泉
新MEGAと『資本論』の成立
理論発展史的接近
七二八二円

福島大学国際経済研究会編
21世紀世界経済の展望
四二〇〇円

定価は本体価格です

— 八朔社 —

原 薫
現代インフレーションの諸問題
一九八五―九九年の日本経済
四五〇〇円

岩崎俊夫
統計的経済分析・経済計算の方法と課題
四〇〇〇円

梅本哲世
戦前日本資本主義と電力
五八〇〇円

市原健志
再生産論史研究
六〇〇〇円

佐藤昌一郎
官営八幡製鉄所の研究
六〇〇〇円

伊藤昌太
旧ロシア金融史の研究
七八〇〇円

定価は本体価格です